Hans-Georg Gadamer · Philosophische Lehrjahre

Hans-Georg Gadamer

Philosophische Lehrjahre

Eine Rückschau

De nobis ipsis silemus

KlostermannRoteReihe

Mit vierzehn Abbildungen

Bibliographische Information der Deutschen Nationalbibliothek

Die Deutsche Nationalbibliothek verzeichnet diese Publikation in der Deutschen Nationalbibliographie; detaillierte bibliographische Daten sind im Internet über *http://dnb.dnb.de* abrufbar.

3. Auflage 2012

Gedruckt auf Alster Werkdruck der Firma Geese, Hamburg.
Alterungsbeständig ♾ ISO 9706 und PEFC-zertifiziert.
Druck und Bindung: Hubert & Co., Göttingen
Printed in Germany
ISSN 1865-7095
ISBN 978-3-465-04165-8

Inhalt

Breslauer Kindheit

Ein Kind dieses Jahrhundertanfangs, das sich am Beginn des letzten Viertels dieses Jahrhunderts seinen Erinnerungen zuwendet, ein Professorensohn und später selber ein Professor, was soll er erzählen? Wie es damals war? Aber was davon? Gewiß nicht einfach das, was in seiner Erinnerung alles aufblitzt, von frühester Kindheit an: das rote Rund eines Edamer Käses, ein sich drehendes Windrad vor dem Fenster der Afföllerstraße in Marburg, die Feuerwehr, die von schweren Hengsten gezogen die Schuhbrücke in Breslau entlangdonnert – Früherinnerungen sind von einer aller Mitteilbarkeit spottenden Intimität und Belanglosigkeit. Eher schon interessieren den Menschen von heute Ersterinnerungen, in denen sich die Fortschritte der technischen Zivilisation eingezeichnet haben: der Übergang vom Gaslicht zum elektrischen Licht, die ersten Autos – welch erdbebengleiches Gerüttel –, später während des ersten Weltkrieges durfte ich einmal mit einem Onkel, der einen Armeewagen hatte, mitfahren, ein Stück lang sogar mit hundert Kilometern, atemberaubend! Das erste Kino, das erste Telefon im Elternhause mit seiner rührenden Drehkurbel – Nr. 7756 – warum man so etwas noch weiß?, das erste eigene Zweirad – Dreiräder auch für Erwachsene sah man noch oft –, der erste Zeppelin über Breslau, die Nachricht von dem Untergang der Titanic, die von dem, was ich von den elterlichen Tischgesprächen auffing, mich doch stärker beschäftigte als die Balkankriege, „wenn hinten tief in der Türkei die Völker aufeinanderschlagen". Schließlich der Ausbruch des ersten Weltkrieges, mein jungenhaft begeisterter Eifer und der mir höchst sonderbare Ernst meines Vaters. Einen tiefen Eindruck machte mir eine Tischszene. Als mein Vater auseinandersetzte, daß die Todesopfer beim Untergang der Titanic „wie ein großes Dorf" seien, wehrte ich diesen Vergleich verächtlich ab: „Ach, die paar Bauern". Ich mußte mich bei dem servierenden Dienstmädchen, das natürlich vom Lande war, entschuldigen – eine Lehre, die ich nie vergaß.

Ein Hauch der militärstaatlichen Tradition Preußens hat mich als Kind auch angeweht. In den Sommerferien in Misdroy war ich alljährlich als eifriger Soldat und Stratege in einer „Strandkompanie" tätig, der Generalstabsoffiziere ihre Manöveraufgaben stellten. Überhaupt war ich damals, seit 1912, vor allem ‚strategisch' interessiert, in kindlicher Aneignung der napoleonischen Feldherrnkunst und der damals die Zeitungen füllenden militärischen Studien über die Befreiungskriege. Man sagte mir eine Offizierslaufbahn voraus – bis mich die Träume der Innerlichkeit, Dichtung und Theater davon abzogen.

Ganz kindlich war auch noch meine Anteilnahme an der 1913 zur Erinnerung an die ‚Befreiungskriege' in Breslau veranstalteten Jahrhundertausstellung – für den Dreizehnjährigen in erster Linie ein patriotischer Bestätigungsstolz. Eine besondere Genugtuung war es mir, daß ein Stück aus unserem alten Garten, eine Sandsteinurne klassizistischen Stils, damals im Ausstellungsgelände Aufstellung fand. Unvergessen ist auch, wie ich auf dem benachbarten Rummelplatz das erste in Kokosfett gebackene Gebäck kennenlernte – ein Stück deutscher Kolonialpropaganda. So etwas wie Kokosfett war für das damalige, in Butter und Eiern schwimmende reiche Schlesien neu, seltsam, ja: verrückt.

Eine andere von langsam sich verschlingenden Weltlinien, die einen formen, war die Schule. Vom Schulmeister alten Schlages, der zwar nicht mehr richtig prügelte, aber unaufmerksamen Kindern ein Kreidestück an den Kopf warf und „Kopfnüsse" liebte, über die wundervollen Spiele des Lernens fremder Sprachen, die oft so sonderbaren Lehrergestalten mit ihren Ticks, Redensarten und besonders mit ihren schwachen Punkten.

Tief berührte mich die erste Trauerfeier für den ersten im Krieg gefallenen Lehrer, weil dabei den Direx, diesen gefürchteten Mann, die Rührung übermannte. Andere erste Rätselhaftigkeiten begegneten, die eigenes Nachdenken anlockten, z. B. die Uneinigkeit zweier Lehrer, ob die Religion aus der Furcht entsprungen sei. Der Schneid des hartgesottenen Aufklärers, der diese These vertrat, imponierte mir mehr als der etwas bigotte Gegenspieler, der ohnehin durch seinen frömmelnden Griechischunterricht vieles verdarb. Dann näherte sich der Krieg auch unseren Jahrgängen. Die letzten Schulklassen schmolzen durch mehr und mehr Einberufungen zusammen. Todesnachrichten kamen aus dem Felde. Es waren Hungerjahre. Krieg und Revolution, Abitur und Studienbeginn – das war alles noch wie vom Lebenstraum umfangen.

Als ich die Schule verliess und mein Studium begann, im Frühjahr 1918, war ich 18 Jahre, alles andere als frühreif, ein schüchterner, unbeholfener, in sich gekehrter Bursche. Nichts deutete auf die ‚Philosophie' – ich liebte Shakespeare und die griechischen wie die deutschen Klassiker und insbesondere Lyrik, aber ich habe während meiner Schulzeit weder Schopenhauer noch Nietzsche gelesen.

Breslau in den Kriegsjahren war ein ruhiger Platz, Provinz in fast altväterischem Sinne, preußischer als Preußen, und weitab von den Fronten.

Mein Vater war pharmazeutischer Chemiker, ein bedeutender Forscher, eine selbstbewußte, leistungsstolze, energischtüchtige Persönlichkeit, ein Mann, der die autoritäre Kindererziehung schlechtester Art und bester Absicht recht drastisch verkörperte. Er war mit Leib und Seele Naturwissenschaftler, hatte aber weitgespannte Interessen. Ich erinnere mich, daß ich einmal während des Krieges aus seinem Institut für einen Vortrag, den er zu Hause in einem Kränzchen hielt, ein Drahtgestell abholen mußte, das Bohrsche Atommodell von 1913.

Ein andermal mußte ich ihm eine französisch geschriebene Arbeit eines Chemikers referieren, über Theorie der Benzol-Ringe, soweit ich mich erinnere. Er konnte nämlich kein Französisch. Dafür war er mir aber im Zitieren von Horaz weit überlegen. So weit war auch in meiner Jugend die alte „Lernschule" schon verfallen. Meine Neigungen zu Literatur und Theater und überhaupt zu den brotlosen Künsten mißbilligte er von Herzen. Ich war mir selber keineswegs klar, was ich studieren sollte. Nur, daß es ‚Geisteswissenschaften' sein würden, stand außer Frage.

Wenn man als schüchterner Achtzehnjähriger begann, sich ganz auf eigene Faust im Studium umzuschauen, war man zunächst recht hilflos – und zersplitterte sich rettungslos. Germanistik (Th. Siebs) und Romanistik (A. Hilka), Geschichte (Holtzmann, Ziekursch) und Kunstgeschichte (Patzak) und Musikwissenschaft (Max Schneider), Sanskrit (O. Schrader), Islamistik (Praetorius), an allem naschte ich herum. Leider nicht an der klassischen Philologie. Die Einwirkung der Schule war da allzuwenig werbend gewesen. Dabei war Wilhelm Kroll, ein blendender und witziger Erzähler, den ich sehr bewunderte, ein Freund meiner Eltern. Er interessierte sich für mich und hat – ebenso wie Jahre später der Physiker Clemens Schaefer, der selber ein halber Philologe war – gegen meinen Vater meine Interessenrichtung verteidigt.

Am kürzesten hielt mich die Psychologie. Das kam so: ich stellte mir voller Eifer und Neugier meinen Studienplan nach dem Vorlesungsverzeichnis planmäßig zusammen. ‚Planmäßig' hieß: so viel wie möglich. Es hieß auch: so früh wie möglich. Und so war ich eines frühen Aprilmorgens 1918 um 7 Uhr – ich war ein unterernährter Großstadtjunge, den man bei den Soldaten noch nicht brauchen konnte – in einem Psychologiekolleg. Das dachte ich mir interessant. Mir schwebte dabei Shakespeares und Dostojewskijs tiefe Menschenkenntnis vor. Herein kam, im schwarzen Habit – offenbar eines katholischen Priesters – und in ein Auditorium, wo ganze Bankreihen mit ähnlichen Schwarzröcken bestückt waren, ein Professor, der mit großer Beredsamkeit in einer mir unverständlichen Sprache – es war schwäbisch – einherredete. Ich hörte immer vom Kemir und brauchte lange, bis ich erriet, daß das ‚Chemiker' heißen sollte. Nun, nach einigen Stunden führte der Professor einige kinderpsychologische Beobachtungen W. Sterns vor. Es kam mir komisch vor, was er da erzählte. Ich faßte mir ein Herz und fragte den Professor nach der Stunde, ob die Sache nicht umgekehrt sei, als er sie erklärt hatte. Er stutzte, sah sich die Zeichnungen noch einmal an und sagte: „Ach ja, Sie haben recht!" Das ging mir nun doch zu weit, daß ich als Achtzehnjähriger einen Professor belehren sollte, und blieb weg. Der Professor war der treffliche Erforscher der Philosophie des Mittelalters, Matthias Baumgartner, der aus Konkordatsgründen für die angehenden Priester ‚Psychologie' lesen mußte, von der er nichts verstand.

Die Emanzipation vom Elternhause kam durch das Buch eines mäßigen Literaten: Theodor Lessings ‚Europa und Asien' – eine ganz schwungvolle, sarkastische Kulturkritik, die mich umwarf. Es gab also noch etwas anderes in der Welt als preußische Tüchtigkeit, Leistung, Disziplin. Später sollte ich, auf einem höheren Niveau, diese erste eigene Orientierung vertiefen, als ich im Umkreis des Dichters Stefan George ähnlichen kulturkritischen Tönen begegnete. Natürlich stellte die Ablösung von der Wertewelt meiner Erziehung auch eine politische Neuorientierung dar. Das war schon durch die Widerspruchslust dieser Jahre gefordert. Vertreter der sozialdemokratischen, demokratischen und konservativen Partei – heute vergessene Namen, damals von Klang – bedeuteten mir vor allem die Begegnung mit der politischen Redekunst und mit demokratischen republikanischen Ideen, die Schule und Elternhaus fremd gewesen waren. Wie weit die frühe Prägung durch das Elternhaus gleichwohl weiterhin wirksam blieb, kann man sich fragen. Bezeichnend, daß ich eines Tages – noch als Primaner – Thomas Manns Betrachtungen eines Unpolitischen in die Hände bekam, die ich großartig fand. Wenig später weckte in ähnlicher Richtung der zweite Teil von Kierkegaards Entweder-Oder in mir die Sympathien für den Assessor Wilhelm und, ahnungslos, für geschichtliche Kontinuität. Heute würde ich sagen: Hegel blieb über Kierkegaard siegreich.

Das erste philosophische Buch, das ich als Student aufnahm, war Kants ‚Kritik der reinen Vernunft', im Reclamtext (Kehrbach). Das gab es in der Bibliothek meines Vaters. Zu seiner Zeit hatte man nämlich noch, wenn man seinen Dr. phil. machte, auch als Naturwissenschaftler ein kleines Examen philosophicum im Rigorosum zu überstehen, und dafür hatte er sich – in Marburg – natürlich auf Kant einpauken lassen. (Sein Einpauker war der junge Albert Görland gewesen.) So las ich als erstes Kants ‚Kritik der reinen Vernunft' – während der ersten akademischen Ferien des Achtzehnjährigen. Wenn mich meine Erinnerung nicht gänzlich trügt, habe ich das Buch zwar bebrütet, aber es schlüpfte auch nicht der geringste verstandene Gedanke heraus.

Auch stand ich mit der UB nicht auf gutem Fuß. Eines Tages hatte ich mir, schüchtern wie ich war, ein Herz gefaßt und als 1. Semester ein empfohlenes Buch, Cassirers ‚Freiheit und Form', in der UB bestellt. Als ich am nächsten Tag nachfragte, warf mir der mürrische, einarmige Leihstellenverwalter wortlos meinen Leihzettel wieder hin, mit einer mir rätselhaften Null verziert – es genügte mir zur endgültigen Verschreckung.

Doch blieb ich bei den Philosophen. Nicht allzu lange bei dem pathetischen Laienprediger Eugen Kühnemann, der mit prachtvoll tönender Stimme und fulminanter Rhetorik mich in die Geheimnisse des ‚logischen Quadrats' einführte. Bei ihm ging es mir wie Sokrates bei dem rhetorischen Pomp des Protagoras. Es klang zu schön. Ich wurde betäubt, aber nicht belehrt. Anders war der geschliffene Vortrag von Richard Hönigswald und die gewundenen Argumentationsketten von Julius Guttmann. – Alle drei waren Neukantianer. Als drittes Semester wurde ich ausnahmsweise in Hönigswalds vorzüglich geleitetes Seminar zugelassen. Ich erinnere mich noch heute, worum es ging und wie ich mich ‚auszeichnete': mir leuchtete nicht ein, warum die Beziehung zwischen Bedeutung und Wort eine andere sein sollte als die zwischen Bedeutung und Zeichen. Mit diesem ersten Eindringen in die Philosophie waren die Weichen gestellt. Sie wiesen nach Marburg.

Marburger Erinnerungen

Studentenjahre

Als etwa im Jahre 1930 der Romanist Leo Spitzer der Berufung von Marburg nach Köln folgte und ein Abschiedsfest aus diesem Anlaß gab, hielt er eine Rede über die Frage: „Was ist Marburg?“ Ich erinnere mich gut, wie er eine Reihe von Institutionen und Namen nannte und von ihnen sagte – einige waren daraufhin beleidigt –: „Das alles ist nicht Marburg“, und daß der erste Name, von dem er sagte: „Das ist Marburg“ der Name von Rudolf Bultmann war. In der Tat, wenn ich rückblickend auf die zwanziger Jahre sagen soll, was Marburg damals war, würde der Name Bultmann nicht fehlen – und es würden für mich einige andere Namen, und zum Teil ältere, neben den seinen treten. Wer als junger Mann mit philosophischen Interessen damals nach Marburg ging, meinte die Marburger Schule. Hermann Cohen hatte zwar Marburg nach seiner Emeritierung verlassen und war 1918 gestorben, aber Paul Natorp lehrte dort und Jüngere neben ihm, wie Nicolai Hartmann und Heinz Heimsoeth. Indessen, das Jahr 1919 und die folgenden Jahre waren nicht Jahre der beruhigten Fortsetzung von Schultraditionen. Der Zusammenbruch des Kaiserreichs, die Gründung der neuen Republik und die Schwäche dieser Weimarer Republik bildeten den Hintergrund für eine geradezu wilde Orientierungsnot, in der sich die damalige Jugend befand. Selbst in der Erinnerung ist es noch schwer, sich zu orientieren. Deutschland war damals der Demokratie so wenig gewachsen wie die Welt heute ihrer eigenen technischen Perfektion.

Ich selbst kam aus Schlesien, einem der militärstaatlichen Kronländer des Deutschen Reichs, mit der in der Jugend üblichen Opposition gegen Thron und Altar und mit der besonderen Hypothek, daß meine Interessen und Ansichten nicht nur von der nationalliberalen Tradition meines Elternhauses abwichen, sondern vor allem von der tief eingewurzelten Überzeugung meines Vaters, daß die Naturwissenschaften die einzig redlichen Wissenschaften darstellten. Er hatte versucht, mich für seine eigene Überzeugung zu gewinnen, aber sah mich bald mich mit den „Schwätzprofessoren' einlassen. Ja, das war auch so.

Die kühnsten und freiesten Ideen wurden im Kreise um Richard Hamann, den Kunsthistoriker, diskutiert. Richard Hamann fing damals an, seine große Fotografiesammlung der französischen Kathedralen, die er vor dem Kriege angelegt hatte, aufzuarbeiten, und manche der Fotos dieses später berühmt gewordenen Marburger Bildarchivs tragen die ungelenke Beschriftung von meiner eigenen Hand. Hamann war ein genialer Ausnutzer menschlicher Arbeitskraft. Seine Exkursionen waren gefürchtet, weil er von allen Teilnehmern soviel verlangte wie von sich selbst. Im Kreise um Hamann fand ich meinen ersten Freund, Oskar Schürer, damals bekannt als ein Angehöriger der expressionistischen Dichtergeneration des Kurt Wolff-Verlags. Bei Hamann gingen immer viele Besucher aus und ein – ich erinnere mich der schwermassigen Figur Theodor Däublers bei ihm begegnet zu sein. Aber selbstverständlich fehlten in seinem Umkreis nicht die marxistischen Intellektuellen – soweit es solche im damaligen kleinbürgerlichen Marburg überhaupt gab. Hamann liebte alles, was ein beruhigtes Bürgertum reizen und schockieren konnte. Er strahlte, als in der Stadthalle eines Tages Georg Kaisers ‚Gas' aufgeführt wurde, von einer jener Sommertruppen, die damals, als es noch keine Zwölfmonatsverträge gab, den Schauspielern in der Sommerzeit Arbeit gewährten. Er freute sich, wenn seine Kunstausstellungen auf den erbitterten Widerstand der Bürger stießen. So war er eine Art Begriff, und ich erinnere mich, als ich mich einmal von einem Philologen in meinem Studium beraten ließ und er völlig ungeniert sagte: „Ja, so; das und das sollte ich tun und nicht immerfort zu Hamann laufen." Er riet mir vor allem, bei Stengel Urkundenlehre zu treiben – und das hab ich auch mit Gewinn getan. Aber zu Hamann lief ich trotzdem. Gewiß, Hamann war ein höchst unbürgerlicher Geist. Von hoher Intelligenz und echter Souveränität, war er ein überzeugter Anwalt der heraufkommenden Sachkultur gegen die Personalkultur von früher, und doch übte er seine stärkste Wirkung etwa in seinem Rembrandtkolleg. Der Impressionismus in Leben und Kunst, den der junge Hamann (1907) beschrieben hatte, eine Analyse im Geiste Georg Simmels, lag zwar hinter ihm. Aber noch der ‚Gesamtverlauf der abendländischen Kunstgeschichte', seine sogenannte ‚Kilometervorlesung', in der er mit rasender Sprechgeschwindigkeit Foto um Foto kommentierte, war die Leistung eines geborenen Soziologen, der eher neue Zusammenhänge sehen lehrte, als daß er bei dem einzelnen Werke zu verweilen anhielt.

Bald trat noch eine andere Gruppe in Erscheinung, deren vehemente Kulturkritik dem Zeitgeist Paroli bot. Ihr Mittelpunkt war Friedrich Wolters, ein naher Freund Stefan Georges. Er war Wirtschaftshistoriker, und Mittwoch nachmittags von 16–17 Uhr geißelte er in wohlgerundeten Perioden die Kulturbarbarei des 19. Jahrhunderts. Später habe ich auch an seinen Seminaren teilgenommen, die eher anmutvolle Würde als Schärfe der Fragestellung auszeichnete, und traf dort die ganze Reihe älterer und jüngerer Freunde von Wolters, Walter Elze, den späteren Militärhistoriker, Carl Petersen, mit dem zusammen Friedrich Wolters manche literarische Unternehmung ausführte, die Brüder von den Steinen, Walter Tritsch, Rudolf Fahrner, Ewald Volhard, Hans Anton und schließlich Max Kommerell, der später in Marburg wenige kostbare Jahre lehren sollte. – Es war ein Kreis von jungen Leuten, der so etwas wie eine Kirche bildete: extra ecclesiam nulla salus. Ich selbst stand außerhalb, ein wenig als ‚intellektuell' verschrien und den Jüngeren, wie ich später hörte, verboten – was nicht hinderte, daß Hans Anton mich manchmal in dunkler Nacht besuchte oder empfing und daß er mir später, Jahre später, den Freund Kommerell ins Haus sandte und damit eine neue produktive Freundschaft zwischen Max Kommerell und mir stiftete.

Wolters trug wunderschöne Samtjacken und eine prächtige Uhrkette wie ein mittelalterlicher Bankier und unterhielt mit mir sehr freundliche Beziehungen. Als ich im Jahre 1922 an Kinderlähmung erkrankte und streng isoliert wurde, gehörte er zu den ersten, die es trotzdem unternahmen, mich zu besuchen. Ich erinnere mich eines Gesprächs mit ihm, in dem ich, der ihm gewiß in mancher Hinsicht wegen meiner philosophischen Interessen und auch wegen einer höchstwahrscheinlich unverständlichen Redeweise verdächtig war, unter dem Eindruck einer Vorlesung von Natorp etwas über die Kategorie der Individuität sagte. Wolters hub warnend seinen Finger: „Individualität – davor müssen Sie sich hüten!" Ich antwortete: „Nein, Individuität". Darauf Wolters: „Ach so, das ist etwas anderes" – mir war völlig klar, daß das gar nichts anderes war, daß er aber nicht wußte, was es war. Immerhin, was aus ihm sprach, war für mich eine beständige Herausforderung: die Werttafeln des George-Kreises verkörperten in einer sich atomisierenden Gesellschaft ein korporatives Bewußtsein auf hoher geistiger Ebene, das einen reizen mußte, dem man aber um seiner Geschlossenheit und Selbstsicherheit willen seine Bewunderung nicht ganz versagen konnte. Dabei wurde der Dichter Stefan George immer mächtiger in mir, insbesondere nachdem ich durch Oskar Schürer – nicht durch das Studium der Literaturwissenschaft – tiefer in die Welt der Dichtung eingeführt wurde und Ernst Robert Curtius mir für das einzigartige Melos dieser Verse das Ohr geöffnet hatte. Dem Dichter selbst bin ich nur ein einziges Mal am Barfüßertor begegnet und schlug befangen die Augen nieder, betroffen von der Ewigkeitslinie dieses Profils.

Aber natürlich, viel war an mir nicht zu retten – ich war ein junger „Philosoph“ und war im Philosophischen Seminar bald zu Hause. Das war damals noch am Plan untergebracht, und wenn ich, ein Kind der Ebene – meine Jugend hatte ich in Breslau verbracht –, am frühen Morgen vom Marbacher Weg, wo mein damaliges Elternhaus stand, über den Dammelsberg ins Seminar von Natorp eilte, von der aufgehenden Sonne begrüßt und noch halbtrunken vom Schlaf, erwarteten einen die großen, weitaufgerissenen Augen des eisgrauen kleinen Mannes, der mit leiser und dünner Stimme eine Diskussion leitete, die keine war. Weit größeren Eindruck als Natorp machte damals dem Neunzehnjährigen der „Senior“ des Seminars, ein recht korpulenter junger Mann von gewiß schon dreißig Jahren, der sich väterlich zu dem Anfänger herabließ und dessen Würde dadurch zum Ausdruck kam, daß er als Verwalter der Seminarbibliothek den einzigen Raum, aus dem das Seminar bestand, nicht zu derselben Tür betrat wie wir alle, sondern mit lautem Schlüsselgeklapper eine zweite, der Stirnseite des Hufeisentisches näherstehende Tür benutzte, zu der auch der Professor hereinkam. Später zogen wir dann in das vordem Theologische Seminar im alten Universitätsgebäude um, das den Ausblick auf den Hühnerstall des Kastellan Groß bot, und dort vor allem wurde ich in die Philosophie eingeführt, von Paul Natorp, Nicolai Hartmann und später von Martin Heidegger.

Im übrigen machte Natorp zuweilen durch den künstlerischen Schwung seines Vortrags tiefen Eindruck auf mich. Ich erinnere mich einer Rede über Dostojewski und einer Rede über Beethoven, die dadurch ihre Besonderheit hatten, daß in dem Hörsaal 10, in dem sie stattfanden, plötzlich das Licht ausging und Natorp mit einer Kerze seinen schriftlich vorbereiteten Text weiterlas. So etwas war damals gar nicht selten. Diese Stromunterbrechungen hingen mit den Umschaltungen zusammen, die die gerade vollendete Eder-Talsperre in das allgemeine Stromnetz einschalteten. Aber für Natorps Wesen und Wirkung war es symbolisch, wie dank dem Ausfall des alle verbindenden Lichtes die mystische Kerze seinen einsamen Meditationen leuchtete. Ich habe bei Natorp noch meinen Doktor gemacht. Er war ein wunderbarer Schweiger. In seiner Gegenwart fiel einem, wenn man nichts zu sagen hatte, nichts ein, und so schwiegen wir meist beide. Aber er lud manchmal sonntags einen Kreis in sein Haus ein und las dort Dichtungen, vor allem Dramen von Rabindranath Tagore, deren mystischer Tiefsinn mich oft ganz erfüllte. Einige Jahre später kam Tagore einmal zu Besuch zu Natorp, und ich erinnere mich der Universitätsfeier, die gerade stattfand, und in der in der Ehrenreihe neben dem trefflichen Universitätskurator von Hülsen und dem Rektor Rabindranath Tagore und Paul Natorp nebeneinander saßen. Was für ein Kontrast! Bei welcher Ähnlichkeit! Zwei nach innen gewandte Gesichter, beide ehrwürdige alte Männer mit grauem Bart, sich von allem ringsherum abhebend, beides gewiß Menschen von einer tiefen Innerlichkeit und überzeugenden Ausstrahlung. Und doch, wie wirkte der große Gelehrte und scharfe Methodologe Natorp dünn und schmächtig neben der felsigen Größe von Tagores Antlitz und Erscheinung, einer Herrengestalt aus einer anderen Welt.

Meine Bekanntschaft und geduldige Anbetung des oben genannten und geschilderten ‚Seniors' des Seminars führte dazu, daß ich nach der Promotion dieses Herrn, der mittlerweile, glaube ich, ein guter Dreißiger geworden war, offenkundig auf seinen Vorschlag sein Nachfolger als ‚Senior' des Seminars wurde. Canis a non canendo: ich war gerade zwanzig Jahre alt. Ich hatte nun auch das große Schlüsselbund und insbesondere den ungehinderten Zugang zu den Neuerscheinungen, die bei der schleppenden Verwaltung, die ich der Bibliothek angedeihen ließ, lange auf meinem Schreibtisch oder in meinem Verwaltungsschrank ruhten. Später führte das noch zu recht unliebsamen Zwischenfällen. Da begannen nämlich plötzlich, das war schon im Jahre 1924, Bücher zu verschwinden, in rauhen Mengen, und als schließlich auch aus meinem Verwaltungsschrank eine neu angeschaffte Thomas-Ausgabe

Nicolai Hartmann

— das Symbol des Einzugs Heideggers in das protestantische Marburg — sich verflüchtigte, gab es einen großen Eklat. Mit der Kriminalpolizei im Bunde machte ich ein Dutzend Haussuchungen bei harmlosen und unschuldigen Studenten, die errötend das eine oder andere ohne Leihzettel entliehene Buch vorzeigten — bis auf diese Weise schließlich einer der Hausgesuchten auf den richtigen Verdacht kam und einen unbekannten, ein bißchen größenwahnsinnig veranlagten Studenten aus dem Ruhrgebiet überführte. Ich weiß noch heute, wie schwierig es war, mehr als 200 Bände, die der Betreffende — angeblich zur Anfertigung einer Dissertation über ‚Die Idee' — an seinen Heimatort im Ruhrgebiet geschafft hatte, nach Marburg zurückzubringen. Denn damals war der Ruhrkrieg, und nur dadurch, daß ein Student mit einem österreichischen Paß mir zu Hilfe kam — es war der spätere Romanist Fritz Schalk — kamen die Materialien über ‚die Idee' einschließlich der Thomas-Ausgabe wieder in unser Seminar zurück — das Ganze nicht gerade ein Ruhmesblatt meiner Seminarverwaltung.

Ja, da war aber Nicolai Hartmann. Er übte auf uns alle damals eine starke Wirkung aus. Zwar war ich seinen Schemata gar nicht hold, mit denen er die Subjektsphäre und die Objektsphäre und die Kategoriensphäre und was nicht alles an die Tafel malte — ich hatte bei Richard Hönigswald einen solchen geschliffenen dialektischen Stil kennengelernt, daß mir diese didaktischen Vergröberungen recht zuwider waren. Doch faszinierte mich bald die kühle Würde und der grüblerische Scharfsinn des neuen Lehrers, und wenn Nicolai Hartmann, als er sich mir freundschaftlich zuwandte, nach der Vorlesung mit mir ins Kaffee Vetter oder Markees ging und dort auf den ehrwürdigen Marmortischen noch viel wildere Schemata entwickelte, in denen sogar die ontologische Determinationskraft der Werte, in Fortsetzung der determinationsstärkeren Kategorien, ihre Abbildung fand — Dinge, die er nur dieser abwaschbaren Festhaltung anvertraute —, und vor allem, wenn er meinen kindlich-scharfsinnigen Einwendungen oder Weiterdenkungen Beifall zollte, fühlte ich mich doch sehr erhoben. Es war schon etwas ungewöhnlich, daß ein junger Professor sich mit einem jungen Studenten so freundschaftlich einließ, daß er einen mit Vornamen nannte, daß man jederzeit in sein Haus kommen konnte, von ihm wie von seiner reizenden Frau stets wie ein halber Sohn aufgenommen. Nicolai Hartmann war Petersburger Student gewesen und hatte die Tageseinteilung seiner Petersburger Zeit sein Lebtag festgehalten. Mittags um 12 Uhr stand er auf und mitternachts nach 12 Uhr wurde er erst richtig wach. Einsam und verbissen schrieb er an seinen Büchern — oft bis zum Morgengrauen. Alles wurde mit spitzer Feder handschriftlich dreimal völlig ausgearbeitet. Erst die dritte Fassung schien ihm jeweils druckreif und durfte aus dem von Tabakwolken verhüllten Studierzimmer ans Licht. Es waren noch harte Zeiten und die Kohlen knapp. Nicolai Hartmann saß im Winter im ungeheizten Zimmer in einem wattierten Schlafrock, eine Wärmflasche im Fußsack und hielt die Schreibhand geschmeidig, indem er mit ihr von Zeit zu Zeit den dicken Kopf seiner halblangen Tabakspfeife umschloß. Er war ein Mann des langen Atems. Er liebte die Largos Händels, sein eigener Stil hatte etwas vom Andante con variazioni, er ziselierte kunstvoll wie ein geduldiger und besessener Goldschmied, kühl und unerlöst. Der schnöde Scheler, der insbesondere Hartmanns ‚Metaphysik der Erkenntnis' (1921) mit großer Anerkennung aufgenommen hatte, soll zu ihm gesagt haben: „Ihr Fleiß und mein Genie zusammen, *das* gäbe einen Philosophen." Das war nicht gerade gerecht gegen Hartmann, spiegelt aber gut den eisernen Fleiß, den Hartmann auszeichnete. Unsere Diskussionsabende, in denen Hartmann einen Kreis von Studenten und Studentinnen zusammenführte und die gegen 21 Uhr begannen, entfalteten erst nach Mitternacht ihren vollen Glanz. Als Heidegger dann nach Marburg kam und seine Vorlesungen um 7 Uhr morgens ansetzte, wurde schon deshalb ein Konflikt unvermeidlich – wir waren nach Mitternacht in Hartmanns Zirkel nichts mehr wert.

Nicolai Hartmann hatte eine wunderbare Gabe, mit jungen Leuten kameradschaftlich umzugehen. In Zwischenstunden zwischen der Nachmittagsvorlesung und dem Seminar ging er oft mit mir zusammen zum Wehr an der Weidenhäuser Brücke, wo wir flache Steine auf dem Wasser hüpfen ließen. Nicolai Hartmann hatte diese Kunst an der Newa geübt und zu hoher Meisterschaft entwickelt. Aber ich lernte auch anderes von ihm. Zu seinem Ritus gehörte außer den allwöchentlichen Diskussionsorgien jedes Semester ein Höhlenfest. Das war am Weißen Stein bei Cölbe, wo wir hinwanderten, uns ein Feuer in der Höhle anzündeten und die ganze Nacht spielend und diskutierend bis in den frühen Morgen hinein zusammenhockten. Insbesondere hatten wir das sogenannte Teekessel-Spiel ausgebildet, ein bekanntes Ratespiel, dessen einfache Ja-Nein-Fragen uns halbwegs geschulte Logiker oft in ziemliche Verzweiflung stürzten. Als Aristoteliker fanden wir schließlich einen Ausweg, indem wir statt Ja oder Nein „POS“, d. h. „in gewisser Weise“ antworteten. Im Aufbau und in der Ausführung dieser Ratefeste ließ sich viel Scharfsinn verschwenden, und etwas vom Pos-Spiel des „Teekessel“ hat ja jeder Ausdruck der Philosophie. Distinguendum, gewiß, aber mehr noch: man muß zusammensehen. „Der Dialektiker ist Synoptiker“. Nicolai Hartmann hatte – neben noch vielen anderen – eine besondere Passion, und das war das Sternegucken. Er hatte sich von Zeiß ein riesiges Fernrohr gekauft, das er nicht alleine ins Freie bringen konnte, und wenn ich ihn an einem schönen Abend besuchte, fürchtete ich schon immer, was auch nie ausblieb: Ach Hans-Georg, wollen wir nicht ein bißchen Sternchen begucken. Er war dann ganz glücklich, wenn er irgendeinen Doppelstern oder sonst irgendein interessantes stellarisches Phänomen vor die Klinge bekam. Meine Begeisterung war nicht so groß.

Er ging mit mir wie mit einem Gleichaltrigen um. Als ich mit knapp 22 Jahren meine Dissertation eingereicht hatte, berichtete er mir ganz unbefangen, daß Natorp ein sehr schönes Gutachten geschrieben habe, er habe dann in allen Punkten das Gegenteil behauptet, und auf dieser Basis hätten sie sich auf ein Summa cum laude geeinigt. Heute wage ich zu sagen, daß sie beide unrecht hatten. Als ich während meiner Heidelberger Zeit einmal bei meinen Schülern eine gewisse Unzufriedenheit verspürte, weil ich ihnen ihre Dissertationsentwürfe immer wieder zur Umarbeitung zurückgab, fragte ich mich, ob ich vielleicht zuviel verlangte. Ich bat deshalb meine Frau, einmal meine Dissertation, die gottlob nur in Maschinenschrift existiert, zu lesen. Das Resultat war: „Ja, Du hättest sie nicht als Dissertation angenommen.“

Es ist wahr, ich hatte wirklich noch nichts gelernt, wenn ich von einer allgemeinen Übung in scharfsinnigen Argumentationen und ein bißchen sorgfältiger Plato-Lektüre absehe. So wurde die Begegnung mit Martin Heidegger für mich eine völlige Erschütterung allzu früher Selbstsicherheit. Von Heidegger ging das Raunen in studentischen Kreisen schon länger

Martin Heidegger in seinen frühen Freiburger Jahren

um. Marburger, die nach Freiburg gegangen waren, berichteten von der seltsamen Ausdrucksweise und suggestiven Macht des jungen Assistenten Husserls, und als Heidegger ein Manuskript an Natorp sandte, das zur Grundlage seiner Berufung nach Marburg wurde, und ich dieses Manuskript kennenlernte, war ich sofort wie gebannt. Wie dort die Ausarbeitung der hermeneutischen Situation einer Aristoteles-Interpretation aufgebaut wurde, Luther und Gabriel Biel, Augustin und das Alte Testament ins Spiel kamen und damit das griechische Denken in seiner Sonderart und in seiner Anfänglichkeit sich abzeichnete – ich weiß nicht, wieviel ich eigentlich verstand. Schließlich war ich meinem Doktortitel zum Trotz ein 22jähriger Junge, der mehr dunkel ahnte und auf Dunkles ahnungsvoll reagierte, als daß er wirklich wußte, worum es ging.

Husserls Phänomenologie war uns freilich schon in Marburg bekanntgeworden – nicht nur durch Natorps berühmte

Rezension der Ideen im Logos 1917 oder durch Nicolai Hartmanns Vorliebe für die phänomenologische Deskription im Sinne einer philosophischen Propädeutik. Es gab damals auch echte Apostel der Phänomenologie, die von ihr das Heil der Welt erwarteten. Ich weiß noch genau, wie ich das Wort zum ersten Mal hörte, 1919. Es war in Hamanns kunstgeschichtlichem Übungsraum, wo wir, eine Art revolutionärer Diskussionsklub, zu einer Aussprache zusammengetreten waren. Helmut von den Steinen leitete das denkwürdige Gespräch, in dem ebensoviel Reformvorschläge für die Welt vorgebracht wurden wie Diskussionsteilnehmer da waren. Selbst ein Marxist war meiner Erinnerung nach, natürlich aus dem Umkreis von Hamann, dabei. Der eine erwartete von Stefan George die Erneuerung Deutschlands und der andere von Rabindranath Tagore, ein Dritter beschwor die Riesengestalt Max Webers und ein Vierter empfahl Otto von Gierkes Genossenschaftsrecht als die Grundlage einer neuen Staatsgesinnung – schließlich erklärte einer mit entschlossener Überzeugung, das Einzige, was uns wiederherstellen könne, sei die Phänomenologie. Ich nahm das andächtig und noch völlig ahnungslos zur Kenntnis und lernte auch nicht mehr darüber, wenn ich von den Älteren etwas über die Phänomenologie zu lernen suchte. Da gab es einen Doktoranden von Natorp, der mit seiner Erlaubnis über Husserls Ideen eine ganz informelle Übung veranstaltete (dergleichen war damals ohne Unversitätsreform möglich und üblich), aber dies und meine eigene Lektüre der Husserlschen Schriften brachte mich auch nicht sehr viel weiter.

Die einzige wirkliche Vorstellung, die ich von der Phänomenologie bekam, vermittelte mir die Begegnung mit Max Scheler. Max Scheler hielt 1920 in Marburg zwei Vorträge über „Das Wesen der Reue" und über „Das Wesen der Philosophie". Beides sind heute Kapitel aus dem Buch „Das Ewige im Menschen", aber seine Vorträge waren doch noch etwas ganz anderes als diese zwar temperamentvollen, aber nicht gerade gut geschriebenen Kapitel. Es war etwas Dämonisches, um nicht zu sagen Satanisches in seiner philosophischen Leidenschaft. Durch Ernst Robert Curtius, mit dem ich persönlich einen für mich ehrenvollen und gewinnbringenden Umgang hatte, wurde ich damals als Zwanzigjähriger mit Max Scheler zusammengeführt. Ich fand seine Fragen höchst überraschend — er fragte mich nämlich nicht nach Natorp oder Nicolai Hartmann, er fragte mich als erstes nach Rudolf Otto, dem sogenannten „Heiligen Otto", dessen würdevoll englische Gestalt mit unnahbarer Kühle theologische Ethik dozierte. Einmal war ich in seiner Vorlesung, nur ein einziges Mal, denn nach etwa zehn Minuten, in denen er über irgend etwas gesprochen hatte, sagte er mit der vollen Unterkühlung eines englischen Gentleman: „Wir kommen nun epsilon zu der Liebe". Nach Otto, der gewiß ein bedeutender und berühmter Mann war, fragte mich Scheler, weil er ihn „phänomenologisch" fand — und nach Erich Jaensch. Ich wunderte mich ebenso. Was konnte experimentelle Psychologie für ein philosophisches Interesse haben? Wir hatten zwar einen Kommilitonen, der bei ihm eine Dissertation vorbereitete, und zwar über die Lernfähigkeit der Hühner, und wir fragten ihn, wenn wir ihn trafen, immer, was seine Hühner machten. Manchmal versicherte er uns, sie seien willig gewesen. Auch von Jaensch wußte ich also offenkundig nichts — philosophisch interessant schien er mir ganz und gar nicht. So war die persönliche Begegnung des unreifen jungen Studenten mit dem damals schon berühmten Gast nicht ohne Enttäuschung für mich. Freilich — als ich dann seine Vorträge hörte, spürte ich schon etwas davon, daß „Phänomenologie" ihren Ernst hatte.

Es gehörte damals zu meinen schönen Vorrechten, daß ich als Student manchmal nachmittags Ernst Robert Curtius zu einem Spaziergang abholen durfte. Er litt maßlos unter dem kleinkarierten Zuschnitt von Marburg. Wenn er sich etwas Gutes tun wollte, nahm er sich eine Fahrkarte und fuhr nach Gießen, um dort im Hauptbahnhofrestaurant gut zu essen. Er behauptete, in Marburg könne man das nicht. Wenn ich zu ihm kam, erhob er sich von seiner Liseuse und begann sofort von seiner „Mittagsschlaflektüre" zu erzählen. Das war Homer oder Vergil oder sonst irgendein Klassiker – er las das mühelos ohne Lexikon, aber auch ohne jedes humanistische Getue. Einmal sagte er: „Was die Griechen doch für skeptische Leute waren. Wenn Telemach gefragt wird, wer sein Vater und seine Mutter sei, antwortet er: ‚Meine Mutter heißt Penelope, wer aber mein Vater ist, das kann man ja nie genau wissen, man sagt, es sei Odysseus'." Und was er sonst entdeckte: „Hier, sehen Sie sich das an, den Namen werden Sie noch öfter hören." Es war einer der ersten Bände von Marcel Prousts großem Roman, den Curtius damals sozusagen in Deutschland einführte.

Aber was ich erzählen will, betrifft Natorp: Ich steige die Treppen zur Curtiusschen Wohnung herauf. Er wohnte Rotenberg 15 a als Untermieter des Anglisten Max Deutschbein (ich habe selbst später dort eine Weile gewohnt). Zu meiner Verblüffung steht vor der Tür Paul Natorp, völlig wie ein kleines Wichtelmännchen, mit seinem langen Lodencape und seinem Zwergenbart. Natürlich war ich einigermaßen erstaunt, aber man stelle sich das Erstaunen von Ernst Robert Curtius vor, als statt des erwarteten jungen Studenten derselbe mit Geheimrat Natorp zusammen vor der Tür steht! Mir ist es unvergeßlich, wie in Curtius sich alles verwandelte und er all die gute Erziehung bewies, die man einem ehrwürdigen alten Herrn als Jüngerer schuldig war. Kaum daß ein fragendbelustigter Blick mich streifte, aber die ganze Spottlust, der Sarkasmus, die Überlegenheit, mit der er sich zu geben pflegte, waren verschwunden und er erwies eine wahrhaft rührende Ergebenheit, die mich – an diesem Spötter – tief beeindruckte.

Marburg war kein Platz der großen Salons. Aber es gab ein Haus, in dem alle Neuankömmlinge der akademischen Welt durch zeremonielle Einladungen „eingeführt" wurden, und ich war nicht selten bei diesen einführenden Diners, die zeitgemäß bescheiden und im Winter in manchmal recht unzureichend geheizten Räumen stattfanden. Mein Freund Oskar Schürer wohnte dort. Es war das Haus von Frau Geheimrat Hitzig am Rotenberg 1 a. Es ging von ihr das Gerücht, daß sie mit 91 lebenden deutschen Ordinarien blutsverwandt sei — in der Tat war sie eine Urenkelin von Leopold von Ranke.

Das war freilich mehr ein Treffpunkt der Anerkannten oder gerade in den Kreis der Anerkannten Erhobenen. Wir dagegen waren junge Leute, die sich erst langsam zurechtzufinden suchten. Aber wir fanden uns selber auf unsere Art zusammen. Ich sehe noch heute den langgestreckten Seminartisch im Haus Am Plan vor mir und meine erstaunte Aufmerksamkeit, als ein junger Student mit einer ganz zarten, leisen und mädchenhaften Stimme ein paar kluge Dinge zu Nietzsche in einem Nietzsche-Seminar Nicolai Hartmanns vorbrachte. Das war Jacob Klein, mit dem ich mich später anfreundete und der sich als Forscher auf dem Gebiete der griechischen Philosophie und Mathematik einen internationalen Namen gemacht hat. Ich sehe noch heute vor mir, wie — es mag ein Semester darauf gewesen sein — in dem neuen Seminarraum in der Alten Universität in einer Übung von Natorp Gerhard Krüger die Aufmerksamkeit auf sich lenkte, mit dem mich lange Jahre gemeinsamer Arbeit freundschaftlich verbinden sollten. Ich erinnere mich noch heute, als ob es gestern war, wie ich meine Freundschaft mit Oskar Schürer, dem Kunsthistoriker, schloß: Wir waren beide in den Rezitationsabend eines akademischen Rezitators gegangen und nebeneinander geraten. Und wie es so geht, litt jeder stumm auf seinem Sitz unter dem unerträglichen Pathos des Vortragenden, bis wir einander plötzlich mit den Blicken trafen und in einer erdbebengleichen Explosion des Gelächters den Weg zur Türe — und zueinander fanden. Oskar Schürer war 7 Jahre älter als ich und wurde die beherrschende Persönlichkeit meiner ersten Marburger Jahre. Ich könnte viel von ihm erzählen. Seine Gabe, Menschen nahezukommen, war einzigartig, und meine freundschaftliche Beziehung zu den vielen Professoren, die in diesen Zeilen geschildert werden, verdankte ich der Aufmerksamkeit, die man dem jungen Freunde Oskar Schürers erwies. Nur mit den Philosophen hatte er sonst keinen Kontakt — als Mensch des Auges und des Anschauung weckenden Wortes war er für mich geradezu das

Korrektiv allzu füher Abstraktionsneigung. Er selbst erzog sich damals zur Wissenschaft und wurde Kunsthistoriker. Später wurde er durch sein Pragbuch bekannt. Er starb allzufrüh als Darmstädter Professor im Jahre 1949. Wie 1944 auf Kommerell hatte ich damals auf ihn, den älteren, den ersten Freund, die Gedenkrede zu halten. Sie folgt hier am Schluß des Kapitels.

Ein Haus, in dem sich ein Kreis von Männern öfters traf, war das des Verlegers der oberhessischen Zeitung, Dr. Carl Hitzeroth, der ein leidenschaftlicher Sammler von Kunst war. Ich war bei weitem der Benjamin dieses Kreises, zu dem Ernst R. Curtius, Oskar Schürer, Siegfried Kaehler, Albert Hensel gehörten. Ich weiß noch wie heute, wie Hitzeroth graphische Reproduktionen von Hans von Marées' Zeichnungen zeigte und wie Curtius zu meiner Begeisterung äußerte: „Was werden Sie erst sagen, wenn Sie in München in der neuen Staatsgalerie die großen Gemälde von Marées sehen werden!" Charakteristisch war, daß in diesem Kreise einmal die etwas plumpe Frage aufgeworfen wurde, wen ein jeder für den größten Maler der Welt halte – und alle antworteten: Rembrandt – mit der einzigen Ausnahme Kaehlers, der Michelangelo vorzog – wohl um der vitalen Kraft seiner Gestalten willen, die ein so zarter und leidender Mann wie Kaehler wie eine Tröstung liebte. Im übrigen zeigte die Konvergenz auf Rembrandt, wie das Zeitalter der Innerlichkeit damals noch alle einte (und was die Nähe Kassels bedeutete).

Ich weiß nicht mehr genau, wie ich mit Friedrich Klingner bekannt wurde. Er wohnte oben am Renthof in einem kleinen verwunschenen Häuschen, vor dem viele Bauernblumen blühten, zurückgezogen, asketisch, immer in einen alten Soldatenrock gekleidet, den er wohl aus Sparsamkeit und doch wie eine stumme Anklage trug. Dort lasen wir zusammen Pindar. Kein zufälliger Gegenstand für eine Generation, die gerade das Spätwerk Hölderlins durch Hellingraths Ausgabe lesen gelernt hatte. Aus unerfindlichen Gründen – vermutlich wegen meiner Fähigkeit zu begrifflichem Ausdruck – glaubte Klingner, aus einer gemeinsamen Lektüre für sich Nutzen zu ziehen, und hatte dabei die merkwürdige und für mich allzusehr verwöhnende Art, daß er den Text (mit allen antiken Kommentaren) genau vorbereitete, ihn mir vorlas, übersetzte und mich dann erwartungsvoll ansah, was ich dazu zu sagen hätte. Ähnlich war es, als wir dann zusammen Augustins Confessiones lasen: mir ging immerhin auf, was antike Kunstprosa als dichterisches Gebilde war und wie sie klang; aber ich ließ mich auf solche Weise nur bewirten. Das war eine symbolische Konstellation für die ganze Zeit meiner ersten „Studien", in denen ich noch nicht gelernt hatte, was wirkliches Arbeiten ist, und bei denen mir niemand wirkliche Arbeit abverlangte.

Das wurde anders, als ich Heidegger begegnete – ein elementares Ereignis, nicht nur für mich, sondern für das Marburg jener Tage, eine so zusammengefaßte geistige Energie, dabei von einer solchen schlichten Kraft des sprachlichen Ausdrucks und von einer solchen radikalen Einfachheit im Fragen, daß einem wie mir das gewohnte und mehr oder minder gekonnte Scharfssinnsspiel mit den Kategorien oder Modalitäten verging.

Niemandsjahre

Als ich im Jahre 1923, nach meiner Kinderlähmungserkrankung, als allzu junger Doktor und als allzu junger Ehemann zu Heidegger nach Freiburg ging und dort ein Semester blieb, war ich natürlich auch in der Vorlesung und im Seminar von Husserl. Husserl hatte mich wie einen Abgesandten der Marburger Schule und als Schüler seines verehrten Gönners Paul Natorp mit Ehren empfangen. Einen durchaus ‚wilhelminischen' Gelehrten vorzufinden, mit Bart und Brille, steifem Kragen und goldener Uhrkette auf der Weste, war keine Überraschung. Das war Zeitstil. Mein Vater trug sich auch so. Husserls Vortrag war zwar flüssig und nicht ohne Eleganz, aber ohne rhetorische Wirkung. Was er vortrug, klang alles wie Verfeinerungen schon bekannter Analysen. Aber es war eine eigene Intensität darin, wenn er sich wirklich einmal, statt Programme zu entwickeln, in eine Deskription verlor. Etwa, wie er, zur Demonstration einer Wahrnehmungstäuschung, seinen Besuch im Berliner Panoptikum in der Friedrichstraße erzählte: wie ihm zu seiner Verlegenheit eine junge Dame am Eingang zuwinkte, bis er erkannte: ‚Es ist eine Puppe' – die weiche, östliche Aussprache des Wortes ‚Puppe' habe ich heute noch im Ohr. Oder der rote Apfel, der beim Hereinbeißen sich als Seife erweist. Fjodor Stepun, der mich einmal in die Vorlesung Husserls begleitete, charakterisierte ihn nachher als einen ‚wahnsinnig gewordenen Uhrmacher': tatsächlich blickte Husserl bei seinem Vortrag oft auf seine Hände, und diese waren so beschäftigt, daß die Finger der rechten Hand in langsam drehender Bewegung auf der gerundeten inneren Handfläche der Linken kreisten – eine Konzentrationsbewegung, die zugleich etwas von dem handwerklichen Präzisionsideal Husserlscher Beschreibungskunst ‚handgreiflich' machte. – Im Seminar erschien er immer mit großem Gefolge: Heidegger und Oscar Becker und anderen. Seine Seminare begannen mit einer von ihm gestellten Frage und endeten mit einer langen Darlegung, die durch die ihm gegebene Antwort ausgelöst wurde: eine Frage, eine Antwort und ein eineinhalbstündlicher Monolog. Aber manchmal gab er dabei ausgezeichnete Durchblicke in große spekulative Räume, die an Hegel heranführten. In seinen Schriften findet sich kaum ähnlich Großgesehenes.

Es waren immer nur Monologe – er merkte das gar nicht. Einmal sagte er beim Herausgehen zu Heidegger: „Heute war es doch wirklich einmal eine anregende Diskussion" – nachdem er auf die erste Antwort – ich glaube voll Stolz, sie kam von mir – ohne Punkt und Komma selber geredet hatte.

Ganz anders spannungsgeladen war Vorlesung und Übung bei Heidegger – doch Heidegger wird hier oft genug geschildert. Meine Begegnung mit ihm, damals in Freiburg, blieb keine Episode.

Zu Richard Kroner hatte mich Nicolai Hartmann geschickt. Er bewunderte Kroners Werk ,Von Kant zu Hegel' sehr. Als Lehrer hatte Kroner neben Heidegger einen schweren Stand, und ich gestehe, daß die Dichtigkeit und die Energie, die in Heideggers Lehre lag, mir alles andere, auch alles früher Erlebte – vielleicht mit der Ausnahme Schelers – matt erscheinen ließ. Aber ich denke gern an die regelmäßigen Mittwochs-Zusammenkünfte im Hause Richard Kroners zurück, wo ich mit ihm und Stepun diskutieren durfte. Diese beiden alten Freunde hatten einen guten Ton miteinander, der die übersensible Schüchternheit, die um Kroner sonst war, zu überwinden vermochte.

Zu Ebbinghaus schickte mich Heidegger. Die beiden waren damals gute Freunde, und Heidegger war überzeugt, Kroners Kant-Hegel-Werk würde von der Bildfläche verschwinden, wenn Ebbinghaus erst einmal herausrückte. Bekanntlich ist dieses größere Werk, das Ebbinghaus vorbereitete, nie erschienen. Bei der Durcharbeitung der Entwicklung von Kant zu Hegel ist Ebbinghaus in Wahrheit und mit ausschließender Endgültigkeit zu Kant zurückgekehrt. Habent sua fata libelli. Wer Julius Ebbinghaus kennt, weiß, daß diese leidenschaftliche Umkehr etwas von der Rückkehr zu den guten Geistern Preußens war, die er mit kämpferischem Mut sein Leben lang verteidigt hat.

Auf der Rückreise von Freiburg nach Marburg – diesmal wegen des ,Ruhrkrieges' und der Besetzung Offenburgs durch die Franzosen eine Riesenreise – besuchte ich erstmals Heidelberg und brachte Jaspers Grüße von Heidegger und Rickert Grüße von Kroner. Die Grußempfänger waren nicht weniger verschieden als die Auftraggeber. Jaspers, sehr freundlich und mit einer gewissen Weltneugier, fragte mich insbesondere nach Husserl aus und empfand die Schulgesinnung der Phänomenologie offenbar als störend – ein Vorklang seiner Kritik an allem ,Gehäuse'. Er blieb freilich etwas der Psychiater, der selbst gegen das Fenster im Schatten saß und einen kritisch beobachtete. Rickert dagegen sah überhaupt nichts als sich

Für H.-G. Gadamer
zum fünfundsiebzigsten Geburtstag.

Im August 1923 beim Zersägen
des mit Erlaubnis der Gemeinde
„gefrevelten" Brennholzes
für den Hüttenherd.

Frbg. am 7. Febr. 1975

Martin Heidegger

selber – ein Nervenbündel, beständig an seinem Vollbart zwirbelnd und die spiegelnden Kappen seiner Schuhe beäugend. Er fragte mich vor allem nach Heidegger und äußerte sein Befremden, daß dieser sein Schüler so wenig zu ihm hielt.

Immerhin blieb mir von diesem Besuch Heidelbergs ein Gefühl, daß ich die Plöck 44 (Jaspers' Wohnung) noch öfter wiedersehen würde.

In der Begegnung mit Heidegger, zu dem ich schon ein Semester früher nach Freiburg gegangen war und dem ich nun nach Marburg zurückfolgte, erfuhr ich die erste Bestätigung dessen, daß das, was ich in den abstrakten Denkübungen unter der Leitung Nicolai Hartmanns mit spielerischer Leidenschaft und nur halber Befriedigung betrieben hatte, noch nicht das war, was ich als Philosophie suchte. Nicolai Hartmann selber hatte einen klaren Blick dafür, daß ich seinem Denken mehr imitatorisch folgte und im geheimen nach dem Geschichtlichen hin widerstrebte, und als ich in Heidegger die Bestätigung dieses Widerstrebens fand, insbesondere angesichts der interpretatorischen Vertiefung in die geschichtliche Einmaligkeit von Denkaussagen, brach das alte Schüler-Einverständnis mit Hartmann zusammen, und ich begab mich auf die Wege Heideggers. Aber auch ein zweiter Anfang ist schwer, und so hatte ich eine zweite Anfängerenttäuschung zu überstehen, sofern mir das früher Betriebene nicht mehr genügte und ich dem Neugeforderten meinerseits nicht genügte. Es waren Jahre eines tiefen Zweifels an meiner wissenschaftlichen Begabung, zugleich Jahre, in denen ich endlich einmal anfing, ernsthaft zu arbeiten: Ich wurde klassischer Philologe unter der freundschaftlichen Anleitung von Paul Friedländer.

Aber was mußte alles geschehen, bis ich soweit klug wurde. Heidegger schlug uns ganz in seinen Bann. Was eine Vorlesung sein kann, lernten wir von ihm, und ich hoffe, wir haben es alle nicht vergessen. Ich erinnere mich einer bezeichnenden Geschichte, als ich, junger Ordinarius in Leipzig, zum ersten Mal wieder Nicolai Hartmann in Berlin besuchte, der nach Heideggers Ablehnung der Berufung Berliner Professor geworden war. Er war sehr herablassend und fragte als erstes: „Nun, was macht die Philosophie in Leipzig? Nicht viel los damit?“ – und dann fuhr er begütend fort: „Hans-Georg, sagen Sie einmal, was eigentlich Ihre vier Vorlesungen dort sind?“ Ich fragte erstaunt zurück, was er meine. Ich hätte keine vier Vorlesungen, sondern läse immer etwas anderes. Darauf er: „Aber Hans-Georg, das ist Raubbau.“

Doch zurück zu Heidegger. Der Schwarzwaldbub, der von Kind an mit den Skiern aufgewachsen war, nahm auch öfters an unserem Faustballspiel teil, in dem wir ein hohes sportliches Niveau erreichten, und manchmal auch an unsern Boccia-Kämpfen, die wir in Marburg oben am Dammelsberg austrugen und bei denen er selber mit kindlicher Leidenschaft dabei war.

Im übrigen lernten wir von ihm auch den Fleiß. Er begann seinen Tag sehr früh und las seine Vorlesung im Sommer um 7 Uhr morgens.

Natürlich eilten wir alle zu dieser Morgenvorlesung noch ohne Frühstück, und bald spielte es sich ein, daß wir nach der Vorlesung auf Picknickbasis in der Bude des einen von uns zusammenkamen. Es war bei Walter Bröcker, in der Hofstadt. Bröcker hatte einen ganzen Eimer von Liebigs Fleischextrakt angeschafft, und jeder brachte etwas anderes zum Frühstück mit, das sich bis gegen Mittag hinzog. Das waren die berühmten aristotelischen Frühstücke, in denen wir stundenlang das Gehörte diskutierten. Löwith und sein Freund Marseille sowie Walter Bröcker waren – mit Heidegger aus Freiburg kommend – zu uns alten Marburgern, d. h. Klein, Krüger und mir, gestoßen und bildeten diesen engeren Kreis der Eingeweihten, die sich viel darauf zugute taten und die vielen, die später nach Marburg strömten, um bei Heidegger zu lernen, mit leichter Herablassung betrachteten.

Warum soll man es leugnen, daß es ein Vorzug ist, einen genialen Lehrer zu haben? Aber man muß auch einsehen, daß ein solcher Vorzug noch kein eigenes Verdienst ist. Wir waren schrecklich. Einmal hatten wir eine denkwürdige Aussprache mit Paul Tillich, der damals junger Extraordinarius an der Theologischen Fakultät war und so ziemlich das äußerste Gegenteil dessen verkörperte, was Heidegger für uns war. Er war ein hochintelligenter und sehr beweglicher Geist, der in der Form der Reflexion sich die Dinge zurechtlegte und seine Studien der großen Denker sozusagen nachträglich in das Schubfachsystem seiner Reflexionsbegriffe einordnete, wie er sich selber ganz unschuldsvoll ausdrückte. Wir waren damals wohl gerade so weit, daß uns diese Arbeitsweise als keine erschien und wir die ersten Schritte in der neuen Weise übten, die uns Heidegger verkörperte. Und die bestand darin, in der Interpretation den interpretierten Text so sehr wie irgend möglich überzeugend zu machen, auf die Gefahr hin, sich an ihn zu verlieren. So ging es uns bei Heideggers Vorlesungen selber und mir insbesondere mit Plato und Aristoteles, daß einem alle Kritik verging.

Am fruchtbarsten wurde der neue Auftrieb, den Heidegger in Marburg zuwegebrachte, für die Marburger Theologenschaft. Da war die Situation ohnehin eine höchst spannungsvolle. Marburg war eine Hochburg der historischen Theologie gewesen, und der Ruf „Karl Barth ante portas“ konnte schon zu einer Art Panik führen. Insbesondere aber war es der Umstand, daß Rudolf Bultmann, selbst aus der liberalen Theologie Marburgs stammend, von den Parolen der dialektischen Theologie in dem Augenblick berührt worden war, als ihm Heidegger begegnete. Bultmanns scharfer Sarkasmus, aber mehr noch der unbestechliche Ernst, mit dem er um Klarheit rang, und die Ferne von allem theologischen Pathos hatten ihn zu einer radikalen Selbstkritik der Theologie geführt, in der er sich nun durch Heidegger ermutigt und gestärkt fand. Es kam zu einer echten Freundschaft, wie sie zwischen Männern, die schon die Mitte Dreißig und die Vierzig erreicht hatten, selten ist und durch die Gemeinsamkeit ihrer geistigen Ziele und Anstrengungen getragen wurde. Und erst recht entwickelte sich in der Studentenschaft ein starkes und stolzes Gruppengefühl. Zwar ging man morgens erst zu Rudolf Otto, um dann eine

Stunde später in der scharf zupackenden Exegese, die Bultmann lehrte, die Waffen gegen die eben gehörte befestigte Dogmatik zu empfangen.

Aber noch manifester wurde die geistige Revolutionsstimmung, die die Theologie und die Philosophie in Marburg erfaßt hatte, bei Vortragsveranstaltungen auswärtiger Gäste. Es waren vor allem die sogenannten theologischen Schlachtfeste, die uns unvergeßlich sind. Im Hörsaal 6, wenn nicht gar im Auditorium maximum, strömte alles zusammen, nicht nur um den berühmten Gast zu hören, sondern vor allem dabei zu sein, wie der berühmte Gast in der Diskussionsschlacht auf den Sand gesetzt wurde. Das erste dieser Feste war noch kein richtiges Schlachtfest, aber der Auftakt dazu. Es war der Besuch von Eduard Turneysen, dem Freunde Karl Barths, aus Basel, der dialektische Theologie erstmals in Marburg verkündete. In der Diskussion nach dem Vortrag trat die ganze theologische Fakultät auf. Die Älteren begütigend, und auch verharmlosend wie Niebergall, Martin Rade und Karl Bornhäuser (links und rechts im treuen Bunde), dann Bultmanns spitzige Fragen, und schließlich trat auch Heidegger auf, mit einem wuchtigen Diskussionsbeitrag, der die radikalen Selbstzweifel Franz Overbecks beschwor und die Theologie – war es ihre Zurückweisung, war es ihre Bestätigung? – zu ihrer Aufgabe rief, das Wort zu finden, das es vermöchte, zum Glauben zu rufen und im Glauben zu bewahren. Es war eine dichte Atmosphäre, die uns in Marburg umgab, und jeder solche Vortrag, jede solche Diskussion schlug ihre Wellen. Insbesondere Heidegger, aber auch Bultmann, kamen auf alle Ereignisse solcher Art in ihren Vorlesungen zurück. Ich selbst kann nicht beanspruchen, ein kompetenter Zuhörer bei diesen Begegnungen gewesen zu sein – es war erst später, daß ich meine eigenen theologischen Studien vertiefte und von Bultmann lernte.

Aber Bultmann war nicht nur ein scharfer Theologe, sondern auch ein leidenschaftlicher Humanist, und das führte uns schon früh in anderer Weise zusammen. Es ist die berühmte Bultmannsche Graeca, der ich 15 Jahre lang angehört habe. Sie fand jeden Donnerstag, wenn ich mich nicht irre, in Bultmanns Wohnung statt. Heinrich Schlier, Gerhard Krüger, ich selber, später Günther Bornkamm und Erich Dinkler bildeten die kleine Gruppe, die mit Rudolf Bultmann die Klassiker der griechischen Literatur las. Es war keine gelehrte Arbeit. Einer wurde verurteilt, eine deutsche Übersetzung vorzulesen, und die anderen folgten am griechischen Text. Tausende von Seiten haben wir auf diese Weise gelesen. Manchmal entwickelte sich eine Diskussion, die weitere Ausblicke ergab. Aber Bultmann rief uns immer wieder zur Ordnung und zum Fortfahren in der Lektüre. Ob es nun die griechische Tragödie oder die Komödie war, ob ein Kirchenvater oder Homer, ob ein Historiker oder ein Redner, wir durcheilten die ganze antike Welt, 15 Jahre lang wöchentlich einen Abend. Das wurde von Bultmann mit Strenge und mit Beharrlichkeit festgehalten, Woche für Woche. Pünktlich um 8.15 Uhr begannen wir und lasen bis Schlag elf Uhr. Bultmann war ein strenger Mann. Dann erst begann die Nachsitzung. Rauchen durfte man vorher, nur daß Bultmann keine Zigaretten liebte, sondern schwarze Brasil oder Pfeife, und nur für Schlier hatte er aus besonderer Nachsicht die sogenannten Schwächlingszigarren, die mit einem blonden Deckblatt versehen waren. Aber, wie gesagt, um 11 Uhr gab es etwas zu trinken, meist Wein. Man vergaß aber nie, daß man in einem sparsamen Hause war: wenn die Flasche rundherum ausgeschenkt war, legte sie Bultmann noch einmal hin und goß sich nach einigen Minuten nachträglich noch die wenigen Tropfen ein, die sich dann in der Beuge der Flasche gesammelt hatten. Der heitere Teil, der damit begonnen hatte, zerfiel in zwei Teile, den höheren akademischen Klatsch und das Erzählen von Witzen. Wie ersterer sehr boshaft, durften die letzteren sehr deftig sein, und vor allem Günther Bornkamm feierte mit seiner Erzählgabe wahre Triumphe. Bultmann notierte die Witze, die ihm dessen würdig schienen, und in späteren Jahren griff er, auch in diesem Punkte das Urbild eines echten Gelehrten, auf den seit langem angesammelten

Vorrat schmunzelnd zurück. Eines Tages war der erste Band seiner gesammelten Witze gefüllt, und wir hatten die Aufgabe, einen Mottowitz für den zweiten Band vorzuschlagen, was auch geschah. Fünfzehn Jahre dieser inneren Geselligkeit waren es, als ich im Jahre 1938 oder 1939 Marburg verließ – und ich habe vielleicht nichts so sehr vermißt wie diesen Freundeskreis und diese Form seines Lebens.

Das Marburg der zwanziger Jahre war noch nicht die Massenuniversität von heute, und vollends in der Kleinstadt, die Marburg war, stellte sich der Kontakt zwischen den Zusammengehörigen immer auf leichte Weise her. Im Grunde waren ja alle sogenannten Bildungserlebnisse gemeinsam. Kein Vortrag, keine Dichterlesung, kein Theaterabend, ja beinahe kein Konzert konnte stattfinden, ohne daß man sich dort traf und sich auf das Erfahrene beziehen konnte. Gewiß war das nicht eine Bekanntschaft aller mit allen – im Gegenteil, es war ein Klima und eine Umwelt, in der sich Gruppen fest zusammenschlossen. Auch wenn ich von der Heideggerschule spreche, meine ich damit nicht alle Heideggerschüler, sondern jene kleine Gruppe, zu der ich selbst gehörte und neben der wenig Jüngere sich ihrerseits zu Gruppen zusammenschlossen. Von ganz besonderem Reiz waren die Marburger Ferien. Da wirkte die Stadt wie ausgestorben – schließlich war ja ungefähr jeder fünfte Marburger ein Student, und wenn uns auch die spärlichen ökonomischen Umstände unseres Lebens zu Hause hielten, so fanden wir dafür doch eigene gesellige Formen. Die schönste war vielleicht außer dem Sport die Sitte, im kleinen Kreise große Werke der Weltliteratur vorzulesen. Wir haben im Laufe der mehr als fünfzehn Jahre, die ich als Doktor und junger Dozent in Marburg verbrachte, Tausende von Seiten gelesen, die großen russischen Romanschriftsteller, die Engländer, die Franzosen, auch damals moderne Autoren wie Joseph Conrad, Knut Hamsun oder André Gide. Unser Vorleser war fast immer Gerhard Krüger, dessen klarer Verstand ihm beim Lesen eine vollendete Natürlichkeit des Sprechens gab. Auch hatte er eine besondere Vorliebe für den realistischen Roman, und die berühmte Geschichte vom Hauptmann Kopekin wurde bei uns sprichwörtlich: „Ein Kotelett muß der Mensch haben" – wir hatten es nicht immer. Es waren Jahre unwahrscheinlicher Beschränktheit im Ökonomischen: Inflation, Deflation, beginnende Arbeitslosigkeit usw.

Ein besonderer Meister der Kurzgeschichte war Löwith, besser: er war der unfreiwillige Autor unzähliger Anekdoten, weil er in seiner Versonnenheit und Abstraktheit manche Dinge des täglichen Lebens nicht oder auf eine überraschende literarisch-buchstäbliche Weise zur Kenntnis nahm. Eines Tages las er in der Zeitung und sagte, vor sich hinlachend: „Nein, wofür es alles Vereine gibt. Jetzt gibt es sogar einen Verein gegen ärmellose Kleider", und zeigte uns in der Zeitung eine Anzeige des Vereins für verschämte Arme. Oder eines anderen Tages: „Ich habe gar nicht gewußt, daß Käse aus Fliegeneiern besteht." Er war schwer davon abzubringen, weil er doch selber gesehen habe, wie da die Würmer ausgekrochen seien. Ein ganz besonderes Problem entstand, als jemand die These aufstellte, ein dreibeiniger Tisch könne nicht wackeln. Alle mathematischen Beweisführungen für diesen Tatbestand fanden vor Löwith keine Gnade, und erst nach stundenlangen Wortgefechten, als einer unserer Physiker eine Streichholzschachtel mit drei Streichholzbeinen versehen hatte, gab er nach – mit dem Zusatz, der ihm Genugtuung gewährte: „Aber umfallen kann er doch." Löwith war ein halber Wahlitaliener und verbrachte längere Jahre in Italien, bevor er ganz nach Marburg zurückkehrte. Nach seiner Rückkehr schwärmte er immer von Italien. Er begegnete sich darin, aber im entgegengesetzten Sinne, mit dem italienischen Lektor in Marburg, der entsprechend für Deutschland schwärmte. Er hieß Turazza und war ein Humanist vom Scheitel bis zur Sohle. Löwith konnte etwa sagen: „Das ist zu schön in Italien, da gibt es keine Aschenbecher – da ist der ganze Fußboden ein Aschenbecher." Oder unser italienischer Freund konnte sagen: „Deutschland ist zu schön. Da ist es im Kaffeehaus stiller als bei uns in der Kirche." Einen besonderen charakteristischen

Unterschied glaubte Löwith gefunden zu haben. Er behauptete nämlich, in Italien äße man nur das grüne Blatt vom Radieschen und in Deutschland nur die rote Wurzel. Ich war recht enttäuscht, als ich viel später nach Italien kam und diese Geschichte nicht verifizieren konnte.

Was an Zufallskomik ernsten Philosophen alles passieren kann, mag auch die folgende Geschichte zeigen: Als wir in größerem Kreis beisammensaßen und zufällig Heidegger dazugekommen war, erzählte jemand, daß ein Hering bis zu zwanzig Jahre alt werden könne – worauf Heidegger, der Philosoph der Jemeinigkeit des Todes: „Was, *ein* Hering?" Er stimmte herzlich in den allgemeinen Jubel ein, und ich zeigte ihm tröstend mein Exemplar von „Sein und Zeit": da war nämlich auf der Seite, auf der Heidegger vom Tiere sagt, daß es nicht sterbe, sondern verende, zufällig im Papier ein kleines verendetes Insekt eingeschlossen – als Tatbeweis.

Doch zurück zu anderen Studienerfahrungen. Marburg war eine Hochburg der Romanistik. Die stolze Reihe von Namen Eduard Wechssler, Ernst Robert Curtius, Leo Spitzer, Erich Auerbach, Werner Krauss spricht für sich selbst. In der Tat war der Umgang mit diesen bedeutenden Romanisten und die Ausstrahlung, die von ihnen ausging, teils direkt, teils durch ihre Schüler, ein wichtiges Bildungselement im Marburg jener Tage. Auch pflegten die Romanisten ein eifriges Vortragswesen, das uns die Bekanntschaft mit manchem berühmten Namen vermittelte. Ich erinnere mich eines eleganten Vortrags von Etienne Gilson, eines fast schwärmerischen Vortrags von Baruzi, dem Leibnizforscher, und eines weltmännisch-skeptischen Vortrags von Georges Duhamel. Ich selbst freilich lebte sehr zurückgezogen, seit ich neben meinen philosophischen Studien ein regelrechtes Studium der klassischen Philologie begonnen hatte. Da mir noch gar nicht klar war, ob mein wissenschaftliches Talent ausreichte und ich daher auch mit dem Schuldienst rechnete, setzte ich alles daran, mich gleichzeitig meinen philosophischen und meinen philologischen Studien zu widmen. Der Marburger Leser mag sich wundern, daß ich von dem berühmten Universitätsjubiläum 1927 nichts sage. Nun, ich habe von ihm überhaupt keine Notiz genommen. Ich gehörte ja noch nicht dazu und fühlte mich trotz eines seit vielen Jahren getragenen Doktortitels als ein überalterter Student der klassischen Philologie. Wir lasen viel Plato bei Paul Friedländer, der damals sein großes Plato-Werk vorbereitete, aber vor allem war sein Seminar eine harte Schulung. Wir waren nämlich nur drei ordentliche Mitglieder desselben, was nach dem damaligen Stile der klassischen Philologie bedeutete, daß man jede dritte Woche durch eine eigene Interpretation hervortreten mußte. Einer meiner Seminargenossen war mein späterer althistorischer Kollege in Heidelberg, Hans Schaefer, der Sohn des damaligen Marburger Physikers Clemens Schaefer, dessen riesige Gestalt, über dem schwarzen Pelzkragen ein kleiner Kopf, mit blitzendem Kneifer, ein häufiger Anblick auf der Wettergasse war. Der junge Hans Schaefer war schon damals ein schwer gelehrtes Haus und besaß insbesondere in sprachlicher Hinsicht ein reiches Repertoire. Friedländer benutzte das Seminar mit Vorliebe, wie es seine Art war, der Unechtheit verdächtigte Werke oder Verse auf scharfsinnige Weise zu verteidigen. Auch wenn er einen da selten überzeugen konnte, war es doch außerordentlich nützlich. Man lernte dabei, wie schwer man Unechtheit beweisen kann und wie recht Hegel hat, wenn er sagt: „Argumente sind wohlfeil wie Brombeeren." Die Texte wurden nicht echter durch solche Beweisführung. Aber das Extrem solcher Beispiele macht nur die Regel deutlich, und die war, daß man bei Friedländer in unvergleichlicher Weise das Sprachgefühl disziplinieren lernte, jenes innere Ohr, ohne das überhaupt kein literarisches Urteil möglich ist.

Friedländer war dadurch ausgezeichnet, daß er so etwas wie geselliges Leben in Marburg verbreiten wollte und daher einen „jour" einrichtete, einen Sonntagnachmittag, der sich wohl mindestens dreimal, wenn nicht öfter im Semester wiederholte und bei dem man dann eine ganze Menge Leute traf. So sehr das zu schätzen war – in Marburg traf man sich beständig.

Vor allem in der Straßenbahn, die vom Südbahnhof kam, traf man Wrede und Helm, Jakobsohn und mit besonderer Sicherheit Jacobsthal, den Archäologen. Denn jeden Morgen pünktlich um dreiviertel neun Uhr fuhr er in die Universität, mit der pünktlichen Pflichttreue eines preußischen Beamten. Er stand zu mir auch sehr freundschaftlich, und ich habe später noch viel von ihm lernen können. Er verstand es meisterhaft, durch Berliner Sarkasmus alles ungefähre Gerede zu ersticken und einen an den Monumenten sehen zu lehren, was zu sehen war. Doch schloß ich mein altphilologisches Studium ziemlich rasch ab, da ich meine philosophischen Pläne nicht begraben hatte.

An mein Staatsexamen denke ich nicht so furchtbar gern zurück: Es bedurfte der ganzen Ritterlichkeit meiner Examinatoren, es waren Lommatzsch, Friedländer und Heidegger, damit ich einigermaßen gut davon kam. Wie es mir bei dem „objektivierten" Verfahren der Zukunft ergangen wäre? Als Friedländer mit Heidegger nach dem Examen nach Hause ging und ihm von seiner Absicht sprach, mich einmal für klassische Philologie zu habilitieren, hatte ich am nächsten Tag von Heidegger einen Brief. Er redete mir zu, meine philosophische Habilitationsschrift nun zu beschleunigen, da er als Nachfolger Husserls vermutlich nach Freiburg gehen würde und mich vorher noch gerne habilitiert hätte. Ich fühlte mich damals noch recht unsicher und war eigentlich über diese Aufforderung etwas erstaunt. Später habe ich eingesehen, daß Heidegger ganz recht hatte: Man braucht nur an das Nietzsche-Wort zu denken: „Ich habe mich längst daran gewöhnt, Philosophieprofessoren danach zu beurteilen, ob sie gute Philologen sind oder nicht." Ganz falsch konnte es nicht mehr sein, nachdem ich etwas gelernt hatte, mir die Möglichkeit des Lehrens zu eröffnen. So kam es, daß schließlich, gerade im Zeitpunkt des Weggangs Heideggers von Marburg, die eigentümliche Ortlosigkeit unsereres Marburger Daseins ein Ende nahm und wir als Privatdozenten ein neues Kapitel begannen.

Wir, das waren Löwith, Krüger und ich. Löwith war der erste, der sich habilitierte. Er hielt es im Grunde mit Schopenhauer, d. h. er hielt nichts von dem akademischen Stil der Philosophie und fühlte sich mehr zu den Moralisten in der Art Schopenhauers gehörig. Heidegger hat mir später erzählt, wie Löwith, mit dem der junge Heidegger früher nahen Umgang hatte, damals die Korrekturen von „Sein und Zeit" mitlas und mit dem Fortgang des Ganzen immer finsterer wurde, weil am Ende auch Heidegger, in dem er einen radikalen Kritiker der Philosophie im Stile Schopenhauers, Kierkegaards und Nietzsches gesehen hatte, selber eine „Philosophie" – und noch dazu mit transzendentalem Vorzeichen, vortrug. Gerade weil Löwith so sehr Individualist war, bedeutete freilich der Eintritt in den Lehrkörper der Universität und damit in eine soziale Stellung für ihn eine gründliche Veränderung seines Lebensgefühls. Auch zeigte es sich, daß er nicht nur ein vorzüglicher Schriftsteller war, sondern auf seine Weise und auf höchstem Stil-Niveau ein sehr wirksamer Lehrer.

Heidegger hatte es richtig vorausgesehen. Löwiths Habilitation wurde in Heideggers Haus gefeiert, und er hielt eine bedeutende Rede – zur Verzweiflung seiner Frau in dem Augenblick, als wir gerade vor dem vollen Teller saßen. Aber die Rede war schon des Anhörens wert. Sie war eine erste, für den revolutionären Fackelschwinger, der Heidegger gewesen war, bemerkenswerte Anerkennung der Institution der Universität. Hatte Heidegger mit grimmiger Energie und sicherlich aus der ganzen Spannung heraus, in der ihn sein geistiger Wagemut und der Widerstand des Hergebrachten hielt, früher der kritischen Polemik den weitesten Raum gelassen und etwa den genialischen Max Scheler oft und oft gewaltig zerzaust, fand er nun auf einmal für Scheler anerkennende Worte. In seiner Rede verallgemeinerte er offenbar die eigene Erfahrung, die ihn in Scheler schließlich einen bedeutenden Anwalt seiner Sache hatte finden lassen, und wendete dieselbe in einen Glückwunsch und Zuspruch, den er sozusagen an uns drei richtete, daß wir die neuen Gemeinsamkeiten des kollegialen Lebens fruchtbar nutzen sollten. Als kurz vor Heideggers Weggang nach Freiburg Max Scheler starb, kam Heidegger mit schwarzer Krawatte ins Kolleg und hielt einen schönen, fünfminütigen Nachruf auf ihn, der mit dem Satz schloß: „Wieder einmal sinkt ein Weg der Philosophie ins Dunkel."

Mein Habilitationsverfahren fand seinen Abschluß erst, als Heidegger Marburg schon verlassen hatte. Es war in dem Rekordwinter 1928. Ich war an einer heftigen Grippe schwer erkrankt, und als ich, kaum wiederhergestellt, aufbrechen wollte, um zu meiner Probevorlesung zu eilen, war mein Wintermantel an der Wand der Garderobe fest angefroren. Wir lebten eben in einem bescheidenen bäuerlichen Hause. Die geistige Feuertaufe, die eine Habilitation wohl darstellen soll, wurde nicht die Erschließung von wirklichem Wasser: Die Grundrohre der Ockershäuser Allee blieben bis in den Juli hinein zugefroren, und wir mußten unser Wasser aus einem nahen Brunnen herbeischleppen.

Unser Lebenstempo veränderte sich nun sehr. Jeder Semesterbeginn war eine bange Sache: Würde sich das gewählte Thema als zugkräftig erweisen? Und würde man seinerseits mit dem Thema einigermaßen zu Rande kommen? Und jedes Semester wiederholt sich für den Dozenten die bekannte Erfahrung Eulenspiegels. Denn paradoxerweise muß man die Ankündigung für das nächste Semester immer schon zu Papier bringen, bevor man die erste Vorlesung gehalten hat und den Erfolg des laufenden Semesters einigermaßen überschauen kann. Und am Ende hing damals für uns manches davon ab. Eine Sommerreise zum Beispiel konnten wir von unserem laufenden Existenzminimum nicht bezahlen, sondern nur von den Kolleggeldern, falls wir Hörer fanden. Aber es war ein schöner Wettbewerb zwischen uns, und wenn uns ehedem ein falscher Stolz auf unseren Lehrer, dessen Genie wir uns zurechneten, hochmütig machte, so sollten wir nun Gelegenheit haben, ihm Ehre zu machen. Wir drei Marburger Privatdozenten erwarben uns ein echtes Ansehen. Es gab damals eine Enquete über die deutschen Hochschulen, die von der Vossischen Zeitung veranstaltet wurde, und ich habe nicht vergessen, daß, als Marburg der Gegenstand des Berichts wurde, „drei angesehene Privatdozenten der Philosophie" eigens hervorgehoben wurden.

Wir waren gute Kameraden miteinander, so verschieden auch jeder von uns war. Löwiths brillante Stilgebung, seine Kunst, Originalzitate in den meditativen Gang seiner Vorlesung so einzuflechten, daß sie wie eine Verstärkung seiner eigenen Stimme wirkten, die Sicherheit seines Auftretens, die Unbeweglichkeit seines Gesichts, sein Sarkasmus und seine manchmal kaum hörbare Ironie zogen viele Hörer an, und unter den Theologen pflegte man von ihm zu sagen: „Löwith, mein süßes Gift". Gerhard Krüger war der geborene Lehrer, klar und konsequent im Aufbau seiner Vorlesungen, streng und überlegen in der Führung seines Seminars. Er hatte einen besonders starken Einfluß auf die Theologenschaft und war so etwas wie der philosophische Zensor der „Akademischen Vereinigung", die in den zwanziger Jahren eine studentische Elite bildete und für die Heidegger und Bultmann, später Krüger und Bultmann, die geistigen Protektoren bildeten.

Mein eigener Stil war sehr anders. Ich war sehr befangen auf dem Katheder und ich hörte (später), daß man mich gelegentlich dadurch charakterisierte, daß man sagte: „Ach, das ist der, der nie aufsieht." In der Tat las ich zwar nicht etwa ab – ich sprach sogar oft mehr oder minder frei, vermied aber damals jeden Aufblick zu den Zuhörern, und sicherlich sprach ich da manchmal über die Köpfe hinweg und gab zu vielen Komplizierungen in der Gedankenführung nach. Meine Freunde hatten schon früher eine neue wissenschaftliche Maßeinheit erfunden: sie hieß „ein Gad" und bezeichnete ein Einheitsmaß unnötiger Kompliziertheit. Ein witziger Beobachter, ein Schüler von Löwith, hat es einmal so ausgedrückt: bei Krüger würde alles klar auseinandergelegt, bei Gadamer würde alles wieder durcheinandergebracht — und er fand letzteres sogar ganz produktiv. — Es waren drei verschiedene Weisen des Lehrerseins. Alle drei Weisen hatten ihr Recht, insbesondere weil es die eigene Arbeit des Denkens und Forschens war, die in unsere Lehrtätigkeit überging. Und es war schon Marburg, was uns alle geprägt hatte.

Das wurde uns so recht bewußt, als wir einmal zu einem Vortrag von Kurt Riezler nach Frankfurt in die Kant-Gesellschaft fuhren. Erich Frank, Heideggers Nachfolger und unser väterlich-freundschaftlicher Ordinarius, hatte uns im Auto mitgenommen, und es ging uns dort, wie es etwa einem Bauern zumute sein mußte, der zum ersten Male in die Stadt kam. Da brillierte Tillich, da provozierte Horkheimer, da sekundierte Wiesengrund-Adorno, Riezler replizierte im Stil eines denkenden Weltmannes, und der ganze Stil der Debatte war so, daß wir uns wie aus einer Klostereinsamkeit kommend vorkamen. Nun, es war auch so. Ich erinnere mich, als Max Kommerell mich erstmals in Marburg aus Anlaß eines Ferienkurses besuchte, daß er mich nach irgendeinem Buch fragte, ob ich es kennte. Ich gab ihm die pointierte, aber nicht ganz unbegründete Antwort: „Ich lese grundsätzlich nur Bücher, die mindestens zweitausend Jahre alt sind."

Natürlich waren wir nicht allein. Jeder von uns pflegte seine besonderen Beziehungen, Löwith zu Hermann Deckert und Rudolf Fahrner, Krüger zu Schlier und zu manchem anderen, ich vor allem zu dem im Kriege gefallenen Musikhistoriker Herbert Birtner, zu Georg Rohde, dem klassischen Philologen, und zu Günther Zuntz, mit dem ich viele klassische Texte gründlich studierte (um nur die von der Wissenschaft her produktiven Begegnungen zu nennen). Dazu kam für mich die von Friedländer mit einigen jüngeren Dozenten aufgebaute Graeca, in der tüchtig Philologie getrieben wurde und die mit dem Weggang Friedländers nach Halle abbrach.

Da war 1929 die berühmte Naumburger Tagung über das Klassische, eine Heerschau des ‚neuen Humanismus', die unter dem kirchenväterlichen Vorsitz von Werner Jaeger abgehalten wurde. Paul Friedländer hatte mich mitgenommen – ein großes Ereignis für mich, der gerade seine Marburger Lehrtätigkeit angefangen hatte. Mit Werner Jaeger spann ich zwar schon länger einen guten Faden. Er hatte sich zu mir trotz meiner philosophisch-abstrakten Arbeitsweise und dem Anfängerhaften meiner philologischen Bemühungen, die in einer Kritik an seiner entwicklungsgeschichtlichen Konstruktion der aristotelischen Ethik später auch literarischen Ausdruck fanden, freundschaftlich gestellt und ließ mich auch in Naumburg – als fremdes Pferd im Stall natürlich – gelten. Damals sah ich zum ersten Male Karl Reinhardt, mit dem ich später nahe Freundschaft gewinnen sollte, täppisch und schwerfällig wie ein junger Bernhardiner, mit Hängebacken, die wie Hundeohren schlappten. Ich verbrachte einen herrlichen Vormittag im Naumburger Dom mit Rudolf Pfeiffer, der ebenso wie ich eines schönen Vormittags ‚hinter die Kirche', d. h. *in* die Kirche, den Dom gegangen war statt in ‚Sitzungen'. Ich lernte Richard Harder kennen, dem gegenüber ich einen von Schadewaldt gehaltenen Vortrag heftig angriff – worauf er mich sofort mit Schadewaldt zusammenbrachte und mich mit meiner Kritik fortfahren ließ. Schadewaldt, damals noch sehr jung und unreif, d. h. ebenso, genau ebenso wie ich selber, verstand meinen Punkt sofort und verteidigte sich lediglich taktisch – wir sollten später auch gute Freunde werden. Und in einer Mittagspause führte mich Werner Jaeger mit Helmut Kuhn zusammen, der mich gleich in ein langes Gespräch über Heidegger verwickelte. Es war so recht das Verhalten eines Schlachtenbummlers – mein erster Kongreßbesuch überhaupt. (Zu philosophischen Kongressen ging man damals nicht, wenn man der Linie Husserls und Heideggers folgte.) Was mich an der Naumburger Szene verwunderte, war die geradezu maßlose Autorität, die Werner Jaeger genoß. Glänzende Philologen wie Eduard Fraenkel oder Friedländer blickten bei jedem Satz ihres eigenen Vortrags fragend und besorgt auf Jaeger, der nach außen hin wirklich nicht wie ein Despot wirkte. Doch war da eine Szene, die ganz dazu paßte. Heinrich

Gomperz, ein älterer Herr, der immer an der Wand lehnte und seinen Stock ins Kreuz hielt und mit der anderen Hand seinen Patriarchenbart zupfte, wurde von den versammelten Neuhumanisten recht hochmütig abgetan. Besser gefiel mir, wie Stroux, der bei einem Vortrag von Helmut Kuhn, der ein bißchen zu formal-abstrakt geraten war, ein paar kritische Zwischenrufe verbrach, sich dann in der Diskussion sofort als erster zum Wort meldete, um sich bei Kuhn in aller Form zu entschuldigen und alsdann seine kritischen Bemerkungen in der verbindlichsten Form vorzubringen.

Man muß sich die Anfängerjahre eines jungen Privatdozenten von damals recht anschaulich vorstellen. Es war unser Beginn des Lehrens überhaupt. Assistentenstellen gab es gar nicht, Lehraufträge an noch nicht Habilitierte ebenfalls nicht, und so blieb uns gar nichts anderes übrig, als lehren zu lernen, indem wir lehrten. Nicht das schlechteste Verfahren. Als dann die Nazis der ja immer wieder lautwerdenden Stimme Raum gaben, es komme doch beim akademischen Lehrer auf Lehrqualität an und auf didaktische Begabung, die vorher geprüft werden müßten, brachten sie nur eine unheilvolle Rhetorisierung in den Ausbildungsweg der jungen akademischen Lehrer. Das alte Kriterium war gar nicht so schlecht, auf nichts als auf die forscherliche Leistung zu sehen: wer wußte, was er nicht wußte, konnte etwas lernen, und wer etwas gelernt hatte, lernte auch, weiterzugeben, was er gelernt hatte. Die wenigen Ausnahmefälle, die es nie lernten, bilden sicher eine geringere Fehlerquote als die, die bei der zu frühen Bewertung rhetorisch-didaktischer Fähigkeiten zustande kommt. Ich war sicherlich der didaktisch am wenigsten Begabte von uns dreien, oder besser: ich brauchte die längste Zeit, diese Seite meiner Aufgabe zu erlernen. Aber was war es auch für ein Abenteuer, sich immer neuen Forschungsgegenständen und Themen zuzuwenden und neue Perspektiven im Lehren ebenso zu erproben wie sich selbst. Ich las einmal „Geschichte des Weltbildes", zwei Stunden hintereinander, und an dem Tage, an dem ich die Vorgeschichte der galileischen Physik darzulegen hatte und aufs Katheder ging, bemerkte ich plötzlich, daß ich mein Manuskript zu Hause gelassen hatte. Ich ließ mir nichts anmerken, hatte zum Glück ein paar Bände für Zitate in meiner Aktentasche und baute die Vorlesung aus der Spontaneität des Momentes neu auf. Einer meiner Kollegen, ein Naturwissenschaftler, der die Vorlesung hörte, sagte voller Anerkennung, ich sei ja diesmal ganz ausgezeichnet vorbereitet gewesen. Das war ein ganz gutes Experiment in einer Richtung, in der ich später den Stil meines Lehrens entwickeln sollte. Das ist natürlich nicht jedermanns Sache. Es gibt eine berühmte Geschichte von Paul Natorp, der eines Tages beim Betreten des Katheders bemerkte, daß er sein Manuskript vergessen hatte, in großer Eile nach Hause stürzte, das auf dem Schreibtisch liegengebliebene Manuskript einsteckte und zur Haustür eilte. Da begegnete ihm seine Frau und sagte: „Aber Paul, Du hast ja Deine Hausjacke an" – worauf Natorp schnell den Rock wechselte – um schließlich auf dem Katheder festzustellen, daß das Manuskript wieder nicht da war – wohl aber, daß die Stunde herum war.

Ostern 1933 machten wir unsere erste und für lange Zeit letzte Auslandsreise – nach Paris, mit dem wenigen Geld, das man mitnehmen durfte und das wir gerade noch auftreiben konnten. Ich erwähne diese Reise wegen zweier Begegnungen: mit Leo Strauss, den ich mehrfach sah. Er war als Rockefellerstipendiat in Paris und kehrte natürlich nicht mehr nach Deutschland zurück. Damals arbeitete er an seinem Hobbes-Buch, das er mir später schickte und damit eine geistige Kommunikation fortsetzte, die die Weltgeschichte schrecklich unterbrochen hatte. Ich sollte ihn erst 1954 in Heidelberg wiedersehen und traf ihn später öfters in USA. Die andere war mit Alexander Kojève, der sich damals noch Koscheffnikow nannte. Er war ein wunderbarer Erzähler und Gesellschafter. Ein vielsagendes Erlebnis war auch ein Kinobesuch in Paris, wo in der Wochenschau ein deutsches Turnfest mit schön organisiertem Aufmarsch gezeigt wurde. Es hatte noch nicht das geringste mit den Nazis zu tun, aber es wirkte auf die

Franzosen überwältigend komisch, wohl weil sie sich damals noch gar nicht vorstellen konnten, wie man Massen organisieren kann. Bei ihnen hieß das damals noch — und das war für uns komisch — le nudisme allemand. Wie harmlos war das noch alles, diese Mißverständnisse, die groteskerweise in einem Augenblick — Ostern 1933 — spielten, als der neue politische ‚Stil' Hitlers und die Kunst der Organisation von Massen bald seine unmißverständliche Sprache fand.

Wir waren arm wie Kirchenmäuse, und es war gerade so weit, nach etwa vier Jahren und nachdem unsere ersten Bücher erschienen waren, daß wir Lehraufträge bekommen sollten und auch gelegentlich schon nach uns anderswo gefragt wurde, als das Jahr 1933 hereinbrach. Es war ein schreckliches Erwachen, und wir durften uns wohl alle nicht ganz davon freisprechen, daß wir es an staatsbürgerlicher Aktivität vorher hatten fehlen lassen. Wir hatten Hitler und die Seinen unterschätzt und folgten darin freilich der liberalen Presse. Keiner von uns hatte „Mein Kampf" gelesen, wohl aber hatte ich mir Alfred Rosenbergs „Der Mythus des 20. Jahrhunderts", lt. Frankfurter Zeitung die philosophische Darstellung des Ideengutes des Nationalsozialismus, zu Gemüte geführt, und daß ich in diesem verblasenen Zeug keine Gefahr sah, ist wohl zu verstehen. Es war die allgemeine Überzeugung in intellektuellen Kreisen, daß der zur Macht gekommene Hitler den vielen Unsinn, den er als „der Trommler" von sich gegeben hatte, nun abbauen würde, und wir rechneten den Antisemitismus ebenfalls dazu. Wir sollten es anders lernen. Insbesondere die Theologische Fakultät und die beginnende Formation der Bekennenden Kirche traten aktiv gegen den Antisemitismus auf, aber im Grunde glaubten wir alle bis zum 30. Juni 1934, daß der Spuk bald vorbei sein würde.

Es hatte in Marburg auch gar zu grotesk begonnen. Der Lehrkörper war zum größten Teile konservativ oder liberal, und was sich plötzlich als Nationalsozialist entpuppte, war früher so gut wie unbemerkt geblieben. So stellte sich im Frühjahr 1933 bei dem üblichen akademischen Festakt für die

Universitätsführung die heikle Frage, wie es mit dem Hitlergruß werden sollte. Die salomonische Auskunft war, daß der Hitlergruß von Trägern von Talaren aus Stilgründen gar nicht erwiesen werden könne, und das wurde auch offiziell als Parole ausgegeben. Es war ein erhebendes Schauspiel, zu sehen, wie trotzdem einige Übereifrige unter uns den Arm erhoben. Ein halbes Jahr später freilich wäre die Verweigerung des Hitlergrußes ein unmittelbarer Entlassungsgrund geworden. Bald entwickelte sich eine Art Stilkunde des deutschen Grußes, an der der Student sehr schön die Gesinnung seines Lehrers erkennen konnte. Es gab sehr diskrete Formen, Händchen zu heben, aber es gab auch das terroristische Gegenteil. Damals war ein fanatischer Studentenführer, sicher eine Art Psychopath, die markanteste Figur. Er hielt uns Dozenten einmal eine Rede, in der er mit Donnerstimme schrie: „Wem nie das Blut durch das Braunhemd drang, weiß gar nicht, was die Größe und Macht der nationalsozialistischen Bewegung ist.“ Es war ganz sicher, daß dies auch für ihn nichts als eine rhetorische Metapher war, und der Mann verschwand sehr bald. Schwierig blieb es freilich, die richtige Balance zu halten, sich nicht so weit zu kompromittieren, daß man entlassen wurde, und doch für Kollegen und Studenten kenntlich zu bleiben. Daß wir einigermaßen die richtige Mitte trafen, wurde uns eines Tages dadurch bestätigt, daß uns „lockere Sympathie“ mit dem neuen Aufbruch nachgesagt wurde.

Im Sommersemester 1934 und Wintersemester 1934/35 war ich als Vertreter des suspendierten Richard Kroner in Kiel tätig, eine für mich sehr lehrreiche Zeit. Mit Kroner war ich seit 1923 befreundet und fand ihn würdig und gefaßt. 1923, als er den erwarteten Ruf nach Marburg nicht erhielt, war er ganz gebrochen gewesen. Er hielt es damals – zu Unrecht – für Antisemitismus. Jetzt, als es Antisemitismus – und was für ein militanter – war, der den überzeugten Christen Richard Kroner besonders treffen mußte, war es ein Gesamtschicksal seiner ‚Rasse‘ und trug sich für ihn leichter. Kiel war damals so etwas wie der Vorposten der Nazikulturrevolution. Mein

Kollege war Kurt Hildebrandt, ebenso fein und unschuldig wie naiv. Was damals nach Kiel berufen wurde, die Juristen und die Geisteswissenschaftler vor allem, waren im allgemeinen begabte junge Gelehrte, die von der politischen Situation und vom eigenen Ehrgeiz verführt waren, aber vom Katheder niemals braunen Unsinn von sich gaben. Etwa die Antrittsvorlesungen der Germanisten Fricke und Höfler, die mir in Erinnerung geblieben sind, waren von durchaus wissenschaftlichem Charakter. So fühlte ich mich zunächst auch ganz wohl, insbesondere dank dem freundschaftlichen philologischen Umgang mit Richard Harder, der bei allem politischen Engagement einen durchaus klaren Kopf behalten hatte. Ich habe damals gelernt – an mir wie an anderen –, wie leicht man sich Illusionen macht und bereit ist, alles nicht so schlimm zu finden, wenn man selbst nicht am Pranger steht. Man lernt diese Lektion indes nie ganz aus.

Eine andere lehrreiche Erfahrung: In meinem Plato-Seminar war auch eine Studentin, die immer besonders gute Antworten gab, wenn es sonst nicht recht weiterging. Ich faßte eine besonders hohe Meinung von ihr, ihrem Fleiß und Talent – um am Ende des Semesters von ihr selbst zu erfahren, daß sie nie eine Zeile des Platotextes gelesen hatte – reines Gedankenlesen. Zweifellos liegt hier eine Gefahrenquelle der nicht-objektivierten Examina. Es gibt reine Anpassungstalente. Wenn nur die Gefahren der objektivierten Examina – diese Anpassung an den Roboter – nicht noch viel größer wären! In Kiel kam dann die Neuorganisation der Naziuniversitätspolitik in Gang, und die neue Parteiorganisation war, genau wie in Marburg, ein Haufen wildgewordener Nicht-Arrivierter – die denn auch bald arrivierten. Ich selber wurde schleunigst nach Hause geschickt und kehrte von der Vertretung der Philosophie vor leeren Hörsälen in Kiel wieder in die weit besser gefüllten Hörsäle zurück, die ich in Marburg gewohnt war.

Bald wurden die Fronten freilich klarer. Die Nürnberger Gesetze machten den Illusionen in bezug auf den Antisemitismus ein Ende. Unsere jüdischen Freunde mußten uns verlassen oder lebten wie Erich Auerbach und Erich Frank zurückgezogen und nur in privatem Umgang mit zuverlässigen Freunden weiter in Marburg. Der Abschied war bitter. Löwith z. B. ging in eine ungewisse Zukunft ins Ausland, und man schämte sich zu bleiben. Bald freilich war die Frage des eigenen Bleibens auch höchst prekär geworden. Die „Gleichschaltung" breitete sich aus. Selbst in ganz harmlose Bereiche brachte sie eine Verzerrung.

Da war der Marburger Universitäts-Tennisclub, der, unter das Führerprinzip gestellt, seine wenigen jüdischen Mitglieder ausschließen und seinen „akademischen" Charakter durch Öffnung für die „Volksgemeinschaft" ändern mußte. Ähnlich war es mit dem Marburger Schachklub, wo wir einen alten Herrn, der häufig da war, plötzlich vermißten und dadurch erfuhren, daß er Jude war.

Die Universitätsverfassung wurde auch nach dem Führerprinzip umgebildet, und es gab für mich einige Jahre höchster Bedrängnis. Ich war ein Jahr lang vertretungsweise in Kiel tätig gewesen – die berühmte Marburger Papenrede habe ich daher nicht gehört –, und als ich zurückkam, sollte ich es zu spüren bekommen. Es formierte sich eine nationalsozialistische Organisation der Hochschullehrer, der sogenannte Dozentenbund, und in dessen Augen waren wir politisch unzuverlässig. Der Dozentenbund trat in gewissem Sinne an die Stelle der früheren Berufsorganisation, des sogenannten Nichtordinarienvereins – ein wundervoller Titel für eine wundervolle Sache. Alle seine Mitglieder hatten kein höheres Ziel, als recht bald eine Berufung zu bekommen, und so war die Selbstauflösung des Vereins im Grunde seine höchste Vollendung. Aber es sollte anders kommen. Plötzlich gab es – noch vor 1933 – eine Affäre. Einer unserer Kollegen hatte sich in Schulden usw. verstrickt, und seine nächsten Fachkollegen schlugen sich an die Brust und sangen: „Ich faste zweenmal in der Woche" – wir haben den Kollegen zwar nicht geradezu verteidigen wollen, aber verhindert, daß unser Verein sich das Recht anmaßte, ein Tribunal zu sein. Ich exponierte mich besonders – und als die neue NS-Kampforganisation unseren „Verein zur Selbstaufhebung" ersetzte, war ich übel beleumdet. Natürlich waren die Pharisäer von damals in der Führung der neuen Organisation. So verhinderte der Einspruch des Dozentenbundes die in dieser Zeit beantragte Verleihung des Professortitels an mich und später auch an Krüger, und es war klar, daß dies über kurz oder lang den Verlust der Dozentur nach sich ziehen mußte. Ich verhandelte mit meinen Kollegen vom Dozentenbund – unvergeßliche und empörende Gespräche, in denen vor allem die Freundschaft, die man auf ganz private Weise mit seinen jüdischen Freunden und Bekannten fortsetzte, gegen einen geltend gemacht wurde. Man merkte es auch auf der Straße. Allerlei Leute fingen an, nach der anderen Seite zu schauen, wenn man ihnen begegnete, und der (stellvertretende) Dozentenbundführer, der mich einmal unter Druck setzte, hatte den schönen Takt, mir zu sagen, indem er die Hand spannenhoch über die Tischplatte hob: „Was meinen Sie, wie Ihre Personalakte aussieht!"

Die Umstände hatten die früheren Formen akademischer Geselligkeit ganz zerstört, und nur wenige öffentliche Einrichtungen boten überhaupt noch einen Rahmen dafür. Zu ihnen zählte der Verein der Freunde des humanistischen Gymnasiums, dessen Vorsitzender Bultmann wurde und dessen Vortragsveranstaltungen unverändert weitergingen. Bultmann selbst hielt dort seinen gelehrten Vortrag über das Licht. Karl Reinhardt präsentierte in unvergeßlicher Weise die Rätselsprüche Heraklits, Max Kommerell, von einer Schar junger Freunde begleitet, kam öfters aus Frankfurt zu mir, und einmal hielt er, nach langen geselligen Stunden, auch einen Vortrag im gleichen Rahmen, über das Scheitern von Fausts Helena- und Griechenlanderlebnis, eine hinreißende Improvisation; ich selbst sprach über Plato und die Dichter, eine Arbeit, die unter dem Goethe-Motto gedruckt worden ist: „Wer philosophiert, ist mit den Vorstellungen seiner Zeit nicht einig". Das war als ein Goethezitat wohl getarnt, also nicht etwa eine Heldentat. Aber Gleichschaltung war es gewiß auch nicht.

Wie ich mein in den dreißiger Jahren festgefahrenes Schiffchen wieder flottmachen konnte, war eine schwierige Frage. Ich wollte zwar meine akademische Existenz in Deutschland retten, aber auf der anderen Seite keine politischen Konzessionen machen, die mich das Vertrauen meiner Freunde aus der äußeren oder inneren Emigration kosten konnten. Daher kam für mich ein Eintritt in eine Parteiorganisation nicht in Betracht. Schließlich fand ich einen Weg, mit dem ich am Ende Erfolg hatte. Es gab damals eine Art politischer Schulungskurse für angehende Privatdozenten, die für jede Habilitation verlangt wurden. Ich meldete mich für meine ‚Rehabilitation' freiwillig zu einem solchen ‚Lager', Dozentenakademie genannt, und kam im Herbst 1936 einige Wochen nach Weichselmünde bei Danzig. Ich hatte Glück. Leiter war ein steirischer Graf, ein Kriminalist, der als ‚Großdeutscher' empfand und das Nazi-Deutschland, gewiß nicht ohne Schmerzen seines Rechtsgewissens sonst, ganz von der außenpolitisch-nationalen Seite her sah. Er erwies sich als äußerst tolerant und diskret und verlangte von niemandem Lippenbekenntnisse (wo sie von fragwürdiger Seite kamen, schien er stets peinlich berührt) Jeder Teilnehmer mußte in einem Vortrag sein Fach vor allen anderen darstellen und zur Diskussion stellen – das war alles, was von uns verlangt wurde (natürlich außer Frühsport, Kampfspielen, Märschen mit ‚nationalen' Gesängen und all diesem paramilitärischen Allotria). Auch war der größere Teil der ‚Kameraden', mit denen man sich zu duzen hatte, sehr nette Leute, ungefähr meines Alters – nur war ich der einzige, der ‚freiwillig' dabei war und der schon über viele Jahre akademischer Lehrerfahrung verfügte. Letzteres bedeutete natürlich einen ungeheuren Vorsprung. Dazu kam das traditionelle deutsche Interesse an der Philosophie – und endlich gibt es ja wirklich so etwas wie ein Erlebnis der Kameradschaft, von dem gewesene Soldaten ohnehin wissen und das sich hier ganz zwanglos einstellte. Ich hab manchen guten Freund dort gefunden, hab viel gelernt und konnte allen unangenehmen Kontakten leicht aus dem Wege gehen. Auch habe ich politisch manches begriffen – leider – oder zum Glück? – nicht genug, um die Unausweichlichkeit des Krieges schon damals vorauszusehen. Ziemlich furchtbar war eine ‚politische‘ Exkursion nach Danzig, wo Rauschning – leider – durch einen, wie mir schien, kahlen und kalten Funktionär (Greiser hieß er wohl) ersetzt oder vertreten wurde. Ein anderes Intermezzo war die Teilnahme an einer Feierstunde in Tannenberg, bei der wir Hitler von ferne sahen, der auf mich weit schlichter, ja linkisch wirkte, wenn nicht geradezu wie ein Junge, der ‚Soldaten‘ spielt.

Immerhin gewann ich durch dies mein ‚Rehabilitierungslager‘ in dem Grafen Gleispach einen einflußreichen Freund, der in Berlin für mich eintrat und versuchte, den Professortitel für mich zu erwirken.

Daß es am Ende gut ging, war eine Folge der hohen Politik. Im geschichtlichen Abstand ist es heute ganz klar, daß mit der Entscheidung für eine kriegerische Lösung der deutschen Ostpolitik der Nationalsozialismus den deutschen Universitäten eine Schonzeit einräumte. Ein Krieg konnte nicht gewonnen werden ohne die Wissenschaft, und so mußte man die Wissenschaft schonen, wenigstens so lange, bis der Krieg gewonnen war. In der Geschichte der Universität Marburg trat diese Wendung mit dem Rektorat des Juristen Leopold Zimmerl ein. Er hatte einen unbefangenen Blick für Menschen und in gewissem Grade ein philosophisches Interesse – zumal er in wissenschaftliche Polemik mit der damaligen Kieler Schule der Strafrechtslehre (Dahm, Michaelis usw.) verstrickt war und philosophische Anlehnung suchte. Ich erinnere mich einer Arbeitsgemeinschaft über „Ganzheit“, in der dieser prächtige Begriff sich mit großer Geduld die widersprechendsten Ausdeutungen gefallen lassen mußte. Aber die speichelleckerische Anpassung, die die ersten Jahre der „Gleichschaltung“ vergiftet hatte, war in diesem Kreise verpönt. Das war das besondere Verdienst von Zimmerl, und Zimmerl trat sehr für mich ein.

Es hatte noch den besonderen Grund, daß ich inzwischen beinahe als klassischer Philologe nach Halle – zunächst zur

Vertretung – gegangen wäre und die Intervention Zimmerls mich in Marburg als unabkömmlich bezeichnet hatte. Seitdem hielt er sich für verpflichtet, überall für mich zu werben. So erhielt ich schließlich doch – im Frühjahr 1937 – den Professortitel. Das war das äußere Kennzeichen dafür, daß die politischen Stellen einen tolerieren wollten. Daraufhin ließ eine Berufung nicht mehr lange auf sich warten. Gerhard Krüger zitierte sehr hübsch Goethes Faust: „Ein Titel erst muß sie vertraulich machen", und ich konnte nach meiner Berufung nach Leipzig bald mitwirken, daß auch meine etwas jüngeren Kollegen Berufungen bekamen. Alles in allem war diese lange Privatdozentenzeit, die uns die Politik beschert hatte (10 Jahre!), doch leichter zu tragen, als es unter früheren und normalen Umständen eine solche Privatdozentenzeit gewesen wäre. Denn es war so offenkundig, daß hier politische Gründe ausschlaggebend waren, daß einem daraus keine Zweifel an sich selbst erwuchsen, ja daß der mangelnde Erfolg etwas Ehrenvolles bekam. Der sitzengebliebene Privatdozent von damals war von der Sympathie fast aller getragen. Wir hatten viele Freunde und Gesinnungsgenossen. Für einige war Marburg fast so etwas wie eine Strafkolonie, so für Reidemeister, den Mathematiker. Da war auch Kaschnitz und der für Marburg allzu elegante, aber überaus humane Gymnasialdirektor Steinmeyer, da waren die Mathematiker Rellich und Arnold Schmidt, da waren der Historiker Sell und der Romanist Kalthoff als Lehrer, da kam später Anz, der an meinem ersten Seminar teilgenommen hatte, zurück ans Gymnasium. Da war der ebenso genialische wie absurde Werner Krauss und die romanistischen Assistenten – doch ich müßte eine ganze Liste der philosophischen Fakultät aufführen, wenn ich keinen – mehr oder minder offenen – Gesinnungsgenossen ausschließen wollte.

Und vor allem: wir hatten Schüler. Als Erben eines bedeutenden Lehrers hatten wir angefangen, und ein jeder wirkte auf seine Weise. Wir lasen mit Krauss und Kalthoff Maurice Scève und Paul Valéry. Ich vertiefte mich in Hölderlin und

Rilke, und insbesondere meine Vorlesungen zur griechischen Philosophie formierten einen kleinen Kreis trefflicher Schüler, zu denen Volkmann-Schluck, Walter Schulz, Christoph Senft, Harry Mielert und der junge Arthur Henkel gehörten.

Ein Hölderlin-Seminar im Winter 1937 war das letzte meiner Marburger Seminare. In ihm fand sich der ganze Kreis noch einmal zusammen, aus dem freilich mancher den zweiten Weltkrieg nicht überlebt hat. Ich ging 1938 nach Leipzig, und damit fand ein Marburger Dasein von fast zwei Jahrzehnten sein Ende, wie ein zu Ende geträumter Traum. Als ich kurz danach – nach dem Tode von Erich Jaensch und Dietrich Mahnke – nach Marburg auf das philosophische Ordinariat zurückberufen wurde, habe ich den Ruf nicht angenommen. Träume gehen nicht in Erfüllung. Ihre Erfüllung liegt in ihnen selbst.

Paul Natorp

De nobis ipsis silemus: so beginnt Paul Natorp die Selbstdarstellung, die er im Jahre 1920 publizierte. Es wäre nicht angemessen, eines solchen Mannes, der wußte, was Schweigen heißt, und seiner Verdienste zu gedenken, indem ich von persönlichen Erinnerungen ausginge, wie sie der junge Student der Generation nach dem ersten Weltkrieg als einer seiner letzten Doktoranden besitzt.

Paul Natorp ist in die Geschichte der Philosophie eingegangen als ein Mitglied der Marburger Schule. Seine zahlreichen Arbeiten zur Geschichte der Philosophie sind ebenso wie seine Arbeiten zur systematischen Philosophie beherrscht von dem mit Hermann Cohen geteilten philosophischen Anliegen, die kritische Tat Kants zu erneuern und weiterzuentwickeln. Die Frage ist: was ist innerhalb dieser gemeinsamen Haltung der „Marburger Schule" — einer der eindrucksvollsten Schulgemeinschaften in der neueren Philosophie — das Eigene, das Natorp zu sagen hatte und das erst in einem späteren

Stadium seiner geistigen Entwicklung zum systematischen Durchbruch kam? Sich dessen zu vergewissern, bedarf es einer kurzen Erinnerung an den Grundgedanken des Marburger Neukantianismus. Es ist die Methode des Ursprungs, das heißt, die Erzeugung der Realität durch das reine Denken. So hat es Cohen formuliert. Was diese Formulierung des transzendentalen Gedankens leitet, ist die Anschauung der Wissenschaft des 17. und 18. Jahrhunderts und insbesondere das Vorbild ihres mathematischen Prinzips: nämlich das Prinzip des Infinitesimalen[1]. Die mathematische Bewältigung des Kontinuums der Bewegung, die Formulierung des Erzeugungsgesetzes der Bewegung läßt verstehen, daß es das Denken ist, das hier die Realität erzeugt. Daß solche Erzeugung eine unendliche Aufgabe ist, macht gerade den universalen Sinn dieses Prinzips für das Faktum der Wissenschaften aus. Sie sind Methoden der Gegenstandserzeugung und der Bestimmung der Realität. Cohen hat selbst die Ethik noch auf das Faktum der Wissenschaften gründet und die Rechtswissenschaft als die Logik der Geisteswissenschaften verstanden.

Die Mannigfaltigkeit der Richtungen solcher Objektbestimmung aber schließt in sich die Frage nach ihrer Einheit. Und hier hat Natorp schon früh sein erstes eigenes Wort zu sagen begonnen, indem er unter Berufung auf Kants transzendentale Syntesis der Apperzeption und im Einklang mit Cohens systematischen Intentionen die Aufgabe einer „Allgemeinen Psychologie“ formulierte[2]. Der Richtung auf die Differenzierung der Gegenstandsbestimmung entspricht die umgekehrte Richtung der Integration zur Einheit der Bewußtheit. Der Gegenstand der Psychologie ist nicht ein eigener Gegenstand, das Subjektive neben dem Objektiven der übrigen Wissenschaften, sondern eine andere Betrachtungsrichtung des Gleichen. Es ist *dieselbe*

[1] Vgl. die systematisch grundlegende Schrift Hermann Cohens: Das Prinzip der Infinitesimalmethode und seine Geschichte (1883).

[2] Einleitung ist die Psychologie nach kritischer Methode (1888); zweite, völlig neue Bearbeitung unter dem Titel: Allgemeine Psychologie nach kritischer Methode (1912).

Erscheinung, die das eine Mal nach ihrem Objektivitätscharakter, das andere Mal als Moment des Erlebens eines bestimmten Subjekts ins Auge gefaßt wird. Es leuchtet ja ein, daß, wenn man sich die Totalität aller Gegenstände denkt und auf der anderen Seite die Totalität aller möglichen Ansichten, die man sich von der Totalität der Gegenstände bilden kann, dann auf der einen und der anderen Seite dieselbe Welt gedacht ist. Das war schon der geniale Gedanke der Leibnizschen Monadologie: der Zusammenbestand der Augenpunkte aller individuellen Perspektiven, in denen sich das Ganze darstellt, ist die Welt selbst. Ein unendliches Bewußtsein enthält nichts anderes als die Totalität des Seins. Nun ist freilich für das endliche menschliche Bewußtsein die Totalität der Gegenstandsbestimmung eine unendliche Aufgabe, und eine gleiche Unendlichkeit ist in der Idee der reinen Subjektivität gemeint[3]. Die Rekonstruktion des subjektiven Erlebens ist ebenso nur eine methodische Annäherung, verbürgt durch die präsentische Aktualität des Bewußtseins, wie sie auch das endliche menschliche Bewußtsein im Phänomen des Erinnerns und des zwischen den Individuen gemeinsamen Geistes bezeugt. Natorp bewegte sich hier auf Wegen, die sowohl mit Diltheys geisteswissenschaftlicher Psychologie wie mit Husserls Phänomenologie konvergieren. Aber seine Frage an diese Psychologie galt nicht der Aufgabe einer neuen Grundlegung der Geisteswissenschaften, auch nicht einer methodischen Neuorientierung der philosophischen Forschung, sondern dem systematischen Einheitsgedanken der Philosophie überhaupt, der sich ihm in der Korrelation von Objektivierung und Subjektivierung, das heißt aber in der vollen Herrschaft des Gedankens der Methode, des Prozesses, des fieri auch noch über das factum der Wissenschaft darstellt. So galt Natorp als der strengste Methodenfanatiker und Logizist der Marburger Schule.

[3] Vgl. Paul Natorp, Philosophie. Ihr Problem und ihre Probleme (1911), S. 157 f.

Genau das aber war der Punkt, an dem sich seine Differenz zu Hermann Cohen und der selbständige Weg seines späten Philosophierens zur Abzeichnung brachte: die Überschreitung der Methode. Er formulierte sie in der Idee einer „allgemeinen Logik". Die Verallgemeinerung des transzendentalen Problems, die damit gemeint war, beschränkte sich nicht länger auf das Faktum der Wissenschaften und seine apriorischen Grundlagen. Das in der sittlichen Handlung und der künstlerischen Schöpfung, in Praxis und Poiesis schaffende Leben, nicht seine Objektivierung in den Geisteswissenschaften, sondern die im Wollen und Schaffen selbst gelegene Objektivation sollte mit der Wissenschaft einheitlich umgriffen werden. Die Einheit von Theoretik und Praktik, in Kants Lehre vom Primat der praktischen Vernunft vorgebildet, in Fichtes Wissenschaftslehre zur Durchführung gebracht, sollte in der allgemeinen Logik Natorps erst ihre volle Universalität erreichen. Sie hat ihre eigentliche Vollendung noch nicht in der Korrelation der objektiven und subjektiven Methodik, wie sie die allgemeine Psychologie entwickelt hatte, sondern in der weit grundsätzlicheren Korrelation von Denken und Sein, die den unendlichen Fortgang des methodischen Bestimmens trägt und begründet. Aber auch diese Korrelation ist nichts letztes, sondern setzt ihre ursprüngliche „unzerstückte" Einheit voraus. Das ist der Sinn der Überschreitung der Methode, die Natorps spätes Denken beherrschte. Das transzendentale Ideal Kants diente ihm dabei als Anknüpfung, die Wirklichkeit als die totale Bestimmtheit, als das Urkonkrete zu denken. Damit gelangte erst die Idee der transzendentalen Psychologie zu ihrer vollen systematischen Auswirkung.

Die Einheit der praktischen und theoretischen Vernunft bildete schon in Kants Denken den tiefsten systematischen Punkt. Ihre Durchführung in der Einheit von Sonderung und Vereinigung, von Denken des Daseins und Denken der Richtung, des Sollens, der Aufgabe, war der Leitgedanke der Allgemeinen Logik. Sie sollte die „Durchwirkung des Idealismus bis zum letzten Individuellen" leisten und damit die

„aktuellste Frage der gegenwärtigen Philosophie", das Problem des principium individui, lösen[4].

Dieser Zusammenhang wurde erstmals deutlich, als Natorp im Jahre 1917 eine große kritische Auseinandersetzung mit dem Kant-Buch Bruno Bauchs schrieb[5]: Was er an dieser aus dem südwestdeutschen Neukantianismus hervorgegangenen Darstellung vermißt, ist das Verständnis für die systematische Unentbehrlichkeit einer transzendentalen Psychologie: nur von dort aus aber könne die Verallgemeinerung der transzendentalen Fragestellung auf die außertheoretischen Objektivationen ihr volles Gewicht gewinnen. Der Dualismus der logischen Formen und der amorphen Materie der Erkenntnis kann der Idee einer allgemeinen Logik nicht standhalten. Die Idee einer unendlichen Bestimmbarkeit schließt die Voraussetzung der totalen Bestimmtheit des Individuellen und damit die volle Logizität des Amorphen ein. Natorp sieht nicht nur im theoretischen Felde, sondern erst recht in der Ethik das Problem der Individualbestimmung als das herrschende an und vermißt gerade hier an dem südwestdeutschen Neukantianismus das notwendige Weiterdenken des kantischen Ansatzes in der Richtung, die Schleiermacher vorschwebte. „Die Ethik ist als Logik des Handelns, allerdings von seiten der Form, d. h. des Logos, aber für die Materie zu begründen, und für sie in ihrer vollen Individualität, die überhaupt den allein haltbaren Sinn der Materie ausmacht."

Vollends aber für das systematische Problem der Religion war die Entfaltung des von der Allgemeinen Psychologie aus entwickelten Systemgedankens von entscheidender Bedeutung und hier sah sich Natorp selbst gegenüber Hermann Cohen, dessen systematischen Intentionen er so nahestand, schließlich in entscheidendem Vorteil. Denn in der Religion ist die Individualbedeutung grundlegend, nicht nur als Aufgabe und methodisches Ziel: das gerade war die Schwäche von Cohens

[4] Paul Natorp, Hermann Cohens philosophische Leistung (1918), S. 33.

[5] Paul Natorp, Bruno Bauchs „Immanuel Kant" und die Fortbildung des Systems des Kritischen Idealismus. Kantstudien 22, 1918, S. 426–459.

Ethisierung der Religion, daß sie den Umkreis der Methodik der Daseinsbestimmung und Willensbestimmung nicht überschritt und damit die absolute Individuität Gottes nicht angemessen zu denken vermochte. Das Motiv einer absoluten Individuität aber lag schon Natorps Allgemeiner Psychologie zugrunde. Zur Universalität des systematischen Prinzips erhoben, ergab es die Anerkennung der vollen Sinnhaftigkeit des konkreten Seins, mithin die Idee einer allgemeinen (in keiner Richtung mehr durch eine Materie, einen Rest von Unbestimmtheit, Form- und Sinnlosigkeit eingeschränkten) Logik. Natorp stellte sie unter das Motto Heraklits: „Grenzen der Psyche würdest Du, gingst Du darauf aus, nicht finden, und ob Du jeden Weg beschrittest, so tief liegt ihr logos." Der Logos, das heißt die Sinnhaftigkeit des Seins als des Unzerstückten, des Urkonkreten, liegt aller Bestimmung von Sinn, aller Rationalität immer schon voraus. Das gerade ist die entscheidende Einsicht dieser allgemeinen Logik, daß sie am Irrationalen, am Leben, keine Grenze hat, sondern in der Wirklichkeit der Spannung zwischen Rationalität und Irrationalität, zwischen Begriff und Existenz, in ihrer *Koinzidenz* den Logos selbst, den Sinn enthält. In unermüdlicher Variation seiner Gedanken hat Natorp immer wiederholt, daß in dieser letzten Koinzidenz des Auseinanderstrebenden und sich Widersprechenden das eigentliche Ja des Seins in der „Aktlebendigkeit" der reinen Schöpfung zur Erscheinung kommt. Nun erst konnte auch die dritte der systematischen Richtungen des Kantischen Denkens, die Ästhetik, unter dem Gedanken der Poiesis, der über alle Zeit- und Prozeßform erhobenen Schöpfung, ihren systematischen Anteil an der allgemeinen Logik erlangen. Es ist der Gedanke der Individuität, der in der Individuität Gottes und des Ganzen des Seins alle Methode übergreift, das heißt ihr die bloße Unendlichkeit der Aufgabe zuweist.

Den meisterhaften Erforscher der antiken Philosophie mußte das systematische Anliegen seiner späteren Jahre an dem Stoff seiner historischen Interpretationen zur Entfaltung drängen. Und so hat Natorp in hohem Alter sein 1903 erschienenes vielumstrittenes Platowerk in einem metakritischen Anhang vom Jahre 1921 selbst kritisiert und die Perspektive eines angemessenen Platoverständnisses ausgearbeitet. Natorps Auffassung der platonischen Idee war eine der paradoxesten Thesen gewesen, die je in der historischen Forschung aufgestellt worden sind. Er verstand die Idee vom Naturgesetz her, wie es der galileischen und newtonschen Wissenschaft zugrunde liegt. Das hypothetische Verfahren der Naturwissenschaften spricht freilich dem Gesetz keine eigene Realität zu, sondern beschreibt in ihm die Regelhaftigkeit des Naturgeschehens selbst. Die platonische Ideenlehre ist seit Aristoteles gerade deshalb Gegenstand der Kritik gewesen, weil die Ideen eine Welt für sich, einen intelligiblen Kosmos darstellen sollten, der von der sinnlich-sichtbaren Welt durch einen unüberbrückbaren Hiat geschieden ist. Natorp hat gleichwohl ein Gemeinsames zwischen Plato und der Wissenschaft der Neuzeit ins Auge gefaßt[6]: die Idee ist ja das wahrhaft Seiende, das, was den Phänomenen als wahrhaft seiend zugrunde liegt. Diese Grundlage, die Hypothesis des Eidos, ist so wenig wie der mathematische Grundentwurf der Gleichung in der modernen Wissenschaft ein Seiendes neben dem Seienden. Aber nicht deshalb, weil sie neben dem Sein der Phänomene keine selbständige Existenz hätte, sondern umgekehrt, weil das Seiende der „Phänomene" eben nicht seiend ist, soweit es nicht in der unveränderlichen Selbigkeit des Eidos besteht.

Es war und blieb eine gewaltige Abstraktion, die Natorp an Platos Philosophie vornahm. Der späte Natorp erkennt nun an, daß die Idee nicht nur Methode ist, sondern daß aller Vielfältigkeit der Ideen die jenseitige Einheit des Einen,

[6] Darin ist ihm übrigens Hegel vorausgegangen. Seine Dialektik der „verkehrten Welt" (Phänomenologie des Geistes S. 114 ff. [Hoffmeister]) denkt die „übersinnliche Welt" des Verstandes als ein „ruhiges Reich von Gesetzen"; das „beständige Bild der unsteten Erscheinung", mithin das platonische Eidos, ist das *Gesetz*. Hier liegt die Wurzel des neukantianischen Platobildes.

Urkonkreten zugrunde liegt. Jede Idee ist jetzt nicht mehr ein bloßer Ausblick auf ein unendlich fernes Ziel, eine Setzung der Subjektivität, sondern ist ein Durchblick auf dieses Eine, der im Einen, Seienden selbst entspringt. Insofern aber ist sie auch das eigene Wesen der Psyche. Eidos und Psyche aber entsprechen sich nicht nur wie Hypothesis und Methode gegenüber der logischen Einheit des Systems, sondern sie sind was sie sind, sofern sie mit dem Einen, „Urlebendigen, Urkonkreten", dem „Logos selbst", eins sind. Die Allebendigkeit des einen Lebens lebt in der Lebendigkeit ihres schöpferischen Sichsetzens. Der späte Natorp hält die Trennung des Logikers von dem Mystiker Plato, die gerade er auf die Spitze getrieben hatte, nicht mehr aufrecht.

Das ist eine erstaunliche Annäherung des Platoverständnisses an den Neuplatonismus. Als ob ein Jahrhundert mühsamer Unterscheidung der in der Tradition verfilzten Masse platonischer Überlieferung, an der Natorps eigene Arbeit so viel Anteil hatte, gar nicht gewesen wäre. Was in dieser extremen Konsequenz des Natorpschen Denkens zum Ausdruck kommt, ist aber mehr als ein individueller Vorgang philosophischer Entwicklung. Gerade hier liegt die wirkliche, unveraltete Bedeutung Natorps, in seinem Denken die innere Zugehörigkeit des Neukantianismus des 19. Jahrhunderts zum Neuplatonismus und zum spekulativen Idealismus der Nachfolger Kants zu bezeugen. Schon im Ansatz der Cohenschen Wiederentdeckung des Grundgedankens der Kritik steckt ein uneingestandener Hegelianismus, und es ist Natorps Verdienst, im konsequenten Weiterdenken dieses Neukantianismus die systematischen Antriebe Fichtes und Hegels bewußt aufgegriffen zu haben.

Lassen Sie mich mit einer persönlichen Erinnerung schließen: wenn wir jungen Leute mit dem pietätlosen Blick der Jugend den kleinen eisgrauen Mann mit den großen aufgerissenen Augen, in seinem Lodencape von wahrhaft monumentaler Unscheinbarkeit, des öfteren in der Begleitung des jungen Heidegger den Rotenberg heraufwandern sahen — der jüngere dem ehrwürdigen Greis respektvoll zugewandt, aber meist beide in langem, tiefem Schweigen, dann rührte uns in solcher stummen Zwiesprache zwischen den Generationen etwas von Dunkel und Helligkeit der Einen Philosophie an. Paul Natorps Denken jedenfalls war als Ganzes der Versuch, auf eine Frage zu antworten, die Meister Ekkehart gefragt hat: „Warum gehet ihr aus?“ Noch einmal lautet die Antwort, wie sie bei Plotin, in der Mystik, bei Fichte, bei Hegel gelautet hat: um heimzufinden.

Max Scheler

Es ist schier unglaublich. Aber wenn man heute einen für Philosophie interessierten jungen oder selbst einen älteren Menschen fragt – er weiß kaum, wer Scheler war. Dunkel mag ihm vorschweben, daß er ein katholischer Denker war, der eine einflußreiche „materiale Wertethik" geschrieben hat, und daß er irgendwie zu der phänomenologischen Bewegung gehört, die durch Husserl begründet worden war und die *right or wrong* durch Heidegger fortgesetzt wurde. Aber eine Präsenz im gegenwärtigen philosophischen Bewußtsein, die mit der von Husserl oder Heidegger vergleichbar wäre, besitzt Scheler nicht. Wie kommt das? Wer war er?

Es war vor hundert Jahren, daß er zur Welt kam, und es ist fast fünfzig Jahre her, daß er plötzlich, vierundfünfzigjährig, starb. Liegt es an diesem frühen Tode, daß niemand ihn heute kennt? Schwerlich. Gewiß, die eigentlichen Erntejahre eines Gelehrten liegen spät. Aber Max Scheler gehörte nicht zu denen, die Warten, langsames Reifen und Ausreifen kannten. Er war auch alles andere als unbekannt. Er war selbst innerhalb der phänomenologischen Bewegung, die etwas auf sich hielt, ein Stern erster Größe. Umstritten, gewiß. Die solide Handwerkskunst des Altmeisters Husserl, dem manche auf noch solidere Weise, die an tötende Langeweile grenzte, folgten, war nicht sein Fall. Als er – als Kölner Professor – Nicolai Hartmann, den Marburger, als Kollegen empfing, sagte er zu ihm: „Mein Genie und Ihr Sitzfleisch – das gäbe einen Philosophen." Das war nicht gerecht gegen Hartmann – aber es war ein Eingeständnis. Husserl und die phänomenologischen Anhänger, die ihm folgten, sahen ihn mit unverhohlenem Unbehagen. Seine Ausstrahlung war allzu gewaltig. Was sollte auf der feurigen Esse dieses Geistes aus der Philosophie als strenger Wissenschaft werden?

Ich erinnere mich genau meiner ersten und einzigen Begegnung mit ihm. Ich war junger Marburger Philosophiestudent, kannte seine Hauptwerke, die während oder vor dem Kriege

Max Scheler

erschienen waren, recht gut, war sehr beeindruckt von der Vielseitigkeit und Brillanz dieses Mannes, der zwar kein ganz so gutes Deutsch schrieb wie Nietzsche, aber vom „Umsturz der Werte“ – das war der Titel einer zweibändigen Aufsatzsammlung, die er schon vor 1914 herausgebracht hatte – nicht weniger faszinierend zu sprechen wußte. Ernst Robert Curtius, der sich freundschaftlich um mich bekümmerte und damals in Marburg Romanist war, war sein großer Bewunderer, und als Scheler 1920 nach Marburg zu Vorträgen kam, eingeladen von der katholischen Studentengemeinde, führte Curtius mich und Scheler zusammen. Es war in der Marburger Straßenbahn, wo unser Gespräch begann. Das war der fahrbare Salon dieser kleinen Weltstadt des Gedankens. Sie fuhr eingleisig, mit langem Halt an den Begegnungstellen und in gemächlichem Tempo. Curtius hielt sich freundschaftlich-ritterlich zurück, und so war ich dem saugenden und bohrenden Gegenüber von Max Scheler schutzlos preisgegeben.

Der dämonische Eindruck

Was für eine Erscheinung! Wer je im Professorenzimmer der Kölner Universität war, kennt das Porträt von Otto Dix, das dort hängt, ein begeisterndes Dokument des Stils der neuen Häßlichkeit. Es war keine Übertreibung. Es war nackte Wahrheit. Ein zwischen den Schultern versinkender Kopf – und eine Nase, die ich immerfort anstarren mußte: Ihr breiter Vorsprung hatte – welch meisterhafte Dränage – in der Mitte eine Art Regenrinne, von der es, wie ich später sah, als er seine Vorträge hielt, beständig tropfte. Bei unserem Gespräch lag sie trocken.

Auch ich war schnell auf dem Trockenen. Er fragte mich nach allem möglichen, nur nicht nach dem, was mich, einen unreifen Knaben von zwanzig Jahren, damals erfüllte – der Marburger Neukantianismus Cohens und Natorps und die beginnenden Abweichungen Nicolai Hartmanns, die ich für „phänomenologisch" hielt. Er fragte mich statt dessen nach Rudolf Otto, dem berühmten Verfasser des „Heiligen", dessen Verfahren er phänomenologisch nannte – und, zu meiner Verblüffung, nach dem Experimentalpsychologen Erich Jaensch, dem Entdecker der „eidetischen" Anschauungsbilder, den wir abstrakten „Philosophen" gänzlich unter unserer Würde glaubten. Ich stotterte unbehaglich herum. Um endlich eine Basis zu finden, sagte Scheler schließlich: „Finden Sie nicht, daß Philosophie so etwas wie das Ziehen von Puppen an Drähten ist?" Ich erstarrte. So wenig Ernst in einem so großen Denker.

Aber dann rissen seine Vorträge mich hin. Ich verstand plötzlich, was er gemeint hatte. Ziehen an Drähten, ziehen von Puppen – ach nein: Es war weit mehr ein Gezogenwerden, eine fast satanische Besessenheit, die den Redner zu einem wahren Furioso des Gedankens fortriß. Als ich später einmal Husserl von dem dämonischen Eindruck, den Scheler auf mich gemacht hatte, erzählte, sagte er ganz bestürzt: „Oh, es ist gut, daß wir nicht nur ihn, sondern auch Pfänder haben.“ (Das war der nüchternste, trockenste, undämonischste Phänomenologe, den man sich denken konnte.) Husserl ahnte damals, 1923, noch nicht, wer Heidegger war. Später sah er in beiden, in Scheler und in Heidegger, die zwei großen gefährlichen Verführer, die vom Wege des Rechten, dem Weg der Phänomenologie als strenger Wissenschaft, fortlockten.

Wer war dieser Mann, der da vom Ewigen im Menschen sprach? Ein katholischer Denker – kaum. Freilich, ein Neukantianer (der er gewesen war) noch weniger. Er war bei dem Neukantianer Rudolf Eucken, einer kulturpolitischen Berühmtheit jener Tage – war er nicht gar ein Nobelpreisträger gewesen? – habilitiert worden, mußte aber Jena bald verlassen – die ehrbare Kleinstadt war zu eng für sein wüstes Temperament. Jedenfalls wechselte er nach München – stets ein Liebhaber schöner Frauen (geheiratet hat er aber nur dreimal). Von München aus stiftete er, eine Art ruheloser Ahasver, die Verbindung zwischen der Münchner Psychologie um Theodor Lipps und der Göttinger phänomenologischen Schule um Husserl. Als ich 1920 mit ihm zusammentraf, hatte er gerade seine Kölner Lehrtätigkeit begonnen.

Abneigung gegen abstrakte Konstruktionen

Dazwischen lagen Jahre der politischen, teils diplomatischen, teils kulturpolitischen Wirksamkeit, von denen vor allem zwei Kriegsbücher, „Der Genius des Krieges und der deutsche Krieg“ (1915) und „Krieg und Aufbau“ (1916), Zeugnis ablegen. Man kennt das seltsame Kapitel der Kriegsbücher deutscher Philosophen, wie es Hermann Lübbe – leider in einseitiger Beschränkung auf Philosophie und auf Deutschland – beschrieben hat. Schelers Bücher dürfen beanspruchen, daß sie in alle Kurzsichtigkeit der Stunde den Weitblick seiner Philosophie einbrachten und daher bis heute ihr Interesse behalten. Es war „linke“ katholische Politik auf dem Grunde deutscher nationaler Tradition, der er seinen Geist und seine Feder lieh – bis ihn das Kriegsende und der wohlverdiente Erfolg seiner „materialen Wertethik" – zwischen Husserls „Ideen" und Heideggers „Sein und Zeit" die bedeutendste Veröffentlichung in der Reihe der phänomenologischen Jahrbücher – auf einen philosophischen Lehrstuhl an der neu gegründeten Universität Köln brachten.

Was verband ihn mit der Phänomenologie? Das ist vom Negativen her leicht gesagt: die Abneigung gegen abstrakte Konstruktionen und der intuitive Blick für Wesenswahrheiten. Darunter verstand man im phänomenologischen Kreise solche Einsichten, die nicht empirisch gewonnen oder verifiziert werden konnten, sondern nur in ideierender Abstraktion zugänglich wurden, was von Ahnungslosen gern als „Wesensschau" mystifiziert und verspottet wurde. Methode her, Methode hin, aber an intuitiver Begabung übertraf Scheler alle sogenannten Phänomenologen und war dem Meister Husserl, der mit unermüdlicher Energie seine minuziöse Deskriptionskunst der philosophischen Aufgabe der Selbstrechtfertigung unterordnete, an Anschauungskraft kaum unterlegen – und gewiß war er von einer weit überlegenen, vor nichts haltmachenden geistigen Kühnheit und Expansivität. Eine wahrhaft vulkanische Natur. Als ich 1923 zu Husserl und Heidegger nach Freiburg ging, erzählte man sich von einem kürzlichen Besuch Schelers bei Husserl. Er hatte den Alten mit der Frage in die Zange genommen, ob der liebe Gott rechts und links unterscheiden könne. Es klang wie in frivoles Spiel, ein Ziehen von Puppen an Drähten. Oder war es gar ein Aufziehen des Verteidigers der Philosophie als strenger Wissenschaft? Am Ende war es ihm Ernst.

Das Stichwort Intuition war schon im Jahre 1901 die verbindende Brücke zwischen beiden Denkern gewesen. Es war bei einer Art ersten Kant-Kongresses in Halle, dem philosophischen Auftakt zu der Kongreßseuche unseres Jahrhunderts, bei der Scheler Husserl begegnete. Schelers intuitive Naturbegabung war wahrhaft phänomenal. Zugleich hatte er etwas von einem Vampir, der seinen Opfern das Blut aussaugt. In Kants Herzen – und das war, nehmt alles nur in allem, seine Moralphilosophie, seine Lehre vom kategorischen Imperativ und dem Pflichtgefühl – blieb nicht ein Tropfen lebendigen Blutes, nachdem Scheler sich ihn zum Opfer erkoren hatte. Man ist gegen nichts so ungerecht wie gegen die eigenen Jugendtorheiten. Der Neukantianismus, den Scheler für Kant nahm, war seine Jugendtorheit gewesen. Schelers Kant-Kritik war von blinder Einseitigkeit.

Aber inzwischen: was für Einsichten! Die Hierarchie der Werte, deren Rangverhältnisse Scheler in der „materialen Wertethik" erforschte, war alles andere als eine katholisierende metaphysische Güterlehre. Wenn Scheler die altgermanische Rechtsordnung, der zufolge selbst Totschlag, nicht zu reden von Raub, weniger schlimm war als Diebstahl, auf den Wertgegensatz von Mut und Feigheit zurückführte – und wohl auch die christliche Umwertung der Unersetzlichkeit des Lebens gegen die Belanglosigkeit des Eigentums stellte –, so war das von unwiderleglicher intuitiver Wahrheit. Die durchdringende Helligkeit seines Geistes enthüllte ihm eine Rangordnung von Werten und Gütern, die im Resultat, nicht in der Methodik, auf eine erneuerte mittelalterliche Stufenordnung hinauslief – mit der höchsten Dimension des Heiligen und der Personalität Gottes. War das sein letztes Wort? Es war es nicht.

„Es ist der Öffentlichkeit nicht unbekannt geblieben, daß der Verfasser in gewissen *obersten* Fragen der Metaphysik und der Philosophie der Religion seinen Standort seit dem Erscheinen der zweiten Auflage dieses Buches nicht nur erheblich weiterentwickelt, sondern auch in einer so wesentlichen Frage wie der Metaphysik des einen und absoluten Seins (das der Verfasser nach wie vor festhält) so tiefgehend *geändert* hat, daß er sich als einen ‚Theisten' (im herkömmlichen Wortsinne) nicht mehr bezeichnen kann . . . Die Ethik erscheint ihm heute wie damals wichtig auch für jede Metaphysik des absoluten Seins, nicht aber die Metaphysik für die Begründung der Ethik. Die Änderungen der metaphysischen Ansichten des Verfassers sind außerdem überhaupt nicht auf irgendwelche Änderungen in seiner *Philosophie des Geistes* und der gegenständlichen Korrelate der geistigen Akte, sondern auf Änderungen und Erweiterungen seiner *natur*philosophischen und *anthropologischen* Anschauungen zurückzuführen."

Ich erinnere mich, wie Schelers „Abfall" vom katholischen Kirchenglauben bekannt wurde und viele ihm zürnten – wohl, weil sie mehr ihm als der christlichen Botschaft geglaubt hatten. Curtius verteidigte ihn mit dem Argument, daß man es begrüßen müsse, wenn ein so großer Geist frei werde.

Schelers eigene persönliche Geistigkeit hatte etwas von Ekstase, aus der man zurücksinkt in den dumpfen Drang des Lebens. Er war einer der ersten gewesen, die die Lehren Bergsons in Deutschland aufnahmen und propagierten. Der *élan vital,* der ihn selbst machtvoll dahintrieb, war nicht eine Trübung seiner hohen Intellektualität, sondern wie der tragende Strom, aus dem er sich nährte. Er zog sozusagen die Summe seiner chaotisch-unausgeglichenen Natur, wenn er den Dualismus von Drang und Geist und die Ohnmacht des „reinen" Geistes lehrte. Das fiel nicht vom Himmel. Es war auch keine bloße Einkehr in sich selbst, die ihn dazu nötigte und ihn zum Bruch mit dem personalen Gottesbegriff der Kirche zwang. „Reiner" Geist ist wirklich ohnmächtig. In seiner frühen Schrift über die Sympathiegefühle und über Liebe und Haß (1912) und insbesondere in der 2. Auflage dieses Buches von 1923 bekämpfte er zwar alle Reduktion der „geistigen Gefühle" auf die Triebgewalt von Lust und Unlust (wie er auch in anderer Perspektive die Reduktion auf die ökonomische Basis der Produktionsverhältnisse kritisierte), aber er verkannte nicht, daß es die Realität des Dranges ist, die den Geist zu sich selbst emporträgt. Die Ordnung des Herzens (Pascal) behält dennoch ihren eigenen Rang. Man erzählt sich, daß Max Scheler seiner zweiten Frau, der bedeutenden Schwester des großen Dirigenten Furtwängler, nach der Scheidung von ihr zeit seines Lebens zu jedem Sonntag einen langen, liebevollen Brief geschrieben habe.

Aber es geht nicht nur um die private Spannweite der Persönlichkeit, die sich hier offenbart. Es geht um die Spannweite der Probleme, die dem modernen Denken gestellt sind. Das transzendentale Ego, das „Bewußtsein überhaupt", das absolute Wissen, das Geist ist, das sind nicht die gesicherten Ausgangspunkte, das gegebene *fundamentum inconcussum* aller Wahrheit. Kierkegaards Einrede gegen Hegel, den absoluten Professor, der das Existieren vergessen habe, wiederholte sich gegenüber der neukantianischen Transzendentalphilosophie. Scheler wurde nicht zum Existenzphilosophen. Aber die reine Wesenslehre, als die er die Phänomenologie verstand, erschien ihm nur als die eine Seite der Philosophie, als die geistige Sphäre der entwirklichten Wesensmöglichkeiten. Die Erfahrung der Realität selbst war so nicht zugänglich. Sie bildete für Scheler das Thema einer Art empirischer Metaphysik, die hinter all den Realitäten, die von den Wissenschaften erforscht werden, eine Wissenschaft vom Realen überhaupt sein sollte.

Das war kein bloßes spekulatives Abenteuer im Stile des späten Schelling, der der negativen Philosophie der Metaphysik die positive Philosophie der Mythologie und der Offenbarung entgegengesetzt hatte. Scheler war ein Kind des Jahrhunderts der Wissenschaft. Er war gewiß ein spekulativer Kopf ersten Ranges, aber was er betrieb, war zugleich die Einholung der Wissenschaften in die Metaphysik. Psychologie (Gestaltpsychologie), Physiologie und vor allem Soziologie wurden von ihm ausgewertet. Die große Studie über „Erkenntnis und Arbeit", die den amerikanischen Pragmatismus so gut wie die Wissenssoziologie kritisch verarbeitete und 1926 erschien, enthielt die Idee einer philosophischen Anthropologie. Schelers letzte Arbeit war die programmatische Abhandlung über „Die Stellung des Menschen im Kosmos", die im Entwurf einer solchen Anthropologie gipfelte. Ein Ausblick in ein neues Land, in das hinein schon damals ein Forscher vom Schlage Helmuth Plessners und später Arnold Gehlen eigene Schritte getan haben.

Max Scheler war von enormer geistiger Gefräßigkeit. Er nahm auf, was ihn irgend nähren konnte, und besaß die Penetrationskraft, die überall auf das Wesentliche hindurchstieß. Man erzählt sich, daß die jeweilige Lektüre, die er verschlang, ihn so einnahm, daß er Kollegen, die er traf, dadurch zur Teilnahme zwang, daß er aus dem Buch, das er las, ganze Bögen einfach herausriß, um sie dem Überraschten in die Hand zu drücken. Von Nicolai Hartmanns „Metaphysik der Erkenntnis", die er sehr schätzte, soll er auf diese Weise mehrere Exemplare verbraucht haben. Karl Reinhardt, der es von Maria Scheler geschildert bekommen hatte, erzählte mir einmal, wie Scheler seinen Tag zu beginnen pflegte: Mit flackernden Händen an seinem Hemdenknopf oder an seiner Krawatte nestelnd, sprach er unaufhörlich vor sich hin, Möglichkeiten des Gedankens versuchend, verwerfend, wagend, in die äußersten Konsequenzen verfolgend – ein beständig in Atem Gehaltener, ein ruhelos von der Philosophie Heimgesuchter.

Vielleicht ist er Husserl nie ganz gerecht geworden (sowenig wie dieser ihm). Husserls Wiederaufnahme der Fragestellung des transzendentalen Idealismus erschien ihm als ein Irrweg auf dem Wege zu den Sachen selbst. Er war sein Antipode. Aber das Genie Heideggers hat er früh erkannt. Vielleicht wird seine im Manuskript erhaltene Auseinandersetzung mit „Sein und Zeit", die, als er starb, für den „Philosophischen Anzeiger" vorbereitet war, eines Tages davon Zeugnis ablegen. Auch Heidegger hat seinerseits, nachdem er den Schulzwang Husserls abgestreift hatte, die philosophische Potenz Schelers klar gesehen. Die postume Widmung des Kant-Buches zeugt davon, die die „gelöste Kraft" dieses Denkers feiert. Der wirkliche Dialog des Fünfzigers mit dem Dreißigjährigen hat nicht mehr stattgefunden. Eine gemeinsame Grundlage dafür war vorhanden.

Denn Schelers Unterscheidung der verschiedenen Daseinsrelativitäten verfolgte keine transzendentale Fragestellung, sondern meinte den Aufbau der Realität selbst. Hier konnte das Gespräch mit Heidegger einsetzen, der gerade damals die transzendentale Selbstauffassung von „Sein und Zeit" zu überprüfen begann. Beiden war gemeinsam, daß sie nicht beim Selbstbewußtsein einsetzten, sondern bei dem, was solches Selbstbewußtsein und theoretische Haltung überhaupt allererst möglich machte. Scheler kritisierte den Dogmatismus in der Theorie der „reinen" Wahrnehmung. Er sah in der reizadäquaten Wahrnehmung das idealisierte Endresultat eines großen Ernüchterungsprozesses, der der überschießenden Triebphantasie des Menschen widerfahren war, und er leitete von diesem durch alles hindurchfahrenden Triebüberschuß die Erfahrung des leeren Raumes und der leeren Zeit ab. Heideggers ontologische Hinterfragung des Seins als Vorhandenheit zielte in eine ähnliche Richtung. Ob Scheler Heideggers ontologischer Fragestellung zu folgen und über den Dualismus von Drang und Geist hinauszukommen in der Lage war? Ob Heidegger Schelers Auswertung der Wissenschaften seiner eigenen ontologischen Fragestellung dienstbar gemacht hätte? Das Gespräch geht weiter. Heidegger hielt 1928, als er die Todesnachricht erhalten hatte, in seiner Vorlesung spontan einen Nachruf auf Scheler, der mit dem Satze schloß: „Abermals fällt ein Weg der Philosophie ins Dunkel zurück."

Max Scheler war ein Verschwender. Er nahm und gab. Er war unendlich reich – aber er behielt nichts zurück. Immer lebte er in Plänen und Ankündigungen neuer Bücher, die nie erschienen. Verkünder einer philosophischen Anthropologie, nährte er nach seinem frühen Tode die Erwartung, daß dies sein *magnum opus* aus dem Nachlaß auftauchen werde. Komitees wurden gebildet. Ein erster Nachlaßband erschien. Wunderbare Sachen, über Tod und Fortleben, über das Schamgefühl, über Vorbilder und Führer und so weiter – in Wahrheit alles Vorarbeiten aus seiner genialsten Schaffenszeit, kurz vor dem Ersten Weltkrieg. Eine neue große Ausgabe seiner Schriften begann nach dem Zweiten Weltkrieg, von seiner Witwe, Maria Scheler, sorgfältig betreut und bewacht. Inzwischen soll die Ausgabe zügig fortgesetzt werden, aber einen Nachlaß, der nicht existiert, kann niemand edieren. Wenn uns nicht Überraschungen bevorstehen, werden wir vorliebnehmen müssen mit dem, was längst bekannt – was längst nicht genug bekannt ist.

Oskar Schürer

Der Weg, der Oskar Schürer auf den Lehrstuhl der Kunstgeschichte an der Technischen Hochschule Darmstadt geführt hat, der Weg, der ihn überhaupt in die Wissenschaft geführt hat, ist nicht der einer fraglosen Bestimmung und ihrer zugemessenen Erfüllung gewesen. Seine Kollegen und seine Studenten und die vielen anderen Freunde, die er in der Welt zurückließ und die zu seinem Gedenken heute hier versammelt sind, werden es stets gespürt haben, daß die Anlagen dieser Persönlichkeit weiter ausschwangen, als es der innerweltlichen Askese eines Gelehrtenlebens entspricht. Gerade das gab ihm das Unruhvolle und Drängende, den großen Atem eines erzieherischen, ja fast eines seelsorgerlichen Pathos. In ihm war, ob er auf dem Katheder oder am Vortragspult stand oder im intensiven Zwiegespräch Wesen und Wollen seines Gegenübers ermaß, eine bezwingende Kraft des Appells, wie sie nur aus Seelen hervorbricht, die sich selbst jedem Anruf offenlegen.

Oskar Schürer war ein Offener. Nicht, als ob nicht gerade in ihm etwas Umflortes, die Verhüllung eines nie gestillten Traumes, etwas tragisch Zerrissenes hinter der brausenden und strömenden Herzlichkeit seines Wesens spürbar gewesen wäre. Ein Flackern wie von Angst und abgründigem Erschrecken, ein Grollen von Bitternis und fast bösem Ingrimm konnten das gute, liebevolle Gesicht, dessen große Flächen so viel Heiterkeit und Lebensglauben spiegelten, manchmal fast zur Grimasse verzerren. Kein Kundiger wird zweifeln: das Lebenslied dieser Seele ist nicht leicht, nicht in einer schlichten Linie erfaßbar.

Es gibt behütete Seelen, die in den unruhvollsten Zeiten, in Lebensspannungen von zerreißender Stärke, im widrigsten Geschick eine beharrliche Sicherheit ihres Wesens bewahren. Es sind die kostbaren Geglückten, die allen anderen wie ein Unterpfand des menschlich Heilen und Richtigen sind, das ohne sie kaum geglaubt zu werden vermöchte. Es gibt aber auch vulkanische Naturen, deren eigenem Spannungsdruck alle bergenden Formen des Lebens, alle Versicherungen und Beruhigungen, die sich anbieten oder gar auferlegen, zu sprengen bestimmt ist und die die Signatur einer in immer gesteigerteren Fragwürdigkeiten umgetriebenen Zeit symbolhaft verkörpern. Oskar Schürer war von der letzteren Art. Dem Gang seines Lebens und seines Schaffens folgen, heißt nicht in das individuelle Geheimnis einer Persönlichkeit eindringen, sondern dem Geist unserer Zeit und seinen unentrinnbaren Zwängen nachdenken.

Das individuelle Gesetz dieses Mannes war zu solcher symbolhaften Repräsentation der Zeit glücklich angelegt. Sein früh verstorbener Vater entstammte einer alten Augsburger Bürgerfamilie, seine Mutter, mit der ihn eine innige Bindung zusammenschloß, war eine Norddeutsche – etwas kernhaft Gesundes und ein Überschwang des grübelnden und empfindsamen Gemütes waren in ihm zu spannungsvoller Einheit gefügt. Ein humanistisches Gymnasium hat ihn erzogen, eine Griechenlandfahrt der jungen Seele den Eindruck der humanistischen Welt vertieft, ein erster Studienbeginn in Marburg schloß sich daran, als der erste Weltkrieg hereinbrach – ein erstes dauerhaft bestimmendes Erlebnis: ein erstes, das dauerhaften Ausdruck gefunden hat. Von nun an bedarf es kaum noch des biographischen Wissens – das literarische Werk Oskar Schürers ist Dokument genug. Sein Kriegserlebnis hat in drei kleinen Gedichtbänden seine Bezeugung gefunden, zunächst noch einen zärtlich liedhaften Ausdruck, den der Schlachtentod seines jüngsten Bruders entband:

Bruder

Die braunen Äcker muß ich jetzt hassen
und die warme Erde, die ich so geliebt,
nun sie Dich mir rauben.
Und muß doch wieder hinstürzen,
die schwarzen Schollen zu küssen
und die duftenden Blumen,
deren Teil Du nun bist.

Zwei weitere Proben:

Winterkrieg

Lichtdurchstäubtes Winterland,
Ruhe liegt auf allen Wegen.
Sonne hängt am Himmelsrand,
will sich auf die Berge legen.
Wälle, Gräben sind verschneit.
Stille tropft wie neuer Segen.
Und wir lauschen unsrer Zeit,
reifen neuem Tod entgegen.

Viele hundert Tage Mord

Viele hundert Tage Mord,
viele hundert Nächte Qualen.
Abgewendet schläft der Gott
und die Teufel prahlen.
Erde, die den Stern begrub,
modert ihre toten Söhne.
Seele lauscht im Büßertuch
auf verlorne Töne.

zeigen formal das Fortwirken der romantischen Liedkunst und lassen nur vorsichtig die tiefe Erschütterung ahnen, die der Erste Weltkrieg dem gesamten Zeitalter bedeutete: den Zusammenbruch des idealistisch-humanistischen Bildungsglaubens in den entfesselten Schrecken der Materialschlacht. Dann aber, in den beiden Bändchen „Drohender Frühling“ und „Versöhnung“, ballt sich der Ausdruck zu eruptiver Entladung im Stile der zeitgenössischen expressionistischen Dichtung, Ausdruck unbändigen Lebensglaubens und über die Sinnlosigkeit des Kriegsgeschehens erbitterten Trotzes. Ein Beispiel dieser dichterisch bewegten, aber rhetorisch überladenen Verse:

Märzpsalm

Erbarmender! daß ich hier liege
niedergeworfen in deine keimenden Schollen!
Höre mein Schrein!
Wer warf uns in solche Geschicke?
Raserei über uns! Ewig urfremdes Sterben!
Sterben in Frühling und Abend und duldenden Nächten.
Leben uns ausspie;
in Erden müssen wir kauern, ach! hassen die dumpfen Tage!
Immer geduckt unter drohenden Fäusten,
brechendem Hohn.
O wer hat uns so unterjocht?

Empörung lauert in allen tödlichen Schlachten,
da aus der Not sich erkannte
Opfer und Mord.
Wohin, ihr Alten, stelltet ihr eure Söhne,
daß sie euch hassen müssen
jungguten Erkennens!
Denn euer Tun müssen wir büßen —
Was fehlten wir?
Euern verirrten Begierden
was bluten wir noch?

Säulen von Vätern lasten
schwer auf uns.

Es ist wohl kaum etwas dichterisch Gültiges, was Schürer in diesen ekstatischen Worttürmungen gelang. Aber daß sein Element in einem ausgezeichneten Sinn die Sprache war, verraten sie doch – die Sprache, der unmittelbarste, der bildsamste Stoff eines aufgewühlten Herzens. Oskar Schürer hat später, als er der durch den Zweiten Weltkrieg gegangenen studentischen Jugend dieser Hochschule ein aufrichtendes Wort zusprach, auf seine eigene Jugend zurückblickend, gesagt:

„Auch wir kehrten einst heim, als wir in eurem Alter waren, aus einem argen Krieg. Auch wir geschlagen, auch wir von den Erlebnissen draußen aufs tiefste verwundet in unserem Vertrauen in ein gütiges Leben. Schreckbilder der Schlachten grollten in uns nach, und manch eine Seele war damals schwer vom Sterben, fand nicht mehr zurück ins Gleichmaß eines wirkenden Tags.

Viele waren es, doch mehr wir anderen. Bei uns obsiegte der Glaube. Ja, dieser Glaube an eine besser einzurichtende Welt, an ein tieferes Vertrauen von Mensch zu Mensch, an ein Dichten und Bilden, das solchen Glauben, solches Vertrauen unmittelbarer ausdrücken sollte. Es hob uns hinüber über den Abgrund des Selbstverlustes. Es zwang uns aus der äußeren Not hinauf in Abenteuer des Geistes."

Das in der Tat war die Aufgabe, die ihm das Leben und die Zeit stellten: die Intensität, mit der er den Umbruch jener Jahre erlebte, geistig zu bewältigen, den Lyrismus des Erlebens zu befestigen in dauernden Gedanken. Er hat, nachdem während seiner Studienjahre noch ein unveröffentlichtes Heft formstrenger Verse unter dem Eindruck der Georgeschen Dichtung entstand, den Weg des Dichtens verlassen und seine bei Richard Hamann in Marburg begonnenen kunsthistorischen Studien mit einer handwerklich soliden Dissertation über die Klosterkirche in Haina einem ersten Abschluß zugeführt. Dann kamen unstete Jahre, teils baugeschichtlichen Arbeiten über das Problem der Doppelkapellen gewidmet, teils und vor allem kritischen Arbeiten und Vorträgen zur modernen Malerei. Franz Marc und Pablo Picasso beschäftigten ihn besonders. Über letzteren erschien eine kleine Arbeit im Jahre 1926/27.

Bis er sich schließlich in Prag niederließ und damit sein Schicksal wählte. Sein 1930 in erster Auflage erschienenes Buch über Prag wurde ein großer Erfolg. Ein kühner Wurf, die Biographie einer Stadt, deren Geschichte, Kultur und baukünstlerische Gestalt in dramatischer Lebendigkeit entfaltend und deutend. Kein zünftiges Buch, aber mehr als dieses: die Wahl eines Lebensthemas, dessen Ausführung sein ganzes reiches kunstgeschichtliches Schaffen erfüllte, das ihn über eine Dozentur in Halle und später in München schließlich auf das Ordinariat an der Darmstädter Technischen Hochschule führte.

Das Buch über Prag machte in mehr als einem Sinne Epoche in seinem Schaffen. Eine Stadt als Kunstwerk – gewiß war Schürer nicht der erste, der die kunstgeschichtliche Bedeutung dieses Themas erkannte. Aber er kam an dieses Thema mit ganz besonders glücklichen Voraussetzungen heran. Sein Lebensproblem war es, die vitale, leiblich-sinnliche Kraft seines Erlebens an objektiven Gestalten geistig zu klären. Das aber ist ja eine Stadt: eine Welt, die man nicht von vornherein in der objektiven Distanz eines Gebildes anschaut, sondern in der man lebt, die einem ins Blut geht und deren Gestalt sich langsam dem in ihr Lebenden so heraushebt, wie sie sich selbst aus dem geschichtlichen Prozeß ihres Wachsens zu ihrer nie ganz fertigen und vollendeten Gestalt bildet. Oskar Schürer hat dieser ersten Biographie einer Stadt später andere folgen lassen, seine Vaterstadt Augsburg, das lothringische Metz und in Vorträgen und kleineren Arbeiten Wien, Nürnberg, Braunschweig, Würzburg, Lübeck, Danzig beschrieben. Daß er das von ihm geplante größere Werk über die deutschen Städte, die er wie kein Zweiter kannte und liebte, über ihre Zerstörung durch den Zweiten Weltkrieg hinaus, nicht mehr schreiben konnte, ist eine der schmerzlichen Unvollendungen, die diesem so früh und leidensvoll geeendeten Leben zugeteilt waren. Dankbar hat er der prägenden Kraft seiner Vaterstadt Augsburg gedacht in einem seiner letzten Aufsätze, „Unsere alten Städte“:

„Wer das Glück hatte, im Bannkreis alten Gemäuers aufzuwachsen, der hat sie verspürt, diese prägende Kraft einer alten Stadt. In ihrem Charakter fand er, ins Monumentale gesteigert, den eigenen bestätigt, und dankbar nahm er zu schöner Kräftigung zurück, was ehemals wie aus dem eigenen Innern herausgetreten war in die objektive Gestaltung. Diese Wirkkraft der alten Städte gilt es zu erhalten, weiterzuleiten ins Leben der kommenden Geschlechter."

Es war nicht das Auge eines Analytikers, es war der Blick des Seelenkenners, der das Geheimnis dieser Städte zu deuten wußte. Nicht zufällig vergleicht Schürer selbst Stadtgestalt und Menschengesicht:

„Gleichwie im menschlichen Antlitz der Physiognomiker die eine prägende Schicht erkennt, das entscheidende Schicksal, das durchbricht über alle andern und den Ausdruck des Ganzen bestimmt, so rührt uns aus Städtegesichtern über allem Ausgleich der Zeiten doch immer wieder die tragende Schicht an, die steinerne Spur der Epoche, die hier entschied. Einmal im Jahrhundertwandel ward eine jede historische Stadt zu sich selbst geführt, ward zum Bekenntnis ihres Wesens aufgerufen. Dann dichtet sich ihre Gestalt, und alle ihre Bauten binden sich zur dauernden Prägung. Nie hat die Willkür des Stils das Antlitz einer lebendigen Stadt bestimmt."

Und in grundsätzlicher Wendung sagt er vom Wesen dieser alten Städte:

„Vor aller Bemühung um einen Wiederaufbau müssen wir uns noch einmal hineinversenken ins Wesen dieser alten Städte. Im spontanen Anschauen müssen wir sie erfahren, im Durchwandern offenbart sich uns ihr Gesetz. Da hält uns keine Einzelheit kleinteilig an, da nimmt uns ein Ganzes auf, treibt unser Suchen und Finden hierhin und dorthin, durchwächst uns und formt uns nach seinem Gesetz. Und nicht nur dies Räumliche will ganz genommen sein — auch das Zeitalter quillt von unten herauf, durchstößt alle Schichtungen und oberen Krusten, sammelt seine Jahrhunderte zum plötzlich empfundenen Sinnbild einer Gleichzeitigkeit eines einzigen Moments. Ja, das ists: man wird in diesen alten Städten gleich ins geschichtliche Werden hinuntergezogen, und dieses geschieht uns nicht als ein begriffliches Verstehen, sondern als spontaner Vollzug. Alles Sein schmilzt auf in sein Werden, und dies lebendig gespürte Werden ordnet sich zurück zum Sein. So greifen wir Wurzeln und Gipfel zugleich. Im Anschauen berichtet sich das Leben. Die Gestalt offenbart ihr Gewordensein.“

Das also ist es, was Schürers geistige Leidenschaft zu dem Thema Stadt hinzieht: die Städte sind ihm eine gegenwärtige Bezeugung unseres geschichtlichen Seins und eine Sammlung unseres Wesens. Eine Generation, die durch die Leiden des vergehenden, des historischen Jahrhunderts fast bis zur Selbstentfremdung entstellt war, erfährt den tiefen Einklang ihres Seins mit ihrer sie fortbestimmenden Geschichte wie eine neue Heimkehr zu sich selbst, aber nicht als eine romantische Vergottung des Gewesenen, sondern gerade auch als die Gewinnung der ihr eigenen vorbehaltenen Zukunft — wie auch Oskar Schürer den Wiederaufbau unserer Städte nicht mit restaurativer Passion, sondern im Blick auf die tiefer zueigene Zukunft gefördert hat.

Aber noch in einem zweiten Sinne hat das Thema Prag in Schürers Leben Epoche gemacht. Er entdeckte das Thema der Grenze. In Prag trat es ihm zuerst entgegen: Grenze zwischen Ost und West, ein Spannungsfeld von eigener Dynamik — eine deutsche Stadt, von deutschen Baukünstlern nach deutschen Traditionen gestaltet, von deutschen Plastikern ausgeschmückt — und doch anders als im älteren, inneren Deutschland. Ein Hang zum Entformen geht von dieser östlichen Erde und ihren Menschen aus, eine Erweichung der westlichen und südlichen Formkraft in der slawisch-naturhaften Atmosphäre:

„Dieses ganze Prager Bautum mutet im Gesamt und manchmal auch in der Einzelform so oft wie Vegetation an, frei treibend in Laune und Spiel. Es ist, als ob naturentwachsene Rhythmen ins Reich der bewußten Formung herübergehoben wären. Daß absolute Kunstform oft dagegen steht — in mancher Schöpfung der Renaissance und des Rokokos —, vertieft durch den Gegensatz nur den Eindruck des Naturhaften in diesem Stadtbild. Das ist ein Stoßen und Suchen im Raum, das die Gassen zu Kurven ausschleift, die Plätze buchtet und höhlt und den Stadtkörper knetet. Das ist ein Verschleifen der Beziehungen über den Strom hinüber und quer durch den Stadtblock hindurch, ein Verschränken und Gegeneinanderführen der architektonischen Energieströme fast wie in lebendigen Organismen. Daß wirkliche Natur hereingeholt wird ins Stadtbild schon durch die Hügellage, dann noch betont durch die von den Hügeln in den Stadtleib hereinschleifenden Parks, vor allem durch den in der ganzen Stadtanlage so entschieden bejahten Stromlauf, ist nicht das Ausschlaggebende. Viel bezeichnender ist, daß sogar das Naturentglittene, der reine Bau, noch so naturhaft atmet. Alle Form schlägt hier so gern ins Vegetative aus, und der Stein weiß hier noch tiefer von seiner Herkunft aus der Erde als in den naturgelösteren Städten des Westens, des Südens."

Schürer ist diesem Problem der Kunst an der Grenze noch in anderen Arbeiten nachgegangen. So vor allem in seinen Studien über die Zips – und wiederum im westlichen Grenzland in seinem Aufsatz über „Das alte Metz". Auch hier ist es offenkundig mehr als ein wissenschaftliches Problem, das ihn bewegt: es ist sein eigenstes Lebensproblem, das ihn mit der Witterung für die Spannungsdämonien solcher Grenzsituation begabt. Das Dumpfe, Elementare, Vitale einer erdhaften Kraft und die Energie der entscheidenden geistigen Formung liegen auch in ihm im Streit – was hier vordergründig ist, was hintergründig treibt, in dieser Grenzlandkunst, das ist ihm wie ein angeschautes Bild seiner selbst – und wieder fragen wir uns, ob Oskar Schürer hier nicht mehr ist als ein einzelner, ob er in der besonderen Form seiner individuellen und seiner kunstgeschichtlichen Probleme nicht ein Allgemeines austrägt, das uns alle betrifft. In seinem Metz-Aufsatz steht ein weisendes Wort:

„Metz war durch die Jahrhunderte die Stadt der Grenze — nicht nur unter nahem politischen Bedacht. Wie unter den Menschen, so gibt es auch unter den Städten solche, die immer wieder hingetrieben werden an den Rand, von dem aus Abgrund und Himmel zu schauen sind, wo das Unfaßbare angrenzt ans scheinbar so sichere Leben. Da beben die Gründe, und dieses Beben prägt sich ein ins Antlitz der Wesen. Es läßt uns erschrecken, wenn wir es auf Momente schauen. Das ganz Andere rührt uns an, das wir nicht fassen können, das nur in einem Jenseitigen seinen Sinn enthüllt."

Die Grenzsituation ist nicht nur eine der Völker und Rassen, sie ist auch eine der Zeiten, und sie ist im besonderen die eigene Situation unserer Zeit, die, von den christlichen Bindungen unserer geschichtlichen Herkunft nicht mehr sicher umschlossen in ihrer Ausgesetztheit ins Offene gleichwohl von einem über uns hinausgehenden, in uns hineingehenden Jenseits angerührt wird.

Lassen Sie mich zeigen, daß Schürers kunstgeschichtliches Denken, wo es über die gediegene Sonderforschung hinaus eine eigene persönliche Note hat, das Thema der Grenze, der kritischen Situation an der Scheide der Räume und der Zeiten, in der größten Weite, ja schließlich in einem allumfassenden und gegenwärtigen Sinne gestellt hat. Eines seiner kunstgeschichtlichen Themen war der Übergang der mittelalterlichen Welt in die Neuzeit – nicht als ein Epochenproblem der Weltgeschichte, sondern als das Problem der sich spannenden, rückwärts bindenden und vorwärts öffnenden Kräfte im künstlerischen Ausdruck. Da ist selbst in der exakten Einzeluntersuchung über Dürers ledige Wanderfahrt das treibende Motiv deutlich: das Sichüberschichten verschiedener Kräfte in Dürers kritischer Begegnung mit dem italienischen Süden – das Hineinragen niederländischer Erfahrungen Dürers nachzuweisen. Da spürt er in der genialen städtebaulichen Leistung des großen Augsburger Werkmeisters Elias Holl eine tragische Grenzsituation zwischen Selbstsein und geschöpflicher Bindung auf. Da wird ihm die große malerische und plastische Schöpfung Michael Pachers zum spannungsvollen Ausdruck einer Schwebe zwischen den Zeiten:

„Schon drängt der Mensch, der sich wissende Träger einer schweren Bestimmung, vor in die gestalthafte Klärung seines Daseins. Aber noch schleiern die Gespinste einer anderen Welt vor diesem Drama des Menschen, holen es zurück in die Bindung eines gottgesollten Reichs. Solche Schwebe zwischen den Zeiten war das Gesetz des Michael Pacher."

Und eins vor allem bewegt ihn: die Frage nach einem neuen gültigen Symbol für eine aus ihren kirchlichen Bindungen herausdrängende Menschheit: er erkennt als solches die Landschaft. Im Pacherbuch klingt es an:

„In seinem malerischen Werk treibt es, wie damals allüberall, zur Besonderung in der Landschaft. Bei Pacher aber wird das Landschaftliche hinaufgehoben in einen höheren Weltbezug ... Die große Natur in ihrer Erscheinungsform als Landschaft wird als die neue Bindung geahnt, in die jene frühere überirdisch bestimmte hinüberwechseln soll."

Was setzt die Landschaft als Thema bildnerischer Gestaltung frei? In der Landschaftsdarstellung findet das aus der göttlichen Bindung sich lösende Ich sein Gegenüber im „Draußen", heißt es im Aufsatz über die Landschaftsmalerei um 1500, und der Aufsatz kommt zu dem Ergebnis:

„Die hier versuchte Gegenüberstellung dreier verschiedener, um 1500 lebendiger Weisen, Landschaftliches im Bilde anzunehmen, ließ durchblicken, warum es zum Ausbau des reinen Landschaftsbildes damals nicht kommen konnte. Begreift man das Aufkommen landschaftlicher Darstellung im abendländischen Bilden nicht nur als harmlose Folge froher Empfindungsweitung ins Diesseitige hinein, ermißt man es in seinen Tiefen als das Verlangen des Subjekts, Mitträgerschaft zu finden für jene Verantwortlichkeit, wie sie der Verlust einer transzendentalen Wirklichkeit aufbürdete, so erkennt man auch den Standort dieser Zeit und ihrer Kunst innerhalb der Gesamtentwicklung, die erst im „christlichen Landschaftsbild" der Romantik nach 1800 sich beschließt.

Erst für die Romantiker war die Wirklichkeit aller Mythologien aufgezehrt. Erst ihrem sehr wachen Bewußtsein entschleierte sich die radikale Einsamkeit des Subjekts. Dieser Einsamkeit wird die Landschaft zum „natürlichen" Gegenpol. Man spiegelt seine Subjektivität in sie hinein und empfindet sie so als Retter. Denn durch die so gesehene Landschaft ist ein Absprung in die Transzendenz und damit die Erlösung des Subjekts aus seiner Einsamkeit wieder ermöglicht."

Und folgerichtig hat Schürer die romantische Landschaftsmalerei C. D. Friedrichs und das fast besessene Ringen Philipp Otto Runges um einen neuen symbolfähigen Mythos in den

Kreis seiner Untersuchung gezogen. Ja, die innere, nicht erst in biographischer Entwicklung reifende Konsequenz seines kunstgeschichtlichen Denkens wird vollends deutlich, wenn man nun seine Bemühungen um die moderne Kunst in den Zusammenhang dieses Themas der Grenze rückt. Die naturalistische Richtigkeit der Landschaftsmalerei des 19. Jahrhunderts ist die Geschichte eines Symbolverlustes, an deren Ende eine radikale Zertrümmerung der traditionellen Symbolwelt der klassischen Malerei steht: Schon im Picassobuch (1926) heißt es:

„Hier steckt das Problem Picassos: sein Schöpfertum ist ursprünglich — doch er muß es realisieren an abgeleitetem Formungsstoff, abgeleitet aus einer noch schwankenden Gegenwart.

Das aber ist Schicksal der heutigen Künstler: sie stehen außerhalb einer Zeit, das Heute ist noch nicht Zeit im Sinne gestalthafter Weltdeutung. Es nährt noch nicht mit eigener Formkraft. Es ist im Bau. Es verlang noch, ehe es gibt. Verlangt die Preisgabe des Menschlichen, Zertrümmerung der geliebten Menschengestalt, aus der Jahrhunderte ihr Empfinden geschöpft, in das sie ihr Gestalten gegossen — sich einfügen müssen in außermenschliche Bindungen des Alls, deren Entsprechungen im Symbol der Gestalt nur mehr unsicher klingen —, deren Unerbittlichkeit und Schärfe über sie hinauswuchten ins Reich umfassender Gesetzlichkeiten."

Der Vorbereitung dieser Entwicklung ist die Arbeit über den Bildraum beim späten Hans von Marées gewidmet – und in beharrlicher Wiederholung hat er die künstlerische Bedeutung Franz Marcs in seinen Vorträgen unter dem Gesichtspunkt gedeutet, daß in ihm am meisten ein nicht mehr im Menschen zentriertes, auch die Tiergestalt in übergreifende Gesetzlichkeiten einformendes Symbol unserer Zeit aufleuchtet.

So formt sich das wissenschaftliche Werk Oskar Schürers zu einer geschlossenen Einheit, so weit auch die Gegenstände seiner Forschung auseinanderlagen. Er war kein Spezialist auf irgendeinem Felde – aber er hat die menschliche Situation unserer Zeit auf allen Feldern seiner Forschung wiedererkannt. So sind sie Wissenschaft und mehr als Wissenschaft – eine dauernde und uns bleibende Bezeugung unseres Seins.

Ich bin am Ende – von dem akademischen Lehrer und Erzieher, dem Freund der Jugend hier in diesem Kreise zu sprechen, habe ich mir versagt: allzu deutlich steht er mir noch vor Augen, wie er in jener Vortragsreihe über die Technik, die er im Jahre 1943 veranstaltet hatte und in der ich hier an dieser Hochschule über Hölderlin sprach, mit kraftvoller Hand das Auditorium auf die wesentlichen Entscheidungen unseres Zeitalters konzentrierte. Lassen Sie mich diesen Versuch einer Würdigung des Schaffens und Lebens Oskar Schürers durch ein Hölderlinwort zusammenfassen, das sein Wesen wie in einer Formel bezeichnet:

Voll Verdienst, doch dichterisch lebet der Mensch.

Max Kommerell

Max Kommerell war das dichterische Tun — das ja stets mehr ein Leiden als ein Tun ist — Anfang und Ende und die tragende Mitte seines Daseins. Worin er der Wissenschaft gedient hat, was er als Lehrer, ja, was er als Freund und als der innigste Vertraute der geliebtesten Menschen war, er war es als der Dichterische, offen dem Andrang des Seienden, um die genaueste Antwort bemüht. So ist es schwer, dem Gedenken an den Dichter Kommerell eine Grenze zu setzen. Seine dichterischen Arbeiten, von den ersten veröffentlichten Versuchen bis zu den reifen Dichtungen des zu frühem Ende Berufenen, sind gewiß der unmittelbarste Ausdruck und die reinste Gestaltwerdung seines Dichtertums. Aber wie weit reichen seine deutenden Bemühungen nicht in die gleiche ursprüngliche Antwortbildung auf das Seiende, wie sehr sind sie nicht Wortfindung des Dichters für seine wesentlichsten Erfahrungen! Wie strahlte nicht auch um seine Person in jedem

Augenblick schöpferisches Feuer, im zartesten Schwingen des Herzens wie in der souveränen Freiheit seines Umgangs mit Menschen und Dingen. Er war der empfänglichsten Menschen einer, weil er einer der am meisten schöpferischen war. Sein dichterisches Werk war Ausdruck dieser schöpferischen Lebendigkeit, in der sich sein zu so frühem Ende bestimmtes Leben verströmte.

Seine Geschichte läßt sich erzählen, indem man in den Spiegel seines Werkes blickt. Aber es gilt, diese Geschichte so zu erzählen, wie die Geschichte eines Mannes erzählt werden muß, der ursprünglich dichterisch lebte: als die Geschichte seiner wesentlichen Erfahrungen und Entscheidungen, die er für uns und als die unsrigen vollzog.

Als der Sechsundzwanzigjährige im Jahre 1928 mit einem Buch ‚Der Dichter als Führer in der deutschen Klassik' hervortrat, wurde er mit einem Schlage als ein dichterisches und wissenschaftliches Temperament von besonderem Rang sichtbar. Die neue lebensvolle Sicht, in der er Klopstock und Herder, Goethe und Schiller, Jean Paul und Hölderlin zeigte, mit dem Ergebnis der eindringendsten Vertiefung und jugendlichsten Verklärung des kostbarsten Besitzes der deutschen Bildung, mußte den unvoreingenommenen Zeitgenossen wie ein Wunder erscheinen, und selbst die Gegner sahen es sofort, daß, was hier unbegreiflicherweise aus der Feder eines Jünglings geflossen war, ein Meisterwerk heißen mußte. Es kam aus dem Kreis der Blätter für die Kunst. Stefan George war der meisterliche Erzieher gewesen, der diesen Jüngling zu einer solchen überragenden Leistung gesteigert hatte. Es ist gut, sich das klarzumachen, daß in den humaniora – anders als etwa in mathematischer Forschung – die geniale Jugendleistung nicht nur selten ist, sondern nur dann überhaupt möglich wird, wenn das junge Genie einen großen Lehrer und Erzieher findet, der ihm eine allseitige und geschlossene Wertwelt erschließt. Man hat den Büchern aus dem Kreise der Blätter für die Kunst nicht ohne Recht die Einförmigkeit ihres geistigen Deutungsschemas vorgeworfen. Max Kommerells Beispiel zeigte, daß eine wirklich große Begabung durch die festen Maßstäbe der Georgeschen Wertwelt nicht gehindert, sondern im Gegenteil entwickelt und ins Großartige gesteigert werden konnte. Und ist nicht am Ende jede Zucht um derer willen da, die in ihr aufwachsend über sie hinauszuwachsen vermögen? Die moderne Welt, die das Originale anbetet, vergißt zu leicht, daß nur die Originalität Wert hat, die das Hergebrachte übertrifft. Das jugendliche Meisterwerk, mit dem Max Kommerell begann, hielt sich durchaus innerhalb der Georgeschen Welt, aber mit einer Frische und Farbigkeit, die den Reichtum dieses Gefolgsmannes schon ahnen ließ. Mit Entschiedenheit beschwor der junge Dichter und Deuter das Führertum Jean Pauls und Hölderlins, den Sänger der vollen Dolden der Heimat und den zukunftweisenden Seher der Engel des Vaterlandes. Zur gleichen Zeit durfte – nach gewiß zahllosen Versuchen – eine erste dichterische Arbeit erscheinen: Erdachte Gespräche, doch war ihm damals das deutende und dichtende Beginnen noch ununterscheidbar eines.

Dann muß ein Jahr schwerster Erschütterungen über den Jüngling gekommen sein, in dem schmerzhafte und unwiderrufliche Entscheidungen fielen. Er spricht selbst davon:

Weiterleben will ich zwar,
Ob ich es vermag, bleibt offen.
Zwischen kaum gewagtem Hoffen
Und Verzweiflung welches Jahr!

Drei Entscheidungen lassen sich unschwer erkennen. Um mit der äußerlichsten zu beginnen: Kommerell habilitiert sich für deutsche Literaturwissenschaft in Frankfurt und nimmt damit – gewiß gegen Georges Willen – die äußere Existenzform des wissenschaftlichen Menschen an. Die zweite dieser Entscheidungen betrifft sein Verhältnis zu Stefan George. Es kommt zum persönlichen Bruch, und Kommerell beginnt sich auch aus der geistigen Bindung an den Kreis zu lösen. Mit dieser schwersten Entscheidung verknüpft sich nun die dritte: Die leidenschaftliche Freundschaft seiner Jugend findet mit dem Tode des nächsten Freundes ein tragisches Ende.

Diese drei Entscheidungen, die sein ganzes Leben bestimmen sollten, sind im Grund ein einheitlicher Vorgang, in dem er sich zu sich selbst verurteilte.

Die erste dieser Entscheidungen fiel gegen die freie Existenz im esoterischen Kreise des Dichters und ihren ausschließenden Bezug auf dieses innere Reich – und für die Wissenschaft und die öffentlich-staatliche Gestalt der geistigen Bildung und der Jugenderziehung. Sie hat ihn wie die Institution, der er sich einordnete, vor mancherlei Spannung und Belastung gestellt. Es darf am Ende doch wohl zur Ehre beider gesagt werden, daß sie einander zu ertragen vermochten. Schwieriger noch müssen sich in Kommerell selbst die vielseitigen dichterischen und wissenschaftlichen Kräfte bestritten haben. Nur die leidenschaftliche, wahrhaft besessene Hingabe an seine Arbeit, getragen von einem eisernen Fleiß und von einer einzigartigen Frische und Spannkraft seines Geistes, hat ihm gestattet, die Spannung des dichterischen und des wissenschaftlichen Daseins bis zu Ende auszutragen und, was ihn fast zu erdrücken drohte, in die fruchtbarste Wechselwirkung zu verwandeln. Die äußeren Kriterien der Zünftigkeit freilich versagten an ihm. Die wahrhaft meisterhafte Beherrschung des Handwerks, die staunenswerte Ausbreitung und Gegenwärtigkeit seines Wissens, die Sicherheit seines kritischen Blicks, der ihn schnell das Fruchtbar-Wesenhafte erkennen ließ und das Unwesentliche ausschied, all das blieb in seinen Publikationen im Hintergrund. Erlebniskraft und Sprachgewalt gaben seinen Darstellungen Jean Pauls und Schillers, Goethes und Kleists, mit denen er in Wahrheit die Erkenntnis dieser Dichter und der Dichtung überhaupt entscheidend förderte, den Anschein dichterisch-freier Schöpfungen, die außerhalb des wissenschaftlichen Bereiches blieben. In Wahrheit ruhten alle diese Arbeiten auf den gründlichsten Studien und förderten unsere Erkenntnis wie nur irgendeine zünftige Forschungsleistung. Sie sind freilich auch Ausdruck der Begegnung des Dichters mit dem Dichter und erzählen von seiner inneren Geschichte. Jugend ohne Goethe: Mehr in der Überschrift als im Text weist diese Rede eine

Richtung des Kommerellschen Denkens und Dichtens. Denn inhaltlich war der Hinweis auf die Verehrung der Jugend für Stefan George damals kaum noch richtig. Als dann das machtwillige Wertsystem seines Meisters und die Wägung alles Dichtertums an seinen Führungskräften für ihn fraglich wurde, entdeckte er das labyrinthische Mysterium seelischer Schichtungen mit einem an Nietzsche geschulten Blick. Jean Pauls beziehungsreiche Gestalten traten zu einem wahren System von Seelenlagen zusammen, in Schiller entdeckte er den verborgenen Psychologen, in Kleists offenbarem Psychologentum die Offenbarkeit des unaussprechlichen Rätsels Mensch. Dann aber trat er auch über dies Psychologische hinaus in den Bannkreis ganz anderer dichterischer Welten. Calderon ging ihm auf als eine unüberholte Möglichkeit dramatischer Weltbetrachtung. Shakespeare und das von ihm beherrschte Weltalter der Charaktertragödie wurden zu der Episode, die sie im Ganzen der Weltliteratur sind. Die französische Tragödie wurde in der gelehrten Arbeit über Lessing und Aristoteles in ihrem selbständigen Recht und Bedingnis sichtbar, die Commedia dell' Arte, das Puppenspiel, ja mit einer unwiderstehlichen Magie zogen ihn die hieratischen Lebensformen Chinas an, weil sie seine Erkenntnis der Formen des Dichterischen und des Lebendigen erweiterten.

Vor allem aber mußte ein Deuter Dichter sein, wo es den Urstoff dichterischer Formung zu erkennen gilt. Da muß sich die unbefangene Weisheit des Kindes mit der Kraft der Wissenschaft verbinden. So besaß Kommerell aus ungewöhnlicher Kenntnis der Märchen und Träume Einblicke in die Gesetze und Gänge der dichterischen Phantasie, zu denen keine Methode zu führen vermag und die dennoch Erkenntnisse von selbstmächtiger Evidenz darstellen. Von diesem anderen Ursprung der Einsicht sagt der Dichter einmal selbst in einem Gedicht mit der Aufschrift Unterweisung durch das Märchen:

Weihen haben auch die Kleinen,
Die du Großer niemals lernst
Und von denen streng und ernst

Sie dich auszuschließen scheinen;
Wo sie schwere Rätsel lösen;
Es nicht wissen und vergessen,
Wie sie damals sich gemessen
An dem geistergroßen Bösen
Und so siegreich, daß um Gnaden,
Die vielleicht ein Kind verschenkt,
Mancher seine Stirn beladen
An so süße Wange senkt.

Auch daß der jugendliche Verehrer Hölderlinschen Prophetentums am Ende doch zu der liedhaften Einfachheit wie dem lautlosen Alterszauber von Goethes Lyrik neigte, der andächtige Jünger des stilstrengen Meisters Stefan George am Ende doch der kühneren Leichtigkeit der Sonette an Orpheus huldigte, bezeichnete seinen Weg zu seiner Reife. Hier hatte ein Eingeweihter an sich selbst gelernt, daß der Dichter als Führer nicht die höhere, sondern die bedenklichere Prätension gegenüber der ewigen Geltung des Poeten darstellt. Was die Dichtung als ordnende Seelenmacht ist, kann sie nur sein, wenn sie ganz nur Dichtung ist. Kommerells letzte Gedanken über Gedichte wehren eifersüchtig allen Anspruch von der Dichtung ab, der Erfüllung wie von Sehersprüchen von ihr erwartet. Selbst von Hölderlin betont er: „Das von Hölderlin gemeinte Geschehen ist für uns nur vorhanden in seinem Gedicht." Der Wissenschaft aber, der er diente, der Wissenschaft der deutschen Dichtung hat er auf eindringliche Weise gezeigt, daß sie, um sein zu können, Wissenschaft der Weltliteratur sein muß.

Doch lassen wir es mit diesem Hinweis auf das ursprünglich Dichterische in seiner wissenschaftlichen Arbeit genügen. Daß er auch als Lehrer dichterisch blieb, ausgesetzt und anrührbar von den Wachstumswundern in jungen Seelen, davon kündet folgendes Gedicht aus späterer Zeit:

Schülerschaft

Ich lehrte dich ein hohes Ding:
Wie droben streng die Lichter stehn —
Daß es dir durch die Seele ging.

Mit keinem Wesen, das gering
An Art war, wollte ich begehn
So zarte Weihe. Ein Gekling
Schien dich von weitem anzuwehn.
Du hobst dein Antlitz auf. Ich fing
Es an zu lesen, zu verstehn.
Dann schwieg ich still und ließ geschehn,
Was jetzt von dir an mich erging –
Und so, und im Vorübergehn,
Wardst du mir selbst ein hohes Ding.

Lassen Sie mich jetzt von den beiden anderen Entscheidungen sprechen, die weniger im wissenschaftlichen Werke als in der dichterischen Gestaltung folgenreich wurden: die Trennung von Stefan George und den Übertritt in die männliche Lebenszeit. Ein erster Gedichtband ‚Leichte Lieder' (1931) läßt uns von den Leiden der ersten dieser Entscheidungen etwas ahnen – die Ablösung von dem Meister seiner Jugend überantwortete ihn einer seltsam unvorbereiteten und halben Freiheit:

Eine halbbewußte Haft
Wie sie uns im Traum erschlafft
Macht mich, wenn
Ich zu schöner Leidenschaft
Mich ermanne ungewiß —
Oder nenn'
Es den ersten, aber bis
Heute nicht verschmerzten Riß!

Schon die Form dieser leichten Lieder verrät Lust und Schmerz der sich selbst gewonnenen Einzelnheit. Auch die besten dieser Verse haben etwas von Isoliertheit, von halbem Verstummen in einem Schmerz, und sie künden von der Unerfülltheit eines um den gewaltigen Gegenhalt seines liebend-herrschenden Erziehers Ärmeren. Von der Gewalt, die die große Willensfigur Stefan Georges über den Jüngling geübt hat, möge aus späterer Zeit ein dichterisches Zeugnis einige Anschauung vermitteln:

Der Abschied des Lehrers

Sein Haupt war silbern und er saß bei uns
Mit Blicken, die ein Angedenken sind;
Und mit der Stimme, die zwar leis,
Den Ton hat, der durchs Hohl der Erde ging,
Sprach er, ja summte er uns Wort um Wort
Sein Wissen zu, das er von niemand hat.

Wie wir so saßen, kam die blaue Nacht
Schnell über uns. Denn eine Mauer war's
Im Süden. Drin ein Bogen einvertieft,
Und unter dem die Bank
Aus Stein. Und bei dem schönsten Wort,
In dem das Leben flüsterte und rann,
War er, der Dritte, den wir liebten, wie
Die Blume liebt den Schmetterling,
Weil sie in dunkler Erde haftet, aber er
Frei aus der Luft sich niederläßt —

Er war mit einem Lächeln eingeschlafen
So daß sein Haupt herüberhing
Auf meine Schulter, schwer von Schlaf,
Und seiner Strähnen eine, mehrere
Ihm schwankend irrten über sein Gesicht
Bis tief zum Mund, den halb der Schlaf nur schloß.
Und während er, des Haupt (so sagt ich) silbern war,
Es sinnend senkte, ward es Morgen.

Er fröstelte
Und jener graue Mantel, darauf er saß, den wollt' er
Sich um die Schulter hängen, aber ich
Ich wollt ihm helfen, weil er doch ein König ist.

Da ward mir die Gebärde, die ich nie vergesse.
Die lange weiße Hand, die alles sagen kann,
Zumal den Schmerz des halben Lächelns,
Der junge Seelen in sein Rätsel zieht,
Gebot mir Ruhe mit dem sanften Wink
Dem man gehorcht. Dann führt' er sie zum Mund.

Wie wir es tun, wenn wir verhüten wollen,
Daß eins ein andres Schlafendes erweckt.

Ich sprach zu mir: Er ist nicht minder schön
Als jener Jüngling — und sah zu, wie er,
Der Königliche, selbst den Mantel umtat,
Damit das Wunder, das da an mir lehnte,
Fortschliefe. Welch ein Abschied war's! Ich blieb.

Er aber ging in seine Einsamkeit.

Es ist begreiflich, daß sich die neue Freiheit nach dem schmerzlichen Bruch als schwer zu ertragen erwies:

Immer rede ich mit einem
Den ich niemals sprach und sah
Und von etwas Ungemeinem
Das noch nie geschah.

Was auch mich umgibt von Lieben
Läßt noch eine Lücke leer
Und ich gehe umgetrieben
Durch die Häuser quer

Les' in tausenden Gesichtern:
Ist es jenes ist es dies
Wie es angestreift von Lichtern
Sich mir flüchtig wies?

Und ich bin mir kaum im klaren
Ist es Mann, ists Kind, ists Frau
Dem ich jene unnennbaren
Dinge anvertrau?

Mit der Lösung von dem Meister der Jugend verband sich nun der Abschied von dem Freunde der Jugend, der freiwillig aus dem Leben schied. Indem diese beiden stärksten Bindungen der Jugend hinfielen, bezeichnete sich für Max Kommerell der Abschied von der Jugend mit schicksalhafter Gewalt.

In der modernen, auf den Geist der Jugend eingeschworenen Welt ist dies der allerschwerste Schritt in der inneren Entwicklung, der vielen von der Bewegung der Jugend Getragenen bis ins Alter hinein nicht wahrhaft gelingen will: das Werden zum Manne. Denn es gilt nun, dieser Welt all die umgekehrten Werte abzugewinnen: das Maß, das Bleibende, das Ewige. All das gewinnt erst seine Macht, wenn der Rausch sich tauschender Gemeinsamkeit und das grenzenlose Kraftgefühl, das er verleiht, nachzulassen beginnen. „Denn das ist der Jugend Vergeblichkeit", daß sie

Was sie bildet
Aus eigenem Blut, statt
Von draußen nimmt.

Nun die neue Form des Lebens zu gewinnen ist die Aufgabe. Max Kommerell wurde vor sie durch die Macht des Schicksals gestellt. Der jugendliche Dichter erfuhr den Sinn der tragischen Katastrophe seiner Jugendfreundschaft unter dem Gedanken des Opfers.

„Weiß du was Opfer ist? sprach er einmal,
„Wir schlachteten Tiere. Heut aber nahte von selbst,
So angetan mit Bereitschaft, daß, wären ihm Hände, so weiß ich,
Er hätte sich selbst des Kranzes Weihe gerichtet, ein weißer Hirsch,

Nur mir, den er antrat, damit ich
Das Letzte ihm tue, war ihn zu berühren erlaubt.
Und als ich ihn schlug und von ihm das Vorgeschriebne genoß,
Siehe: verstand

Ich das fallende Wasser, das diest
Im hintersten Bauch der Höhle, die Hausung uns ist.
Es sagte: von Paaren die tun wie wir taten muß einer hinab meist."

Was der Freund verwarf, durfte ihm selbst eben dadurch gelingen: der Übertritt in die männlichen Jahre. Der Bleibende fühlt sich von dem Scheidenden, das Leben sich von dem Tode bestimmt:

Freilich mich treffend, o Nachtflutgetränkter am Brunnenrand,
Mit der zwei Eimer
Unwiderruflichem Wechselbezug,
Da des Tags, da zur Welt ich kam,
Du dich hinwegnahmst.

Der zurückbleibende Freund sieht sich nun dauernd mit dem Geschiedenen geheimnisvoll verbunden,

Gleich dem Träger
Der an Geister verschuldet, wohin
Immer er schritt, auf dem Rücken die Last
Trug eines Toten.

Die Einsamkeit, in der jener den Abschied vom Leben wählte, begleitet den das Leben Wählenden fortan.

Die Form der Ode spiegelt die Entscheidung – sie ist Denkmal und Siegel zugleich. Mit der großen Gebärde des in den Hymnen Hölderlins Aufgewachsenen ruft er den Wehruf über den geschiedenen Freund, den die Trauer des Blutes hinwegnahm. Die Elegie heißt ‚Der Allzubereite' und beginnt so:

Wenn von den Spielen
Welche die Erde den Menschen erregt,
Daß in den Stier den Gott ruft ein Tanz,
Frauen auf nacktem
Berghorn nach fröstelndem Wachsein entgegen sich jauchzen das Urwort,
Hand in Hand im Tempel ein Held verwächst und ein Knabe,
Ernsthaft ein Kind das unschuldige Feuer der Erde umherträgt,
Bis ihr Gedanke, ein Adler, herabblickt vom Felsen des Todes ...
Wenn von den Spielen,
Welche die Erde den Menschen erregt,
Stumm war das eine und andre und wenn
Selbergesprochenes
Selber zu hören
Müd sie wurde im eigenen Laub,
Weil aus sich nur, so viel er beginnt,
Alles der Mensch hat:
Dann entsendet sie dessen was schwand, einen Schatten herauf in
Häupter, denen Gesicht und Gehör und aufstehendes Haar
Nur für das Kommen und Gehen des Unnennbaren Geleit ist,
Daß ihre Seele den Finger legt an den Buchstab der Landschaft ...
Häupter die einsam,
Häupter die schwerer von solchem Geschenk
Sind als vom Safte des Mohnes ...

Das Gesetz des eigenen Lebens aber heißt seitdem Verwandlung. Die alten Bindungen lösen sich auf.

Umsungen vom Befehl des Winds:
Vergiß und leb! Verbots und Eides lächle!

beginnt er seine Wanderschaft, indem er nach dem Weltlied horcht und seine eigene Welt erwandert.

Sagt jemand: ein Nu
Sagt jemand: ein Jahr
Ist es eines und lächeln die Götter.
Sagt jemand: o Leben
Sagt jemand: nein Tod
Ist es eines und lächeln die Götter.
Nur ein Wort hören sie ernst:
Verwandlung.

In dieser Bereitschaft zur Verwandlung findet Kommerell sein Schicksal – nicht als die ziellose Ausbreitung seiner geistigen Kräfte: sein Weg zur Weltliteratur, ein Weg ebenso seiner Einsicht wie seines dichterischen Versuchtseins, stand unter einem festen Gesetz. Die Leitbilder, die in seiner Jugend mit Stefan George um ihn errichtet waren, diese Deute eines heraufwollenden Willens, hielten ihn nicht länger zurück, sich selbst in seiner wahren Erdtiefe zu erfahren und die bedenklichen Gefahren der Einzelnheit auf sich zu nehmen.

Ach immer
Begann ich mir neu,
Und Eile des Werdens stieß mich, verstieß
Mich selbst aus mir selbst, und kaum das Gefühl
Das ‚ich' sagt in Freude und Schauer,
Enträtselt mich mir im Gewesnen!
Herauf nicht, nein,
Ich muß hinab, muß tiefer hinab,
Hinab zu mir selber!

Der Abschied von dem Meister und von dem Freunde der Jugend überantwortet das Ich nun sich selber. Es ist das Schicksal seiner Einsamkeit, das der männlichen Lebensform ihr Gepräge gibt und das die andere Seite der im Konkreten sich einsenkenden Bindungen ist: der Bindungen an die Gemeinschaft des Volksganzen im Beruf, der Bindung in männlicher

Freundschaft und vor allem der Bindung an das Mysterium des Du, die Frau, um die die Welt des Mannes sich zu ergänzen gestattet. Diese Begegnungen aber wurden erst möglich durch die Erfahrung der Grenze, die dem grenzenlosen Entwurf der Jugend entgegentritt. Es klingt wie ein Verzicht:

Noch tönt die Sehne,
Da wird der Pfeil
Der das Herz der Höhe
Suchte, müd,
Zögert und kehrt um,
Fällt. Kommt so die Zeit des
Mannes mir . . .?

Aber der Dichter hat erfahren, daß in diesem Scheitern und Verzichten erst die Reife des Daseins beginnt, mit der das Begrenzte tief wird in Bejahung und Ereignung. Das Symbol des Gefangenen spiegelt diese neue Erfahrung der männlichen Seele. Der Dichter sieht ihn nicht als den in der Kerkerhaft nach Freiheit Lechzenden, sondern als einen, der sich diese seine begrenzteste Welt ganz zu erwerben versteht und damit in einer neuen, wahreren Form das Dasein und die Geburt erfährt.

Ich lerne. Heißt denn diese so umhegte —
Heißt diese ohne jede Wahl im Bann
Allzu bekannter Dinge festgelegte
Ohnmacht, die das Gemußte freilich kann —
Heißt diese Ohnmacht etwa: Ich bin Mann?

Die grenzenlose Freiheit der Jugend erweist sich als eine Lüge. Der Mann lernt die Grenze als die seinige bejahen — sie ist ja die Form seiner gefaßten Bestimmung.

Ich füge mir alles zu,
Verhänge diese Enge
Mir selbst, wie ich zer-
Springend selbst sie sprenge.

Selbst der Stern, dessen stilles Kommen und Gehen das Warten im Kerker mißt, ist dem Gefangenen nicht Botschaft einer ihm verwehrten Ferne, sondern

Mein Raum so schal,
Wenn du im Spalt
Des schmalen Fensters fehlst,
Wird Aufenthalt
Der eignen Wahl,
Sobald du ihn beseelst.

Der ferne Stern und das eingeschlossene Ich stimmen zueinander, ja, tauschen sich ineinander, daß einer um des andern willen da ist, wie der Mensch für sein Geschick.

Muß ich vielleicht
Gefangen sein,
Damit so unentwegt
Dein lieber Schein
Mich hier erreicht:
So hegend, so gehegt?

Und gehst du fort,
So dünkt es mich,
Du gingst in mir zur Ruh
Und waltest dort;
Und schließe ich
Die Augen, bin ich du.

So beginnt die genaueste Gegenständlichkeit die genaueste Aussage der Seele zu werden. „Der Zerbrochene hat erst die Demut, den Einklang zu denken der Welt." Das Gebet, das ehedem Bitte, die nach Erfüllung verlangt, war, sei

Nicht mehr Bitte, sei
Antwort jetzt
Auf der Welt Wort, auf des Geists Wort, fromm, ergriffen.

Auch die Landschaft ist ihm nicht eine unbestimmte Seelenmacht, in der das Ich seinen eigenen Widerklang sucht, sondern „Dein Trost war: nichts wissen von all dem". An der unerreichbaren Herrlichkeit, mit der die Natur sich selbst genießt und erfreut, stellt sich dem Dichter der Einklang mit dem Seienden wieder her.

Was ich denke, ist. Und was ist, ist schön ...

Es liegt in der Natur der Sache, daß hier nur von dem lyrischen Werk Kommerells für die Selbstdeutung seines Lebens Gebrauch gemacht werden konnte. Aber die Findung ins Gegebene, die seine Reife bezeichnet, drängte ihn notwendig auch zu anderen, gegenständlicheren Gestalten der Dichtung, zur epischen und zur dramatischen Form.

Am wenigsten vermag noch der vielgelesene Roman ‚Der Lampenschirm aus den drei Taschentüchern' dies zu bezeugen – scheint doch die Gegenständlichkeit der Gestalten und der Handlung fast nur wie ein Gegenhalt für das strömende Seelenwissen, das sich in Märchen und Träumen unermeßlich ergießt. Indessen gewinnt hier diese unbewußte Ursubstanz der Seelen die strenge Zuordnung eines Diagramms der Charaktere und ihrer Schicksale. Der Roman ist ein Versuch, zum Erzähler zu werden, indem man aus lauter ungewußten Gebärden der Seele Geschehen werden läßt. Das psychologische Spiel von Traum und Deutung setzt sich in Sein und Schicksal um.

Die dramatischen Versuche Kommerells stehen überwiegend im Zeichen Calderons, das heißt aber: im Zeichen vorgegebener Gebärden und Seelenlagen. Eine geordnete Menschenwelt und die Ordnung der Natur ergänzen einander und geben der dramatischen Bühne Welthorizont. Beiträge zu einem deutschen Calderon, die Max Kommerell noch gerade vollenden durfte, enthalten in Deutung und Übertragung die Frucht vieljährigen Mühens um das spanische Theater.

Wollte man vollständig werden, so müßte man noch auf eine andere Seite seines dichterischen Schaffens eingehen, auf seine Versuche im Stile der alten Kasperle-Stücke, die teilweise in der Neuen Rundschau erschienen sind. Auch hier gefällt sich der Dichter in einer Formenwelt fester Figuren und Gebärden, er erfüllt sie mit einer unerschöpflichen humoristischen Phantasie, die im Grotesken schwelgt und in solch komischem Zerrbild die richtigen Größen und Verhältnisse weise umspielt. Es ist der komische Widerspruch von Seele und Zeit, insbesondere auch der Widerspruch des Hohen und des Niedrigen, der äußersten Feinheit des Geistigen mit dem einfachen Grunde der menschlichen Natur, der diesen Schöpfungen der Laune eine tiefere Bedeutung gibt — sie entbinden ins Dichterische, was, als Befreiung von dem gespannten Stilzwang seiner Anfänge, wie das Gesetz dieses geistig kühnen Lebens erscheint: die äußerste Aufrichtigkeit zu erlernen.

Es sollte Max Kommerell noch vergönnt sein, im hohen Stil der Tragödie solche äußerste Aufrichtigkeit dramatische Gestalt werden zu lassen. Das Trauerspiel Die Gefangenen (1942) zeigt den Menschen in der Gefangenschaft eines unabwendbaren Schicksals — und wer ist nicht in einem letztem Sinne ein solcher Gefangener? Über allen Figuren dieses Stückes lastet die Gewißheit ihres Todes und treibt sie in die Wahrheit ihres Seins. Indem sie aneinander lernen, ihr Geschick anzunehmen, strahlt eine Schönheit menschlichen Seins auf, die mitten in der Gottverlassenheit einer unmenschlichen Welt zum Unterpfand des Göttlichen wird und selbst dem ruhelosesten Gottsucher Erfüllung gewährt:

> Daß Menschen schön sein können,
> Dies ist es. Und ich frage: sollte Gott
> Da nicht dabei sein?

Es ist nicht leicht, auf die große Vielfalt der geistigen Erscheinung Max Kommerells zu blicken, ohne daran zu denken, wie vieles, was er plante, und wie vieles, was er noch ungewußt in sich trug, unverwirklicht geblieben ist, wieviel Zuwachs an klarer, wesentlicher Einsicht, wieviel Bändigung des Weltchaos durch dichterische Gestaltung — unausdenkbar, wie dieser dichterische Mensch, der das Schicksal des Mannes so wesentlich darstellte, auf das Kommen des Alters geantwortet hätte. Dennoch hat dieser schmerzliche Abbruch eines so schöpferischen Lebens nichts von dem verzweifelt Sinnlosen, das sonst die Vernichtung schöpferischer Kräfte für den Betrachter hat. Dafür liegt die kurze Bahn dieses Lebens zu klar von ihrem eignen Sinn durchleuchtet vor uns, und dieser Sinn war sich selbst durchsichtig als Begrenzung, als Bezug auf den Tod.

Die gültige Erfahrung des männlichen Lebensgefühls umfaßt den Sinn des Begrenzten nach beiden Richtungen: „bewußt nun das langsame Gehen zum Tod hin“ und zugleich die Rückkehr zum Anfang, mit dem dies Begrenzte begann, die Aufnahme des Einfachen und Heilen des Anfangs in das Gefühl des begrenzten Seins. „Gern scheidet, wer da wiederfand den Anfang.“

Ein schmaler Band von Gedichten, die „mit gleichsam chinesischem Pinsel“ in hauchzarten Umrissen Sichtbares hinmalen, daß es ganz durchlässig bleibt für den letzten Sinn, berührt fast schon die Grenze

Zwischen dieser grünen Erde
Und dem feierlichen Reich.

Dauer im Irdischen, längere oder kürzere Bahn des Lebens: dergleichen verliert seine Bedeutung in der gereiften menschlichen Selbsterkenntnis, wie sie in diesen Gedichten lebt. Eines von ihnen hat geradezu die Aufschrift: Lebenslauf. Es schildert, wie im Frühjahr über die Pflaumenblüte ein plötzlicher Schneefall kommt und eine Blüte vom Aste löst. Wenn dann unter dem schnell wieder heiteren Himmel der Frühjahrsschnee rasch schmilzt, überdauert die gelöste Blüte, die nun auf dem grünen Grase einer Wiesenblume gleicht, den Schnee um eine kleine Frist. Mit dieser flüchtigen Dauer vergleicht der Dichter das Menschenleben:

Lebenslauf

Weiß wie sie,
Ist der Pflaumenblüte
Das Tödliche.
Ihr zartes Haften
Am schwarzen Zweig wird dünn,
Wenn Flocke kommt um Flocke
Aus einem Himmel, den sie nicht mehr kennt;
Selbst Flocke, gleitet die Gelöste
Durch die schon heitre Luft
Und ruht,
Weiß auf Weißem.

Aber unter ihr
Im vollen Strahl
Schmolz das Verderbliche,
Und eine Weile scheint sie
Der Blumen eine
Auf grünem Grund.

Leipzig

Ängste

Fast 20 Jahre in der Kleinwelt Marburgs – die letzten 5 Jahre unter unheimlichem Druck –, war die Übersiedlung in eine Großstadt und an eine im großen Stile ausgestattete Universität etwas sehr Neues. Zwar warf die Politik ihre immer drohenderen Schatten über die Szene. Aber es ist wohl zu verstehen, daß der Neubeginn in Leipzig, unter teils älteren, teils gleichaltrigen Kollegen von bedeutendem Zuschnitt, die Düsternis der Weltlage in den Hintergrund drängte. Verglichen mit dem moralischen Terror, der die Marburger Atmosphäre so drückend gemacht hatte, trat die Partei an der Universität Leipzig kaum in Erscheinung. Mein mit leichter Bangigkeit unternommener Besuch bei dem Dozentenbundführer, dem Vertreter der Partei, verlief überraschend einfach. Herr Clara (er war Anatom) erklärte mir, Leipzig sei eine Arbeitsuniversität – und darauf konnte ich mit Überzeugung und ohne Rückhalt erwidern, daß ich mich dann gewiß in Leipzig wohlfühlen würde. Etwas weniger ermutigend war mein erster Besuch bei dem Leipziger Dekan verlaufen, als ich mich, erst noch kommissarisch nach Leipzig beordert, vorstellte. Er sagte nämlich anscheinend etwas säuerlich: „Das Reich hat Sie uns also geschickt“. – Gerade war das Reichserziehungsministerium geschaffen worden, und der sächsische Lokalpatriotismus ertrug das schwer. Aber es war nicht gegen mich gerichtet. – In Wahrheit war Leipzig eine erstaunliche Universität. Einige Jahre später, schon während des Krieges, klagte mir der Psychologe Hans Volkelt, der Extraordinarius am Psychologischen Institut war und ein eifriger Parteigenosse, er sei nur nicht in Leipzig Ordinarius geworden, *weil* er Nazi sei. Man möchte meinen, daß das eine absurde, alle Tatsachen auf den Kopf stellende Behauptung war – aber das Absurdeste daran war: er hatte recht. Ich hatte selbst bei den Berufungsberatungen mitgewirkt und kann es bestätigen: so war Leipzig. Einige treffliche Männer, der eine der Rektor, ein Alt-Parteigenosse, der sich die Entwicklung des dritten Reiches sehr anders vorgestellt haben mochte und auf dem wissenschaftlichen Rang als oberstem Gesichtspunkt bestand, kamen uns in der Fernhaltung der militanten Nazis auf überraschende Weise zu Hilfe, und wenn ich mich in Marburg mit meinen Freunden als eine mit Feindseligkeit beobachtete Minorität fühlen mußte, war in Leipzig nichts davon. Die Frage der wissenschaftlichen Qualität schien absolut bestimmend, und so durfte ich gerade noch erleben, was ehedem zum Reiz des deutschen Universitätslebens zählte, jenen Sprung von der Außenseiterstellung des Privatdozenten zu der vollen Autorität eines gleichrangigen Kollegen.

Es war dort für die Philosophie eine besondere Lage eingetreten. Theodor Litt war aus politischen Gründen in den Ruhestand versetzt worden und lebte nur als Privatmann in Leipzig. Als Nachfolger von Driesch hatte Gehlen eine Reihe von Jahren neben Litt gewirkt – als Nachfolger von Gehlen war ich plötzlich allein auf weiter Flur. Um so stärker war aber die Resonanz, die ich in der Fakultät fand. In ihr hatten die Altertumswissenschaftler, Berve, Klingner, Schadewaldt, Schweitzer und ihre Freunde, die unbestrittene Führung, und ihnen stand ich nahe. Dazu kam, daß just in diesem Augenblick, nachdem der als Persönlichkeit bedeutende Psychologe Felix Krueger zurückgetreten war – nach politischem Konflikt: er hatte Spinoza und andere bedeutende jüdische Philosophen öffentlich verteidigt –, das wissenschaftliche Prestige der Leipziger Psychologie erschöpft war, das von Wundt und später von Felix Krueger eindrucksvoll und weithin ausstrahlend vertreten worden war. Die Philosophie, und insbesondere die geistesgeschichtlich gründlich fundierte Arbeitsweise, die ich als Schüler Heideggers und als in klassischer Philologie Erzogener versuchte, gewann schnell Ansehen. Meine Antrittsvorlesung über ‚Hegel und der geschichtliche Geist' hatte ein großes, äußerst freundliches Auditorium: es waren zum Teil die deutschen Historiker, die einen Kongreß in Leipzig abhielten, die den Hörsaal füllten. Auch diese Rede war so, daß ich sie später unverändert wieder drucken konnte; in Leipzig erwartete man keine politischen Verbeugungen.

Wenige Wochen später brach der Krieg aus. Ich erinnere mich des Augenblicks: ich war im Café Felsche mit Bekannten, als die Nachricht durch Lautsprecher verbreitet wurde. Ein unvergeßlicher Augenblick, unvergeßlich vor allem für jemanden, der, wenn auch als erst Vierzehnjähriger, den Kriegsausbruch von 1914 erlebt hatte, dieses Fieber von patriotischer Begeisterung, das alle erfaßt hatte — einschließlich der lächerlichen Delirien der Spionenjagd und (besonders schön) der Jagd auf die Goldautos, die angeblich — wohl von Frankreich nach Rußland — durch Deutschland hindurchjagten und angehalten werden sollten. Wie anders war das jetzt. Die Kriegsnachricht in Leipzig war wie eine Todesnachricht. Bedrücktes Schweigen ringsum. Düstere Gesichter auf den Straßen. Da man alles wohl geplant hatte, ging es bruchlos in die Kriegswirtschaft über, bei der jeder auf seine ‚Marken' das Gleiche zugeteilt bekam. Ich selber war wie zerschmettert. Hatte mir immer die Illusion hochgehalten, daß solch ein Wahnsinn nicht geschehen *könne*. Einige Freunde richteten mich etwas auf. Der eine durch die aufrichtige Nüchternheit seines: „Nun kommt es darauf an, zu überleben." Der andere durch seine phantastische Fähigkeit zu Illusionen: er bot mir eine Wette an, daß wir Weihnachten Frieden haben würden. Der Krieg mit England/Frankreich sei eine bloße Komödie und von Hitler alles wohlkalkuliert. — Selbst solch absurder Optimismus, dessen Absurdität auf der Hand lag, hatte etwas merkwürdig Tröstendes. Was für eine Kraft im Nonsens. Aber manchmal war es schrecklich zugleich, und wenn ich zu einem freundschaftlich bekannten Kollegen kam und dort eine Landkarte auf dem Tisch fand, auf der der Vormarsch der deutschen Armeen in Polen mit Fähnchen abgesteckt war, fühlte ich mich plötzlich ganz einsam. Im Lauf der Zeit fand sich freilich die Schar der in diesem Sinne Einsamen zusammen und nahm mehr und mehr zu . . .

Bereits unmittelbar nach der Kapitulation Polens wurde die Leipziger Universität (mit Halle und Jena zusammen) wiedereröffnet, und in dem großen Saal des Leipziger Professorenzimmers, das mit all den alten Professorenporträts der Leipziger Universität durch die Jahrhunderte hindurch geschmückt war – es ist alles verbrannt –, traf man plötzlich neue Gesichter, berühmte Namen, die zur Auffüllung der einberufenen Professoren nach Leipzig geschickt worden waren. Ich erinnere mich – es war wohl noch kurz vor dem Kriegsausbruch –, daß ich dort ein langes Plato-Gespräch mit einem etwas älteren Herrn führte, das uns beide einander nahebrachte. Am Ende stellte es sich heraus, daß es Andreas Speiser, der Basler Mathematiker, war. Oder eine Begegnung mit Smend, streng und steif und bestimmt. Oder einige gute Stunden mit Franz Beyerle, locker, lustig, überschwenglich. Auch der Historiker Peter Rassow war eine Weile da – alles sehr seltsam. Da war gewiß keiner darunter, der nicht zu den Einsamen zählte.

1938 war ich Leipziger Professor geworden. Die erste schöne Überraschung nach Kriegsausbruch war eine Einladung zu einem Hölderlin-Vortrag in der Goethegesellschaft von Florenz. Italien war noch nicht im Krieg. Es war Weihnachten, zu Hause in Leipzig war alles in Schnee und Eis und Dunkel. Florenz war zufällig von sanftester Milde. Es duftete überall nach aromatischem Holzfeuer, die Menschen waren zwar besorgt, aber nicht ohne Hoffnung, sich abermals, wie anfangs im ersten Weltkrieg, draußen zu halten und später auf der richtigen Seite einsteigen zu können. Ich wurde in einem Schweizer Hause aufgenommen und trank den ersten Nes-Café meines Lebens. Die deutsche Kolonie war sehr aufnahmefreudig. Unter meinen Zuhörern waren auch manche Halbemigranten, die sich nur so weit als irgend nötig von dem feindlich gewordenen Vaterlande abgesetzt hatten – tragische Symbole des Unheils. Unter ihnen begegnete ich Percy Gothein, dem jungen Freunde Georges, der später in Holland umgebracht wurde. Er wirkte auf mich hölzern und sehr deutsch. Ach ja.

In Florenz sah ich viel Schönes – das weiß man. Ich nahm noch eine andere bleibende Erinnerung mit: es gab ja noch alles zu kaufen, und so erwarb ich eine rindlederne Aktentasche. 1939!, die noch heute existiert – jahrzehntelang benutzt, von mir, als Schultasche meiner Tochter aus erster, als Schultasche meiner Tocher aus zweiter Ehe, und jetzt wieder von mir: ein Mahnmal von Wertarbeit einer noch unvollkommen industrialisierten Wirtschaft.

Wieder etwas Seltsames, was mir durch meine Stellung in Leipzig trotz sonstiger Unwürdigkeit zufiel: Wohl um der Auslandspropaganda willen wurde unter Mithilfe der Leipziger Universität ein kleiner Kongreß zwischen holländischen und deutschen Hegelforschern nach Weimar einberufen. Ausgerechnet für Pfingsten 1940. Natürlich konnten die Holländer nicht mehr kommen, da inzwischen die Westoffensive über sie weggerollt war. Als ich von Leipzig kommend zu der kleinen Versammlung stieß, die in Weimar im ‚Elefanten' tagte, setzte der Vorsitzende, Hermann Glockner, gerade auseinander, daß das Nicht-Kommen der Holländer wissenschaftlich ein Gewinn sei. Wahrscheinlich hatte er recht, aber ...

So begann die Tagung mit meinem Vortrag über ‚Hegel und die antike Dialektik', eine erste Zusammenfassung langjähriger Studien, die später das erste Kapitel meines Hegelbüchleins bilden sollte. Nun zählte ich freilich nicht zu den Hegelianern. Aber schließlich war es ja trotzdem nicht verboten, von Hegel etwas zu verstehen, oder doch? Jedenfalls fielen die Kollegen über den homo novus wie über einen Anfänger her, bestritten alles – z. B. einen von Hegel begangenen Fehler bei der Übersetzung einer Platostelle (als ob ich nicht ordentlich Griechisch konnte), oder eine evidente Anspielung auf die ‚alte Zeit', die angeblich nicht die Griechen, sondern das 18. Jahrhundert meinen sollte. Ich hatte zwar den Platotext nicht mitgebracht, aber zum Glück die Phänomenologie, so daß ich wenigstens die Nichthegelianer überzeugen konnte, daß ich etwas von Hegel verstand.

Die übrigen Vorträge waren mehr oder minder orthodox, mehr oder minder unoriginell, harmonisierend, ein Generalrezept anbietend – im Ganzen von trauriger Sterilität und von gespenstischer Unwirklichkeit zeugend – nicht etwa politisch-propagandistisch, sondern lediglich sich selbst propagierend. – Ich erholte mich von dieser seelischen Strapaze durch einen Besuch bei den Gräbern unserer großen Dichter auf dem Weimarer Friedhof und einen Besuch bei Rilkes Tochter und ihrem Gatten Karl Sieber, dessen Nachklang mich noch lange begleitete und mich in meinen weiter fortgesetzten Rilkestudien nicht verließ.

Man muß sich überhaupt darüber im klaren sein, daß damals die Gleichschaltungswelle üblen Angedenkens längst verebbt war und eine kritische und im Sinne des Regimes mehr als unzuverlässige Jugend die Hörsäle füllte. Meine erste ‚Kriegs'-Vorlesung war ein Platon-Kolleg, und als ich bei der Behandlung der Chronologie der platonischen Schriften von der Sprachstatistik sagte – ganz ohne Hintergedanken, aber wer kennt seine Hintergedanken alle? –, diese Methode sei zwar primitiv, aber wie manches Primitive habe sie Erfolg gehabt, erhielt ich donnernden Applaus. Mein Unterbewußtes war offenbar kouragierter gewesen, als ich von mir wußte.

Wie solidarisch man im allgemeinen war, mag folgende Anekdote zeigen, die ich vergessen hatte und die mir von dem Urheber derselben später erzählt worden ist. Ich hielt einen Plato-Vortrag. In der Diskussion fragte ein auf Urlaub befindlicher Soldat, was Plato gesagt hätte, wenn als Führer eines Staates ein verbrecherischer Tyrann stünde. Ich antwortete: Selbstverständlich würde er die Ermordung des Tyrannen gutgeheißen haben. – Es erfolgte keine Weiterung.

Im ganzen darf man wohl sagen – und das gilt sicher für alle deutschen Universitäten gleichmäßig –, daß die Provinzialität und Kleinbürgerlichkeit der Partei-Ideologie und ihrer Vertreter nicht imstande gewesen ist, die akademische Welt auf die Dauer zu durchdringen. Die Nazis waren wohl imstande, sie zu verachten, aber das hieß am Ende doch, sie unterschätzen. Die Professoren-Überwachung, die es natürlich gab, war eine klägliche Sache: Als einmal eine Studentin, von der Gestapo über meine Vorlesungen befragt, erklärte: „Da ist von Politik nie die Rede", erhielt sie die erbitterte Antwort: „Das wissen wir ja." Ich habe unbehelligt im philosophischen Seminar Übungen über Husserls ‚Logische Untersuchungen' abhalten können, und etwa die bestehende Vorschrift, bei Dissertationen jüdische Autoren durch ein Sternchen zu kennzeichnen, wurde in Leipzig nie beachtet. Nur Nazi-Professoren erkannte man daran, daß es bei ihnen so etwas gab.

Einmal gab es eine gefährliche Weiterung. Ich hatte in einem Seminar das logische Beispiel gebraucht: Alle Esel sind braun. Großes Gelächter – und eine Studentin berichtete begeistert an eine Freundin. Der Brief wurde von den Eltern gelesen. Es erfolgte eine Denunziation. Das arme Mädchen mußte in die Fabrik-Arbeit. Ich wurde zum klugen und wohlmeinenden Rektor bestellt, der sich von mir mit Befriedigung bestätigen ließ, daß ich eben ein logisches Beispiel gebracht hätte.

Die Geschichte zeigt, wie die Überwachung der Studenten gehandhabt wurde und wie gefährlich dieser Terror und das Denunziantentum waren. In vielen anderen Bereichen bestand das Prinzip des Terrors im wesentlichen in der Förderung der *Präsenz* der Staatsgewalt im Bewußtsein des Bürgers. Winterhilfe, Kampf dem Verderb, Eintopfsonntag – auch wir Professoren ‚sammelten' da unter der Aufsicht kleiner und kleinbürgerlicher Pg's.

Aber das ist ja bekannt, wie ich überhaupt diese Dinge als ‚typisch' zu lesen bitte. Ein hübsches Erlebnis in einer Buchhandlung: Ein Student kommt herein und fragt: Haben Sie etwas von Heidegger? – nein. Von Ernst Jünger? – nein. Von

Guardini? – nein. Danke. – Das waren die Autoren, die man las. Und natürlich Rilke. Es war seine große Zeit. Denn wenn etwas den bombastischen Sprachregelungen im ‚Wörterbuch der Unmenschen' ins Gesicht schlug, war es der hochgezüchtete Manierismus der Rilkeschen Sprache. Ich habe wiederholt die Duineser Elegien interpretiert, das letzte Mal 1943, als Leipzig zerbombt wurde. Etwa 10 Tage nach der fast totalen Zerstörung der Innenstadt (am 4. Dezember 1943) setzte ich in einem heilgebliebenen Gebäude – ohne Heizung, Licht und Fensterscheiben – die Interpretation mit der dritten Elegie fort. Die Studenten waren da – natürlich nicht alle –, jeder dick verpackt und mit einer Kerze. Tenebrae.

Als durch die Katastrophe von Stalingrad auch dem Blindesten die Augen über den Kriegsausgang geöffnet wurden – nur die Verblendeten wurden nie sehend –, wurde die Lage natürlich im allgemeinen gefährlicher. Tatsächlich erstarkte ja damals auch die politisch aktive Widerstandsbewegung. Damals veranstaltete Goerdeler in seinem Hause regelmäßige Vortragsgeselligkeiten. Einmal sprach ich dort über Platos Staat und erinnere mich Goerdelers wie immer allzu freimütiger Reaktion – einer Rede auf die Intelligenz, die wir ‚dann' brauchen werden. Daß etwas in Vorbereitung war, konnte man spüren, auch ohne etwas zu wissen. Die Grundstimmung, die sich – bei sich abzeichnender Niederlage – verbreitete, brachte Anton Kippenberg treffend zum Ausdruck, wenn er sich als Redensart angewöhnte: Et illud transit.

Außer Florenz 1939/40 bin ich noch zweimal während des Krieges ins Ausland gekommen. Ich verkannte nicht, daß man damit zur Auslandspropaganda mißbraucht wurde, für die manchmal ein politisch Unbescholtener gerade recht sein konnte. Es war denn auch in solchen Fällen ein Entweichen mit gemischten Gefühlen. Das erste Unternehmen war ein Herder-Vortrag in Paris 1941, also im besetzten Ausland. Der Vortrag ist bei Klostermann als Monographie erschienen und nach dem Krieg lange Zeit weiter dort erhältlich gewesen. Es war eine rein wissenschaftliche Studie. Natürlich bedeutete auch dergleichen seitens der Veranstalter einen Mißbrauch der Wissenschaft, aber ich meine, man konnte mit Recht annehmen, daß unter den Zuhörern auch Leute waren, die von den Umständen und allen Hinterabsichten zu abstrahieren wußten und selber die Wissenschaft meinten. Die res publica literarum gibt es, was man auch sage. So traf ich in Paris einige alte Bekannte, Marie Albert Schmidt, der immer wiederholte: „Ce n'est pas ma guerre", und Jean Baruzi, den leidenschaftlichen Mystiker und Leibnizforscher. Aber freilich sitzt man auf der Spitze der Bajonette nicht gerade gemütlich und hat kein gutes Gewissen.

Weit reizvoller und durch die Umstände begünstigt war die zweite Auslandsreise im Februar 1944 nach Portugal. Ich verdankte sie meinem früheren Leipziger Kollegen, dem Romanisten Harri Meier, der damals Leiter des deutschen Kulturinstituts in Lissabon war. Er hatte mich, freilich bei meiner politischen Unwürdigkeit ohne Hoffnung, auf die Liste gewünschter Vortragender gesetzt. Aber dann traf die Berliner Dienststelle eine Bombe. Die neu eingerichtete Ersatzstelle hatte einen leeren Schreibtisch, und Harri Meier war so klug, mich sofort zur Wiedereinsendung meiner Papiere zu veranlassen. Keine Dienststelle werde den ersten Antrag, den sie zu bearbeiten habe, einfach ablehnen.

So kam es, daß ich aus Schutt und Trümmern Leipzigs mitten im schmutzigen Halbwinter – im ersten Flug meines Lebens – in den iberischen Süden startete. Nach all den Schauerlichkeiten der Einäscherung Leipzigs, des Zitterns, wenn man in den Bombenteppich gerät, den Strapazen des nächtelangen Brandlöschens und dann der Reparatur von Fenstern und Dächern ringsum usw., war das Kontrasterlebnis so stark, daß ich noch jede Einzelheit weiß: den Vorabend der Abreise im Hotel Fürstenhof am Potsdamer Platz in Berlin, mit dem Speisesaal, wo am Nachbartisch eine schweigsame finnische Offiziersdelegation speiste – eine Runde von einsamen Männern, zwischen deren Stühlen die Weite der Tundra sich dehnte. Dann am Morgen die Pseudo-Internationalität des Hitlerschen Großimperiums mit all den Abflügen auf dem

Flugplatz Tempelhof – dann der Eindruck des ersten Fluges über einem Wolkenteppich ins völlige Jenseits – heute ein ganz gewohntes Gefühl, damals für mich erregend wie ein Astronautenflug sein mag. Und dann die langsam sich auftuenden Tore des Friedens und Wohlergehens: Barcelona, Madrid, Lissabon und die ganze farbige Landschaft Don Quichottes und Sancho Pansas, die mir damals auch auf manchem portugiesischen Eselchen begegnet sind.

Die zeitweise Entlassung aus dem gemeinsamen Kerker, den das kriegsbedrängte Deutschland bildete, gab allem, was man ‚in der Freiheit' sah, etwas seltsam Unwirkliches. Das Natürliche und Normale der Wirklichkeit kann so wirken, wenn man in derart unnatürlichen und abnormen Lebensumständen steht, wie wir damals. Auch kamen noch besondere Dinge hinzu, die das Ganze ins Unwahrscheinliche verschoben: als wir nach einem langen Flug mit zwei Zwischenlandungen in unsrer braven kleinen Junkers in Madrid gegen Abend ankamen, war es Sonnabendnachmittag, und die Weiterreise konnte erst am Montag sein. So wurden wir in das Vertragshotel der Lufthansa, Palacio-Hotel, ganz nah am Prado, gebracht und dort der imaginären Pracht solcher alten Luxushotels ausgesetzt. Ich konnte damals kein Wort Spanisch, hatte auch in Portugal nur Französisch zur Verfügung. Schlimmer war: ich hatte natürlich keinen Pfennig spanisches Geld. Sollte ich den Prado nur von außen bewundern dürfen und in die Café-Bars nur hineinschnuppern? Ich wanderte am Sonntag morgen ins deutsche Konsulat, wo mich ein friedlich seine Sonntagszigarre rauchender, zeitunglesender deutscher Beamter sehr freundlich empfing und mich mit den paar Mark – für Café und Prado – ausrüstete, um die ich bat. Der Prado selber: was das bedeutete, diese Welt schöner Dinge plötzlich – nach Jahren des Schreckens – sehen zu dürfen, läßt sich nicht beschreiben. Ich habe den Prado seitdem öfters und weit gründlicher gesehen. Aber dieser eine Sonntag im Kriegswinter Februar 1944 war wie eine Demonstration und wie eine Anprangerung der Weltgeschichte.

Die Wochen in Portugal dann, vielfach gemeinsam mit Carl Friedrich von Weizsäcker, der als Diplomatensohn von der deutschen Botschaft gewaltig verwöhnt wurde und mich immer mit einbezog, setzten diese Reise ins Märchenland fort. Schon die plötzlich um einen blühenden Blumen auf dem Lissaboner Flugplatz, und dann dies ganze Idyll. An den Krieg erinnerte nur eins: alle Fenster waren mit weißen Papierstreifen gitterartig überklebt. Das sollte bei verirrtem Bombenabwurf oder Neutralitätsverletzung die Fensterscheiben schützen!

Dank dem Verständnis meiner dortigen Kollegen: Harri Meier, Wolfgang Kayser, Piel u. a. wurde aus einem Vortrag und einer Woche mehrere. Die Erstfassung meiner Prometheusarbeit entstand dort im Hause Wolfgang Kaysers. Wie diese Welt noch war: nach meinem Vortrag in Lissabon, vor unendlich vielen Studentinnen (weit weniger Studenten: die jungen Männer hatten Geld zu machen), wartete im Flur eine gewaltige Schar von Müttern, die ihre sorgsam gehüteten Töchter wieder abholten. Eine deutsche feierliche Doktorpromotion in Coimbra, an der ich teilnahm, war vollends wie eine Szene aus einer mittelalterlichen Welt, mit Talaren und Zeremonien, Wechselreden und Bruderküssen. In Lissabon traf ich außer mit deutschen Gelehrten wie Willy Andreas, der ein bißchen peinlich in Propagandatöne verfiel, mit Ortéga y Gasset zusammen. Er lebte dort in Kreisen der Hocharistokratie, da es ihm bei Franco nicht geheuer war – eine vitale Figur. Ich suchte ihn zu überreden, dem ‚Aufstand der Massen' ein Buch über den ‚Aufstand der Mittel' folgen zu lassen. Doch er hat es nicht getan. Dafür hat die Weltgeschichte es übernommen, uns seither den Chorgesang zu diesem Thema unisono in die Ohren zu schreien.

Nach meiner Rückkehr setzte ich in dem immer stärker zerstörten Leipzig meinen Unterricht fort. In den Vorlesungen – wir lasen damals in Noträumen, die in der von den Bomben verschont gebliebenen Universitätsbibliothek (deren Bücher ausgelagert waren) eingerichtet wurden – verschob sich langsam das Bild: Mehr und mehr waren es Verwundete, Genesende, Invaliden, die das zeitweise Übergewicht der Mädchen ausglichen. Die Invasionsnachricht wurde mir vor dem Bibliotheksgebäude von der Tochter Goerdelers zugeflüstert. Dann kam das gescheiterte Attentat und eine neue Terrorwelle, bei der man den Atem anhielt. Unvergeßlich ist mir der Geruch verbrannten Papiers, den ich eines Februar-Morgens 1945 wahrnahm und alsbald diagnostizierte: Das Sicherheitshauptamt, das von Berlin nach Leipzig verlegt und in der Nähe meines Hauses in einem Schloß untergebracht war, verbrannte seine Akten. Es war ein Aufatmen. Man war durchgekommen.

Denn der ‚Volkssturm', zu dem jeder, der krauchen konnte, vom halben Kind bis zum totalen Greis, aufgeboten war, ebenso wie die wochenweise alternierenden Nächte bei der Heimatflak, hatten in dieser frontfernen Gegend keinen ernsthaft militärischen Charakter. Es gab für unsere dilettantischen Spielchen ohnehin keine Waffen mehr, und wenn man sich einigermaßen vernünftig und unauffällig verhielt, war das Überleben nicht schwer. Die eigentliche Funktion dieser pseudomilitärischen Dienstleistungen war wohl die der politischen Überwachung, und das Gespräch unter mehr als vier Augen hatte man klüglich zu vermeiden. Bald näherten sich die amerikanischen Panzer und rollten tagelang dröhnend um das Weichbild Leipzigs.

Illusionen

Die Besetzung durch die Amerikaner verlief undramatisch, und die Vorbereitungen für die Reorganisation der Leipziger Universität fielen zu einem guten Teile auf mich. Denn ich war unkompromittiert und war während der ganzen Nazi-Zeit nicht einmal in Ämtern der akademischen Selbstverwaltung tätig gewesen. Wir wählten einen Rektor. Da Theodor Litt auf meine Frage mit der klugen Begründung ablehnte, jetzt könne nur jemand Rektor werden, der beständig dem Universitätsleben angehört habe, fiel die Wahl auf den Archäologen Bernhard Schweitzer, der mit der ihm eigenen zähen Energie mit den Amerikanern, mit den Entnazifizierungskammern usw. verhandelte und verhandelte und in endlosen Sitzungen mit uns – ich war Dekan meiner Fakultät geworden – eine klug überlegte neue Universitätssatzung – für welche Zukunft? – ausarbeitete. Ja, die Vorliebe für Grundsatzfragen ist uns eingeboren.

Nahmen wir uns ernst? Schließlich mußte uns doch mindestens die Passivität der amerikanischen Behörden darüber belehren, daß ihres Bleibens in Leipzig nicht lange sein würde, und in der Tat kamen im Herbst an ihrer Stelle die Russen. Übrigens vollzog sich das in tadelloser Form, und nun fing natürlich alles mit anderen Zielen von vorne an.

Das russische, damals auch von den kommunistischen Funktionären, mit denen ich zu tun bekam, vertretene Programm war, eine Phase der ‚Demokratie' zu initiieren, die den späteren Übergang in einen sozialistischen Staat vorbereiten sollte. Der spätere Industrieminister Berlins, Fritz Selbmann, ein altkommunistischer Bergarbeiter, der das dritte Reich in einem zivilen Zuchthaus überstanden und die gesamte Zuchthausbibliothek, ein gewaltiges Arsenal der Halbbildung, in sich hineingefressen hatte, war zuweilen in meinem Hause. Er erklärte damals öffentlich mit ehrlichem Pathos: „Wir haben doch nicht die braune Zwangsjacke ausgezogen, um eine rote Zwangsjacke anzuziehen". Ähnliche Illusionen verkörperte etwa der damals gegründete ‚Kulturbund', der die ‚antifaschistischen' Intellektuellen zu freier kultureller Zusammenarbeit bringen sollte. Durch ‚freie' Wahlen wurden die Organe für den Kulturbund in ganz Sachsen gewählt, und durch eine Panne erhielt ich die meisten Stimmen und hätte danach Präsident werden müssen. Aber das ging nun doch nicht gut. So demokratisch war es wieder nicht gemeint, und so wurde durch einen Akklamationsantrag der politisch ‚zuverlässige' Ludwig Renn zum Präsidenten eingesetzt und von meiner Vizepräsidentenfunktion niemals Gebrauch gemacht. Ich erzähle das zur Illustration der Planmäßigkeit des Vorgehens. Pannen sind ja oft die besten Illustrationen für Plan-Normen.

Die Vorbereitungen für die Wiedereröffnung der Universität gingen nicht voran. Am Ende mußten wir uns eingestehen, daß die neuen Machthaber nicht bereit waren, den von uns noch zur Amerikaner-Zeit gewählten Rektor Schweitzer zu tolerieren, und so eröffnete mir Schweitzer eines Tages, daß ich der auserkorene neue Rektor sein würde, der die Universität eröffnen sollte. Ich wurde also gewählt, und nun begann eine aufreibende, interessante, illusionsreiche und desillusionierende Arbeit des Aufbaus – oder des Abbaus? – der Leipziger Universität.

Damals habe ich sehr viel gelernt. Nicht nur das politische Spiel. So etwas gab es ja in der akademischen Kleinwelt schon immer, und die Gesetze dieses Spiels sind seit Macchiavelli bekannt und überall die gleichen. Was ich lernte, war vor allem die Unfruchtbarkeit und Unmöglichkeit alles restaurativen Denkens, und als ich zwei Jahre später in den Westen ging, als Professor nach Frankfurt, war ich über die Illusionen der dortigen Universitätspolitik, an deren Spitze damals Hallstein stand, ziemlich fassungslos. – Es ist schwer, von diesen zwei Jahren des Leipziger Rektorats zu erzählen, weil zu viel zu erzählen ist. Schließlich gehörte ich als Leipziger Rektor auf einmal zur politischen ‚Prominenz' der Zone. So bin ich des öfteren Pieck und Ulbricht, Paul Wandel und Abusch und Gysi begegnet, aber auch Harig und Ackermann – um auch diese später in Ungnade Gefallenen, die mir am ehesten einleuchteten, zu erwähnen, von den Dresdner und Leipziger kleinen und kleinsten Göttern ganz zu schweigen.

Nach einer anderen Seite hin trat jetzt das Ganze der großen Leipziger Universität erstmals in meinen Gesichtskreis. Schließlich war ich im wesentlichen nur die Kriegsjahre in Leipzig gewesen, die alle Kontakte lockerten, und beispielsweise die medizinische Fakultät, mit all ihren personellen und institutionellen Problemen, war für mich etwas völlig Neues. Gerade sie beanspruchte jetzt einen großen Teil meiner politisch-administrativen Tätigkeit. Denn die wahrhaft imperiale Struktur dieser berühmten Kliniken wurde von den revolutionären Wogen besonders heftig umrauscht und erschüttert. Hier ging es eben nicht nur um Universitätsrevolutionen, sondern um Wohl und Wehe der kranken Menschen. So war auch die medizinische Fakultät nicht dem russischen Kultusministerium, sondern dem Gesundheitsministerium unterstellt, das seine Verantwortung wahrnahm.

Die angestrebte ‚sozialistische' Umbildung der Universität wurde im wesentlichen als ein sozialer Umschichtungsprozeß in Gang gesetzt, und zwar von beiden Seiten: als Studenten wurden Kinder der ‚unteren' Klassen bei der Zulassung bevorzugt. Diese Auslese war sehr schematisch, und hochbegabte Professorenkinder konnten oft gegen die Russen nicht durchgesetzt werden. Auf der andern Seite suchte man soviel Professoren und Assistenten wie möglich loszuwerden — laut Kontrollratsgesetz war das sehr einfach, indem man alle Pg's, auch ganz ‚formale', entließ. Nicht so einfach war es, die Lücken zu füllen. Zum Glück waren wenigstens die Ordinarien der Universität zum größeren Teile der Partei ferngeblieben (und waren eben deshalb in Leipzig und nicht in Berlin oder München). Aber auf die freien Stellen spülte die revolutionäre Konjunktur manchmal allerhand fragwürdige Konjunkturritter, die wieder loszuwerden nicht einfach war. Ein wesentlicher Teil meiner Tätigkeit bestand darin, in Ost und West und Übersee nach sozialistisch gesinnten Forschern Ausschau zu halten, mit denen man die Lücken stopfen konnte, ohne das Niveau zu gefährden. Aber natürlich sind solche Qualifikationsprobleme prekär und oft unentscheidbar.

Im Bereich der Medizin war das manchmal anders, und ich erinnere mich des Falles eines Chirurgen, dessen mangelnde Fähigkeiten unser trefflicher Pathologe Werner Hueck, mit dem ich mich mehr und mehr anfreundete, in mühsamen Prozeduren den russischen Behörden nachweisen mußte — zum Glück eben denen vom Gesundheitsministerium. Diese Teilung zwischen zwei russischen Ministerien, und dann die entsprechende Teilung zwischen den Dresdner Ministerien und der ‚Zentralverwaltung' in Berlin, die mehr und mehr an Einfluß gewann, war überhaupt die Basis der Universitätspolitik des Rektorats, und ich lernte damals, daß nur in Gleichgewichtslagen wirkliche Kurs-Steuerungen möglich sind und aller politische Wille am Ende Gleichgewichtslagen zu schaffen hat, wenn er wirksam werden will.

Von der Besatzungsmacht und der durch Überrumpelung der SPD zwangsgeeinten SED wurde eine konsequente ‚Legalitäts'-Politik getrieben. Man ließ die Selbstverwaltung der Universität formal unangetastet und begann die Umbildung im sozialistischen Sinne durch institutionelle Neubildungen und personelle Infiltration. So wurde eine neue gesellschaftswissenschaftliche Fakultät, später auch eine erziehungswissenschaftliche Fakultät gebildet, die die Mehrheitsverhältnisse beeinflussen sollten, und ebenso in der Studentenpolitik die Fraktion der Arbeiterstudenten. Aber solches Verfahren konnte nur auf die lange Sicht wirksam werden, und so brachten die Studentenwahlen der SED klare Niederlagen. Im Senat der Universität ließ sich bei geschickter Verhandlungsführung auch mit den neu gebildeten Fakultäten und ihren Vertretern, die der SED angehörten, ausnahmslos eine volle Solidarität herstellen. Die Sachprobleme, mit denen das leitende Gremium einer Universität zu tun hat, sind eben von eindeutiger Art. Dem kann sich kein akademischer Lehrer entziehen, wenn er nicht lügt. Freilich hatte ich – mit Unterstützung der Russen – der Heranziehung von Studentenvertretern in den Senat siegreich widerstanden und konnte mich in schwierigen Situationen auf den klugen Rat meiner Mitarbeiter, insbesondere des juristischen Dekans Otto de Boor stützen. So war die Abwehr unsachlicher Attacken von der Seite der örtlichen, kleinkarierten, sich avantgardistisch fühlenden Aktivisten der SED-Organisationen, die natürlich pausenlos erfolgten, im ganzen sehr erfolgreich – was von der späteren Entwicklung der Leipziger Universitätspolitik und der Kulturpolitik der DDR her mir die Kennzeichnung eines ‚reaktionären' Rektors eingetragen hat. In der Tat war es am Ende ein melancholisches Geschäft, dem ich ein gut Teil meiner Zeit widmen mußte, all den trefflichen Leipziger Kollegen, Theodor Litt und Karl Reinhardt, Friedrich Klingner usw. die Umsiedlung in den Westen zu ermöglichen. Es war abzusehen, daß bei dieser sich fortsetzenden Entwicklung, der eine umgekehrte Hereinholung guter Kräfte aus dem Westen nicht in gleichem Umfang entsprach, der wissenschaftliche Rang der Universität mehr und mehr zurückgehen mußte, und so nahm ich schließlich selber einen Ruf an die Universität Frankfurt an, den mir der damalige Rektor von Frankfurt, Hallstein, eines Tages persönlich überbrachte, als ich in dem ‚Kulturbad' Ahrenshoop in Mecklenburg in Sommerurlaub war.

Die Führung des Rektoratsgeschäfts war in jedem Falle eine aufreibende Arbeit. Da die Radikalen ununterbrochene Versuche machten, die Macht über die von mir geleitete Universität in die Hand zu bekommen, mußte man beständig auf der Hut sein. So erwies es sich bald als notwendig, daß ich die gesamte eingehende Post mir selber zur Öffnung und Verteilung vorbehielt, da die gezielten Indiskretionen, Fehlleitungen, Unterschlagungen von Post, die von der Seite in die Verwaltung eingeschleuster Funktionäre erfolgten, nur so zu unterbinden waren. Ich war vom frühen Morgen bis in den späten Abend ununterbrochen im ‚Amt' – soweit ich nicht in Dresden, Berlin oder auf den gesamtdeutschen Rektorenkonferenzen im Westen war.

Diese beständige Präsenz trug mir übrigens die besondere Schätzung von seiten der russischen Kulturbehörden ein. Sie liebten die überraschenden Besuche (zu Kontrollzwecken), und in Leipzig war der Rektor immer sofort da. Auch hatte ich nie etwas zu verbergen oder zu verschleiern. Mir war von Anfang an klar, daß die Russen mißtrauische Leute waren, und ich begegnete ihnen daher immer mit absoluter Offenheit, auch mit entschiedenem offenem Widerspruch. Wenn ich mich mit demselben nicht durchsetzte, und das war natürlich meistens so, konnten sich die Russen darauf verlassen, daß ich ihre Anweisungen – auch gegen meine Überzeugungen – jedenfalls genau durchführte. Ein interessantes Beispiel, das unwichtig, aber symptomatisch war, sei erzählt: Im Vorlesungsverzeichnis der Universität Leipzig war nach altem Brauche eine Liste der berühmtesten Leipziger Studenten – von Camerarius, Altdorfer über Christian Wolff, Ranke, Richard Wagner bis Friedrich Nietzsche auf einer Art Ehrenliste aufgeführt. Die Russen verlangten von mir die Streichung des Namens Nietzsche. Ich widersprach – ein Name von diesem internationalen Range könne unmöglich ausgelassen werden. Die Russen gaben zu, daß ‚später einmal' eine Nennung vielleicht wieder möglich sein werde, aber aus politischen Gründen sei er zur Zeit nicht zulässig. Darauf entschied ich, daß dann die ganze Ehrenliste zu streichen sei, und die Russen haben diese Entscheidung respektiert. (Die Anweisung, die sie selbst auszuführen hatten, war offenkundig erfüllt: der Name Nietzsche trat nicht mehr auf.)

Im ganzen war die Verständigung mit den russischen Kultur-Offizieren nicht sehr schwer. Sie hatten ihre Anweisungen zu geben, weil sie die ihnen gegebenen Anweisungen auszuführen hatten. Aber sie waren natürlich keine Offiziere, sondern Professoren in Uniform, mit denen einen vieles verband. Im Unterschiede dazu waren die deutschen Stellen in der ersten Zeit – bevor der treffliche Dresdner Professor Simon (Chemiker) das Hochschulressort übernahm – engstirnige Doktrinäre, die vor Wichtigkeit und Wichtigtuerei förmlich platzten. Da blieb mir, um mich durchzusetzen, oft nur die Rücktrittsdrohung, die immer wirkte, seit die russischen Dienststellen zu mir Vertrauen gefaßt hatten. Natürlich machte mich das diesen Leuten gegenüber nicht gerade beliebt.

Besser war das Niveau in der Berliner Zentralverwaltung. Dort waren kluge Leute wie Paul Wandel und Rompe maßgeblich, mit denen ich manches freundschaftliche Gespräch geführt habe. Freilich trennte uns, ganz abgesehen von der Politik, eine Welt. Was Philosophie in meinen Augen war, war in ihren Augen etwas völlig Unverständliches. Der ‚wissenschaftliche‘ Sozialismus und der dialektische Materialismus, sowie die von der Physik (Rompe war Physiker) her gewohnten Perspektiven und Maßstäbe waren darauf nicht anwendbar, und als ich eines Tages besonders überzeugend mit Wandel und Rompe diskutiert hatte, kamen sie zu dem Ergebnis: ja, dann sollte man die Philosophie doch lieber an die Akademie der Schönen Künste überführen. In meinen Augen ein niederschmetterndes Resultat des Verständigungsversuchs. Aber wer weiß? Heute würde bei uns in der Bundesrepublik mancher vielleicht, was das betrifft, was ich Philosophie nannte und als Philosophie lehrte, auch dieser Meinung sein. Daß Heidegger in den letzten Jahrzehnten weit eher an den Akademien der Schönen Künste in Berlin und München Resonanz fand als an den Universitäten, ist eine nachdenkliche Tatsache.

Eine andere illustrative Geschichte. Theodor Litt, ein begnadeter Rhetor, hatte mit seinen Vorlesungen, die mit Kritik an marxistischen Ideen nicht sparten, einen so großen Erfolg, daß die Russen ihn schließlich suspendierten. Ich war entsetzt. Dasselbe noch einmal, was die Nazis schon getan hatten. Wiederkehr des Gleichen. Das mußte jedes Vertrauen in die neugewonnene Freiheit von Forschung und Lehre zerstören. Ich fuhr nach Berlin und trug den höchsten russischen Stellen (Solotuchin hieß der Minister) das vor. Zum Glück hatte ich einen ausgezeichneten Dolmetscher. Ich habe damals gelernt, daß dort, wo Dolmetscher zwischengeschaltet werden müssen, das wirkliche *Gespräch* nicht zwischen den Partnern, sondern zwischen mir und dem Dolmetscher stattfindet. Ihn gilt es zu gewinnen, damit er meine Sache überzeugend vertritt. In diesem Falle gelang es. Die Russen gaben nach: „auf meine Verantwortung hin“. Das war zwar vielleicht eine versteckte Drohung, aber doch auch eine Vertrauenserklärung, und ich konnte weiteres Unheil verhüten. Freilich vertauschte Litt im nächsten Semester bereits Leipzig mit seiner Heimatstadt Bonn, so daß ich an *dieser* Verantwortung nicht lange zu tragen hatte.

Ich habe damals nach Kräften und voller Illusionen den wissenschaftlichen Rang der Universität Leipzig zu verteidigen gesucht. Ohne Illusionen kann man eben ein solches Amt nicht führen. Ein besonderes Problem waren dabei die sogenannten Arbeiterstudenten: Aus den Fabriken ohne ausreichende Schulbildung an die Universität gesandt, hatten diese jungen Leute es schwer. Bei allem Eifer und selbst im Falle echter theoretischer Begabung lagen sie anfangs natürlich zurück, und ihr etwaiges Scheitern drohte der ‚Reaktion' an der Universität zur Last gelegt zu werden. In Wahrheit ist dies Experiment nicht geglückt und hat sich schnell überlebt – war ja auch nur als Übergang gemeint. Vor allem waren es damals zumeist gar keine echten Arbeiterkinder, sondern Bürgerkinder, die die höhere Schule nicht bis zu Ende durchlaufen hatten und in die Fabrik gegangen waren. In den Fabriken stachen sie dann als intellektuelle Begabungen ab und wurden nun zum Studium abgestellt. Sie kamen vielleicht nicht alle mit der rechten Begeisterung auf die neue Schulbank der Hörsäle, trieben aber ihre Studien mit ungeheurem Eifer. Es gab natürlich auch Spannungen zwischen den so ungleich vorgebildeten Studentengruppen. Aber man konnte im ganzen erfolgreich ausgleichen. Ich erinnere mich, wie ich einmal, von einer Rektorenkonferenz im Westen zurückkommend, alles in Aufruhr fand. Aber das waren künstlich aufgeheizte Gegensätze. Ich erwähne es nur, weil damals nach mir als Parteifunktionär der damalige Generalsekretär des Zentralkomitees der SED, Walther Ulbricht, auftrat – ich habe seinem schmeichlerischen Wesen damals die politische Begabung nicht angemerkt, die er fraglos besaß und später bewies.

Im akademischen Unterricht gelang mir erstmalig die angestrebte Überleitung der Vorlesung in anschließende Diskussion, wie später abermals in den späten sechziger Jahren in Heidelberg, beide Male aus dem gleichen Grunde: die marxistische Schulung gab manchem Studenten Selbstbewußtsein und eine gewisse dialektische Ausstattung. Wenn das auch eine oft recht dogmatische Haltung war, die sich in der Diskussion aussprach:

dazu sind wir ja da, alle Dogmatismen durch Schulung im kritischen Denken zu überwinden. Wenn man vielleicht nicht jeden Diskussionspartner überzeugte, konnte man doch auf diese Weise den ganzen Hörsaal zum Nachdenken bringen. Es scheint mir fast schwerer, von einer allzu geduldigen, schülerhaften Lernbereitschaft her die Hörer zum kritischen Denken hinzuführen. Ähnliches habe ich übrigens später in Frankfurt bei den von St. Georgen Kommenden, in neuscholastischer Dogmatik Geschulten empfunden. Freilich handelte es sich hier wie dort immer nur um eine Minorität redegewandter Dogmatiker, die in Wahrheit für den eigentlichen Lehr- und Lernprozeß mehr als Folie dienten.

Als Rektor hatte ich natürlich – außer den unzähligen Verhandlungen, die ich zu führen hatte – auch öfters Reden zu halten, manchmal politische, manchmal auch philosophische Vorträge, bei denen mich das in meinen Augen platte Aufklärertum meiner marxistischen Diskussionspartner, die philosophisch gesehen rechte Dilettanten waren, mehr und mehr zu der Erkenntnis brachte, daß hier eine neue Scholastik in Vorbereitung war. Männer wie Ernst Bloch, der mein Nachfolger in Leipzig werden sollte, und Hans Meyer haben das später erfahren müssen.

Daß die Russen sich in der eigentümlichen Verknüpfung von Lehre und Forschung in der deutschen Universität nicht zurechtfanden, konnte nicht verwundern. Sie sahen in den Professoren eben mehr das, was bei uns Gymnasiallehrer waren, und sahen nicht ein, warum ich nicht den Geschichtsunterricht (wir hatten damals zufällig an der Universität Leipzig keinen einzigen Historiker mehr) den Orientalisten, von denen es in Leipzig bedeutende Repräsentanten gab, übertragen konnte. Von einem ‚Akademiker', d. h. einem Mitglied einer russischen Akademie, der für seine Forschungsaufgabe da ist, hätten sie so etwas auch nicht verlangt.

Im ganzen waren die russischen Behörden, die freilich unbeirrbar ihre politischen Aufträge ausführten, weit weniger eng und schulmeisterlich als die deutschen SED-Funktionäre, und ich hatte einige Erlebnisse, die mir bleibenden Eindruck gemacht haben.

Ich hatte eines Tages auf der russischen Kommandantur zu tun. Es war zur Zeit eines ‚Volksentscheids für die Enteignung der Fürstenhäuser', der von der SED eingeleitet worden war, und ich wurde von dem russischen Stadtkommandanten gefragt, was ich dazu dächte. Ich kritisierte das Ganze sehr scharf, mit der wesentlichen Begründung, wir hätten in den zwölf Jahren dritten Reiches unechte Volksentscheide und Schein-Wahlen genug gehabt (unecht war natürlich auch dieser Volksentscheid: die Fürstenhäuser, auch alle Großgrundbesitzer, waren damals bereits enteignet). Es ergab sich ein langes Gespräch über Echtheit und Unechtheit von Wahlen, und die ganze Kommandantur hörte mir zu. Am nächsten Vormittag fuhr ein russischer Jeep vor meinem Haus vor, und ein russischer Soldat klingelte und wollte den Rektor sprechen. Ich erschrak. Hatte also zu viel gesagt, zu freimütig gesprochen. Mit großer Kühle und gefaßter Entschlossenheit nötigte ich den Mann in mein Arbeitszimmer, ließ ihn Platz nehmen und fragte ihn, was er wünsche. Da sprang er auf und sagte, die Hand hinstreckend: „Der Herr Kommandant gratuliert Ihnen zu Pfingsten" – und dann wurde aus dem Jeep Wein und Zucker und Mehl usw. ausgeladen! Das war russisch: für Aufrichtigkeit konnte man auch Dank ernten – falls nicht ein anderslautender Befehl vorlag.

Mein Entschluß, nach Frankfurt zu gehen, war in meiner Situation nicht ganz einfach auszuführen. Denn mein Weggang war möglicherweise eine Prestigefrage für die ostdeutsche Kulturpolitik. Auch wenn ich in Leipzig und in Dresden meine erbitterten Gegner hatte, waren meine Beziehungen zur Zentralverwaltung in Berlin, wo einige fähige Leute saßen, und zu den russischen Behörden sehr gut. Ich mußte vermeiden, meiner Option für Frankfurt einen politischen Anstrich zu geben. Daß ich kein Marxist war, war allen klar. Aber sie selber glaubten an ihre Sache und waren überzeugt, die Veränderung der gesellschaftlichen Wirklichkeit werde mich ganz von selbst auf die richtige Seite hinüberführen. Das Sein bestimmt das Bewußtsein.

So stand ich, vor allem bei der russischen Verwaltung, vor einer schwierigen Aufgabe, wenn ich meinen Weggang begründen wollte. Man fragte mich denn auch nach meinen Gründen, nicht ohne darauf hinzuweisen, daß man mir stets volles Vertrauen entgegengebracht, mich gegen törichte Störungen von Leipzig aus stets abgeschirmt habe und meine Arbeit sehr schätze. Ich antwortete ganz unter dem Zeichen der Heimatliebe. Ich sei in Marburg geboren, und zwanzig Jahre hätte ich der Marburger Universität angehört, der Universität des Hessenlandes, und Frankfurt sei auch Hessen. „Und wissen Sie, was Hessen ist? – Die Heimat der Grimmschen Märchen." Das zu sagen, erwies sich als eine wahre Eingebung. Es gab keine Widerrede mehr und gute Wünsche auf die Reise. Natürlich war die Entscheidung, mich gehen zu lassen, aus anderen Gründen erfolgt und stand fest. Aber mein Argument hatte doch auch eine dem russischen Gemüt verständliche Saite angeschlagen.

Eine dritte Erfahrung mit den Russen, die ich machte, war komplexer. Es war schon, nachdem ich meine Vorlesungen in Frankfurt begonnen hatte, daß ich zur offiziellen Rektoratsübergabe (und zur Organisation meines legalen privaten Umzugs) Ende Oktober nach Leipzig zurückkehrte. Alles ging glatt. Die Rektoratsübergabe verlief in den besten Formen, eine freundliche Presse, mein Bild, wie ich Erwin Jacobi, dem bekannten Staatsrechtler, die Rektorkette umhing, in der Zeitung – da wurde ich plötzlich eines Abends um 11 Uhr in meiner Wohnung verhaftet. In meinem Hause wohnte gerade der soeben nach Leipzig berufene Romanist Werner Krauss, der, wie ich selber, in dieser Katastrophe ein politisches Scheitern sah. Daß es am Ende ein Amtsmißbrauch lokaler Größen war, die sich an mir rächten, weil sie mir das Entweichen aus ihrer doktrinären Enge in die Freiheiten der kapitalistischen Welt nicht gönnten, konnte ja keiner ahnen. Die Geschichte meiner viertägigen Gefangenschaft (im Leipziger Polizeigefängnis in der Bismarckstraße) wäre ein Roman für sich. Für jemanden, der nie gefangen gewesen war (Soldat war ich nie gewesen), äußerst lehrreich, ernst und komisch zugleich, Hosenträger und Schnürbänder mußte man gleich anfangs abgeben, damit man sich nicht das Leben nehmen konnte. Das wirkte auf mich komisch: ich hielt zwar alles für möglich, endlose Gefangenschaft zum Beispiel, aber noch war ich zum Überleben entschlossen. Natürlich kann man nicht sagen, wie strenge Einzelhaft einem auf die Dauer zugesetzt hätte. Die vier Tage, die es mich traf, waren ja nichts, was einen ernstlich brechen konnte, und ich fand das meiste, was mir da widerfuhr, mehr merkwürdig und komisch. Es war obendrein die Routinebehandlung eines Gefängnisses für zivile Strafgefangene (wofür ich später sogar noch Geld bezahlen mußte!). Ich hielt mich mit Memorieren aller Verse, die ich je auswendig gelernt hatte. Das war wie ein langsames Eindringen in vergessene Schächte des Gedächtnisses. Zugleich befand ich mich natürlich in einer gewaltigen Spannung. Das zeigte sich z. B. an Folgendem: Den ganzen Tag bis in den Abend hinein wurden durch die Gänge des nach dem bekannten Muster überschaubar gebauten Gefängnisses Namen gerufen, offenbar zwecks Abholung zum Verhör: ich habe fast bei jedem dieser Namensaufrufe im ersten Augenblick meinen eigenen Namen zu hören gemeint.

In Wahrheit wurde ich in der vierten Nacht um 10 Uhr abends plötzlich abgeholt. Alles lief wieder rückwärts. Auch die Schuhbändchen bekam ich wieder und fuhr mit einem russischen Auto in die Nacht hinaus – zu einem russischen Verhör. Denn natürlich war meine Verhaftung und Gefangenhaltung auf russischen Befehl erfolgt, und das ist der Zusammenhang, in dem ich etwas von den Russen erzählen möchte.

Ich wurde in einer im Wald gelegenen ehemaligen SS-Kaserne zunächst einem höflichen russischen Hauptmann vorgeführt, der mir meine Brieftasche abverlangte und deren ebenso papierreichen wie nichtigen Inhalt gründlich zu untersuchen begann, mich manchmal fragend: Was ist das? Dann war es vielleicht eine Garderobennummer. Während dieser ‚Arbeit' bot er mir plötzlich eine Zigarette an. Ich dankte: „Solange ich nicht frei bin, rauche ich nicht." Er zuckte zusammen und entschuldigte sich für seine Taktlosigkeit! Während er noch mitten in seiner ‚Arbeit' war, kam plötzlich ein – sehr unangenehm wirkender – Major, flüsterte mit ihm, worauf der Hauptmann die halbentleerte Brieftasche wortlos wieder zusammenpackte und mir zurückgab. Ich hatte dem anderen zu folgen, der nicht deutsch konnte. Verhör mit einem Dolmetscher. Nach der üblichen Frage nach der Person kam als erste und einzige, aber immer neu wiederholte Frage „Was haben Sie gearbeitet?" – worauf ich meine Tätigkeit als Leipziger Rektor eingehend schilderte. Hartnäckig wiederholte sich immer wieder die Frage: „Was haben Sie noch gearbeitet?" Bis ich die Geduld verlor und sagte, mehr Stunden habe mein Tag wirklich nicht gehabt. „Wenn Sie mir so antworten, werden Sie noch lange hier sitzen." Tatsächlich wurde das Verhör – mitten in der Nacht – abgebrochen. Der Dolmetscher las Zeitung und fragte alle halbe Stunde, ob ich jetzt vielleicht noch etwas zu sagen hätte. Der russische Offizier war gegangen, und es war viel Hin- und Hergelaufe, Herumsuchen in einem Panzerschrank usw. Mir war die neue Szene so rätselhaft wie die erste. Erst später erriet ich, daß ich einfach an einen schlechten Dolmetscher geraten war, der fragen sollte: Was haben Sie getan? – nach der klassischen Methode der Geheimpolizei, Selbstbeschuldigungen zu provozieren. Und ebenso erriet ich erst später, was hinter mir immer gesucht wurde. Es waren meine Akten, die nicht zu finden waren! Unglückliche Liebe zur Bürokratie, aber für den Betroffenen konnte es gefährlich sein. Tote Seelen läßt man lieber verschwinden.

In meinem Falle war es zum Glück anders. Ich wurde abermals abgeholt und nun in einen großen Saal geführt, zum Verhör vor einer langen Tafel mit lauter hohen Offizieren. Ein vorzüglicher Dolmetscher, aber wieder ein höchst merkwürdiges Verhör. Nach den üblichen Vorfragen eingehende Fragen nach meiner Tätigkeit als Professor. Was ich für Studenten hätte. Auch Studentinnen? Wo sie her seien? Ich sagte: Viele aus Leipzig, viele aus Dresden. „Nicht auch aus Chemnitz?“ Ja, auch aus Chemnitz. In diesem Stile ging es eine Weile weiter. Dann hob der vorsitzende General mit einer Rede an, um mir mitzuteilen, daß es ein Versehen, ein Übergriff der deutschen Polizei gewesen sei, den sie bedauerten. – Das letzte war also ein bloßes Scheinverhör gewesen, und der Freilassungsbefehl war gekommen. – Aber ich sei ja ein Philosoph. Der Zwischenfall werde mich nicht aus der Fassung gebracht haben. Jedenfalls sei ich frei. Ob sie mir ein Taxi kommen lassen sollten (was für deutsche Zivilisten natürlich damals nicht existierte)! Ich dankte und zog vor, durch den nächtlichen Wald zu Fuß nach Hause zu gehen. Bei dem Abschied von dem Dolmetscher murmelte ich: „Offenbar ein Racheakt eines Denunzianten.“ Er nickte und antwortete: „Aber so etwas dürfen Sie nicht sagen.“ – Nun, so etwas darf man wahrscheinlich bei keiner Geheimpolizei der Welt sagen. Aber unheimlich klang diese Warnung doch in mir nach. Es war ja im dritten Reich schon so gewesen, daß man manches nicht sagen durfte. Und der General hatte auch erwähnt, daß ich mich „mehrmals unvorsichtig geäußert hätte“. Das hatte also in der Denunziation gestanden. – Ich hatte genug.

Trotzdem ist mir der Abschied von Leipzig nicht leicht gefallen, und Jahre später widmete ich der unvergeßlichen, hinter mir ins Unerreichbare versunkenen Universität Leipzig eine Gedenkrede, aus der ich Folgendes hier zitiere:

„Leipzig ist weniger als irgendeine andere der alten deutschen Universitäten eine Fürstengründung gewesen. Nicht umsonst hatte sie keinen Beinamen, weder den eines regierenden Fürsten, wie die Heidelberger oder die Marburger, die Göttinger oder die Berliner Universität, noch den eines erlauchten Namens des Geistes. Sie war von ihrem Anfang an eine – gewiß der landesherrlichen und kirchlichen Genehmigung und Anerkennung und Hilfe bedürftige – Gründung der Scholaren und Doktoren selber.

Als im Jahre 1409 an der Universität Prag der Einfluß der deutschen Nation — so nannte man damals die Körperschaften, deren Zusammenfassung die universitas darstellte — gegenüber der tschechischen Nation herabgesetzt wurde, da wanderte diese deutsche Nation geschlossen aus und wählte Leipzig als neue Stätte. Am 2. Dezember 1409 fand die feierliche Eröffnung der Universität im Refektorium des Leipziger Thomasstiftes statt. Und wenn auch die Landesfürsten, Markgraf Friedrich der Streitbare und sein Bruder Wilhelm, bei dieser Feier zugegen waren, so wurden doch die Statuten, die damals erlassen wurden, ausdrücklich durch die Genehmigung der damaligen Magister legitimiert. So ist die Universität Leipzig schon von ihrer Gründung her durch die Autonomie ihres körperschaftlichen Wesens bestimmt, und sie hat diese Autonomie gegenüber der erstarkenden landesherrlichen Gewalt ebenso wie gegenüber dem modernen Landesstaate und seinen Interessen in einer einzigartigen und großartigen Weise behauptet. Die Universität Leipzig verdankt ihre Auszeichnung nicht nur der Grundlage eines bedeutenden Vermögens, das ihr in ihren ersten Jahrhunderten durch die Entschließungen ihrer Landesherren zugefallen war, sondern bis in die neueste Zeit hinein ihrer geistigen Selbständigkeit, die auf ihrer engen Verbundenheit mit Stadt und Bürgertum beruhte, ihrer Stellung inmitten eines Kraftfeldes, das auf der einen Seite durch Buchdruck und Verlagsgewerbe, Theater- und Musikkultur, auf der anderen Seite seit langem schon durch die Existenz hoher und höchster Gerichte repräsentiert war. An diesem Kraftfeld hatte auch die Universität Leipzig ihren Teil. Dieser Stellung hatte sie bis in die letzten Jahre, bis in unsere Zeit hinein zu verdanken, daß sie die Freiheit ihrer geistigen Entfaltung auch unter bedrückten Umständen zu wahren vermochte ...

Eine der größten Verständigungsschwierigkeiten mit der russischen Besatzungsmacht bildete die unterschiedliche Aufgabenverteilung zwischen Akademie der Wissenschaften und Universität. Auch wir waren zwar eine vom Staat getragene

Institution, aber die Dienste, die die Institution dem Staate leistete, waren nur die Folge dessen, daß sie eine freie Forschungsstätte war. Die russische Wissenschaftspolitik dagegen gibt im Sinne von Leibniz nicht den Universitäten, sondern den Akademien diese Funktion.

Das wirkt sich in der Neukonstruktion aus, die heute in Leipzig im Gange ist. Die Kräfte der Forschung und Lehre, welche heute noch innerhalb der Leipziger Universität lebendig sind, haben sich gegen eine Vorstellung von der Bestimmung dieser Hohen Schule zu wehren, welche einem neuen Staatsaufbau dienen und den akademischen Unterricht ganz von den Zwecken der Staatsräson bestimmt sein lassen soll, wie sie die jeweilige Staatsführung zu sehen meint.

In jenen entscheidungsvollen Jahren des Neuaufbaus, in denen wir die hergebrachte Art unserer Universität verteidigten und natürlich die Unterliegenden sein mußten, war es dennoch für uns eine gewaltige Stärkung, daß in dem Zimmer des Rektors der Universität Leipzig nicht nur das Bild eines Joachim Camerarius hing, sondern vor allem auch die unwahrscheinlich lebendigen Porträts, die Anton Graff von Gellert, von Ernesti, von Garve gemalt hat, sowie die Porträts von Hornung, Beck und anderen großen Männern der Leipziger Universität. Die Wucht der geschichtlichen Tradition, die hinter uns stand, gab uns damals unsere Würde. Sie ist ein Vermächtnis, auf das wir auch für die Zukunft der Universität Leipzig bauen dürfen."

Frankfurter Zwischenspiel

Die Übersiedlung nach Frankfurt, wohin ich seit Frühjahr 1947 einen Ruf in der Tasche trug, hatte ihre eigenen Schwierigkeiten. Da war der Umzug. Zwar hatte ich alle notwendigen Papiere der russischen Behörden, und die Bahn stellte mir schließlich auch einen großen gedeckten Güterwagen zur Verfügung, in dem nicht nur der Hausrat, sondern vor allem meine Bibliothek Platz fand. Aber die Grenzkontrolle blieb ein schwieriger Punkt. Wenn die russische Grenzbehörde z. B. eine Prüfung meiner Bibliothek vornahm? – Dazu war sie berechtigt, ja verpflichtet, um dem Kontrollratsgesetz gemäß dafür zu sorgen, daß keine NS-Literatur irgendwohin eingeschleppt wurde. Natürlich gab es so etwas in meiner Gelehrtenbibliothek nicht. Aber wer konnte garantieren, daß nicht in irgendeinem Buch ein Hakenkreuz auftauchte – oder auch nur in einem Zeitungsblatt, in das ein Buch eingewickelt war. Das konnte zur Beschlagnahme des Ganzen führen. So entschloß ich mich, selber in dem Güterwagen mit meinen Sachen zu reisen. Fünf Tage dauerte die Fahrt, mit Nescafé und Brot-Proviant, zahllosen Aufenthalten, Umrangierungen mit ‚Abrollen' – ein komisches Gefühl, wenn man so aus eigener Kraft dahinrollt und schließlich irgendwo mehr oder minder unsanft aufbumst. – Vier Tage dauerte es bis zur Grenze. Dort gelang es mir, mit vorsorglich bereitgehaltenem Schnaps, Zigarren, Zigaretten die deutschen Bahnbehörden zu Manipulationen zu bewegen, die mir jede russische Kontrolle ersparten, und ich landete nicht ohne Aufatmen in Marienborn/Helmstedt, von wo es dann flott bis Frankfurt durchging.

Eine kleine Geschichte mag den Unterschied der beiden Welten beleuchten: Ich holte mir jeweils für meinen Nescafé heißes Wasser vorn aus der Lokomotive. Als ich das jenseits der Zonengrenze, in Helmstedt, wieder tun wollte, wurde ich dafür in den Wartesaal geschickt: das Wasser aus der Maschine könne man nicht trinken.

Frankfurt: Die Einrichtung in der zum größten Teil in Trümmern liegenden Innenstadt will ich nicht schildern. Aber es gab eine besondere Anfangsschwierigkeit. Ich hatte beim Frankfurter Stadtkommandanten die übliche Zuzugserlaubnis zu beantragen – und die wurde mir verweigert! Hallstein, damals Rektor, intervenierte. Es stellte sich heraus, daß ich während des Wartens im Vorzimmer der deutschen Sekretärin des Kommandanten auf ihre Fragen, wie es ‚drüben' sei, nicht die erwartete Schwarz-weiß-Auskunft gegeben hatte, worauf sie mich ihrem Kommandanten als einen ‚Kommunisten' schilderte. Es bedurfte einer eigenen Reise zur amerikanischen Behörde in Wiesbaden, die sich, auf ihren Nachrichtendienst gestützt, mit ‚starken' Worten für mich einsetzte, bis der Frankfurter Kommandant nachgab – und knurrend sagte: „Sie müssen sehr mächtige Freunde bei uns haben."

Der Anfang in Frankfurt – im Winter 1947 – war in vieler Hinsicht mühsam. Die Verpflegungssätze waren allgemein sehr niedrig, Heizung war knapp, und kaufen konnte man so gut wie nichts – es war durchaus eine Fortsetzung der Kriegsverhältnisse. Es war das ja wohl ein planmäßiges System. Einerseits sollten die Deutschen die Entbehrungen am eigenen Leibe kennenlernen, die sie anderen Völkern Europas zugemutet hatten – in Umkehr des Göringschen Satzes: „Wenn irgendwo in Europa gehungert wird, dann nicht bei uns." Andererseits sollte es wohl auch der Auffüllung der Läger zum Tage der Währungsreform dienen, und das hat hervorragend funktioniert. Aber der Winter war hart. Wahrhaft überwältigend waren jedoch die Studenten. Philosophie hatte es seit

Kriegsende in Frankfurt überhaupt nicht gegeben, und so hatte ich eine große Zahl von Studenten in der Aula der Universität zu traktieren. Noch fast ohne Bücher. Die Wiedereinrichtung des Seminars fing erst an. Es gab viel Arbeit, aber auch gute Helfer. Insbesondere der Assistent, den ich vorfand, erwies sich als ein wahres Kleinod und wurde bald so etwas wie die Kompaniemutter des Seminars. Die Feste des philosophischen Seminars errangen später geradezu Berühmtheit, und ich werde nicht vergessen, wie bei einem solchen Fest der inzwischen – mit Horkheimer – nach Frankfurt zurückgekehrte Adorno auf die Schippe genommen wurde. Er hatte – auf der Basis seiner eigenen extremen Kennerschaft und seinem Hang zur Provokation – es als rückständig bezeichnet, daß man Musik recht und schlecht aufführe, statt die Noten wie Bücher zu lesen: ein stummer Chor, vom Taktstock des Assistenten Norbert Altwicker dirigiert, vollführte mit hingebend geöffneten Mündern und ausdrucksvollen Kopfbewegungen eine unwiderstehliche Geistermusik. In Frankfurt fand ich gute Freunde aus der Leipziger Zeit, z. B. Karl Reinhardt und Otto Vossler. Trotzdem war die philosophische Fakultät, in der hervorragende Fachleute beieinander waren, ein sehr anderer Eindruck als die akademischen Gremien Leipzigs, die ich in Erinnerung hatte. Wie schleppend in Frankfurt verhandelt wurde, wie man sich über die nichtigsten Dinge ereiferte und stritt. Am Ende mußte ich mir eingestehen, daß die Nichtigkeit unserer Fakultätssitzungen im Grunde den Normalfall widerspiegelte und daß die schöne Solidarität in unseren Leipziger Sitzungen in Wahrheit den Druck bezeugte, unter dem wir dort standen. Ich hielt mich völlig zurück, weil ich sehr bald merkte, was da galt: man lebte in den Illusionen des pouvoir neutre, träumte von der Steigerung der akademischen Unabhängigkeit vom Staat – und hegte Mißtrauen gegen vom Osten Gekommene, die von den gesellschaftlichen Problemen der Nachkriegszeit etwas mehr wußten, als vom Westen aus sichtbar war.

Es war die dürftige Zeit vor und nach der Währungsreform, in der alle Aufmerksamkeit den wirtschaftlichen Problemen galt. Überdies war das Land Hessen eine Neugründung ohne Tradition und der Aufbau des Wiesbadener Ministeriums eine schlimme Sache. Verwaltung lebt ja von dem Grundsatz, es zu machen, wie immer. Und wo war das ‚immer' in Hessen? Die Hochschulabteilung verhielt sich, von gelegentlichen ‚politischen' Beeinflussungen zugunsten der SPD abgesehen, zwar korrekt, aber diese Korrektheit gipfelte in einem lähmenden Objektivierungswahn. Man sammelte von unzähligen Seiten für jede Berufungsentscheidung Gutachten: je mehr, desto besser, desto gerechter. Für jeden Kenner akademischer Dinge ein wahres Gaudi – und doch am Ende die Antizipation späterer ‚Reformen', z. B. der ‚objektivierten' Examina, auf Grund deren der letzte Rest humaner Anpassung und die Herbeiführung eines echten Prüfungsgesprächs (wie das in echten wissenschaftlichen Prüfungen allein richtig ist) dem neuen Roboterideal geopfert wurde. Der Wiederaufbau der zerstörten Städte und Länder, der, wie jedermann weiß, nach der Währungsreform in unerhörtem Tempo einsetzte, kam dem ‚Kultus' begreiflicherweise zu allerletzt zugute, und so behielten gelegentliche Repräsentationen von ‚Kultur' etwas Gespenstisches.

Ich war von der Stadt Frankfurt in das Komitee zur Verleihung des Goethepreises berufen worden. Dort setzte ich mich für Albert Einstein ein, weil Goethe in unserer Epoche in diesem großen Physiker wohl mehr seinesgleichen gesehen hätte als in einem bedeutenden Schriftsteller vom Schlage Thomas Manns, dem dann der Preis – gewiß auch mit gutem Recht – zuerkannt wurde. – Das Goethe-Jahr wurde in der Goethestadt Frankfurt natürlich in besonders vielfacher Weise begangen, und so fiel mir die Aufgabe zu, einen Goethe-Kongreß zu organisieren, der unter dem Thema ‚Goethe und die Wissenschaft' ablief und erstmals eine Reihe ausländischer Gelehrter, Schweizer, Franzosen, Holländer usw., mit uns vereinigte. Ich fungierte als Präsident des Kongresses, den

Franz Böhm, der damalige Rektor, mit einer sehr kultivierten Rede eröffnet hatte. Der Jahre später veröffentlichte Kongreßbericht erwähnte meinen Namen nicht mehr – ich war damals schon nicht mehr in Frankfurt, sondern in Heidelberg.

Einige Beiträge zum Goethe-Jahr habe ich auch sonst geleistet, insbesondere eine kleine Goetheschrift ‚Vom geistigen Lauf des Menschen', die Helmut Küpper mit Geschmack und Liebe ausgestattet hatte, die aber in der Bücherflut dieses Jahres keine Beachtung fand und erst im zweiten Band meiner ‚Kleinen Schriften', insbesondere zum Thema ‚Der Zauberflöte anderer Teil' zur Wirkung kam. Die Arbeit war ein Rückgriff auf Leipziger Wochenend-Exkurse während meiner Rektoratszeit und scheint mir noch heute die erste wirkliche Deutung des kleinen Goetheschen Werks zu geben.

An ernsthafte eigene Arbeit war unter den fordernden Umständen der Stunde überhaupt nicht zu denken. Es galt, augenblickliche Bedürfnisse zu befriedigen. So gab ich für Klostermann, der mir und meiner Familie auch Obdach geboten hatte, bis meine bescheidene Wohnung beziehbar war, Diltheys ‚Leitfaden zur Geschichte der Philosophie' als Buch heraus, mit einer Ergänzung für die Philosophie des zwanzigsten Jahrhunderts, in dem ich mich ganz in Diltheys Denkstil zu bewegen suchte und dabei die Erfahrung machte, daß solche streng historische Berichterstattung unendlich leicht ist. Auch ein Studientext, das zwölfte Buch der Aristotelischen Metaphysik mit Übersetzung und kurzer Kommentierung, erschien damals – kein wirklicher Repräsentant meiner jahrzehntelangen Aristotelesstudien, auf denen er aufbaute, aber ein Text, der sich als sehr nützlich erwies und nach Verkauf der 5000 Stück, die Klostermann gedruckt hatte, schließlich sogar eine inzwischen teurer gewordene Neuauflage erfuhr. Ich erwähne das als ein Symptom. Es bezeugt wohl gewiß auch damalige restaurative Tendenzen unserer Kultur und insbesondere den Einfluß der katholischen Kirche – aber ist auch ein Beispiel der Wirkung bescheidener Preise bei Studienbüchern. Obwohl ich – aus jahrzehntelanger Tätigkeit im

Verlagsausschuß der Deutschen Forschungsgemeinschaft – mit dem Prinzip vertraut und durchaus einig bin, daß die Subventionspolitik vermeiden muß, in das Preisgefüge einzugreifen, stellt sich an diesem Beispiel doch die Frage, ob nicht Wege einer Subvention von Konsumenten gefunden werden könnten, die der verderblichen Tendenz der Gegenwart entgegenwirkten, billige Studienbücher auf der Basis von Auswahlen und dergl. anzubieten. Konnte man nicht zweisprachige Texte bringen oder mindestens ungekürzte klassische Texte? Die Wissenschaftliche Buchgesellschaft in Darmstadt war die erste Konsumentenorganisation, die diesen Weg ging. Inzwischen ist die Taschenbuchproduktion eingesprungen, die Nachdruckverlage hinzugetreten, die freilich das Preisgefüge nur indirekt berührten, aber durch die Verbesserung der photographischen Drucktechniken im allgemeinen eine Funktion ausübten. Doch darf man all diese technischen Fortschritte schwerlich nur auf der positiven Seite der Hebung der Allgemeinbildung und der Verbreitung des Buches registrieren. Insbesondere der Xerox ist zwar etwas äußerst Praktisches, aber Goethe hatte schon recht, und unsere Studenten von heute illustrieren recht gut die falsche Magie solcher Aneignung: „Denn was man schwarz auf weiß besitzt, kann man getrost nach Hause tragen". Der Xerox ist dem *Lesen* so wenig günstig wie Radio und Fernsehen. Das ist die Erfahrung, die wir inzwischen gemacht haben.

In der gleichen Zeit hatte ich die Ferienkurse der Hessischen Hochschulen in Marburg zu organisieren, nicht ohne tiefere Anteilnahme an der alten Heimatuniversität. Es war ein schwieriges Unterfangen, unmittelbar nach der Währungsreform. Aber es führte zu mancher guten Begegnung, darunter zu einer denkwürdigen öffentlichen Diskussion mit Paul Tillich über Heideggers soeben erschienenen „Humanismusbrief". Die Anregung war von einer kleinen Gruppe von Studenten ausgegangen, und Tillich wie ich waren völlig überrascht, als uns zur festgesetzten Stunde das bis auf den letzten Platz gefüllte Auditorium maximum der Universität Marburg erwartete.

Wie bald klar wurde, war es für das von Ebbinghaus und Klaus Reich auf Kant vereidigte Marburg eine Sensation, daß Heidegger in diesen heiligen Hallen ernst genommen wurde. Tillich gab in einer lockeren Improvisation Hinweise auf die Beziehungen zwischen Heidegger und der Franziskanischen Lichtmetaphysik und verhielt sich sehr respektvoll zu Heidegger. Meine eigene Einführung und Teilnahme an der Diskussion gewann mir eine Reihe meiner späteren Heidelberger und Frankfurter Schüler.

Das Marburg der Nachkriegsjahre war mir schon vorher durch die „Marburger Gespräche" etwas bekannt, zu denen ich einmal als Leipziger Rektor gefahren war. Das waren hochschulpolitische Diskussionen, die damals ein erstaunliches Echo fanden. Was die Wirklichkeitsnähe dieser Gespräche betraf, so verdienten sie das gewiß nicht. Ihre Funktion war, in der Zeit der vierteiligen Zonengliederung und der sich abzeichnenden Sonderentwicklungen (die vor allem natürlich die Ostzone aufwies), den Austausch über gemeinsame Fragen zu gewähren. Die Einrichtung war schnell überlebt, wie übrigens das meiste aus dieser Übergangszeit.

Ähnliches gilt wahrlich auch für das Studium generale, eine von den Amerikanern importierte Sache, die sich in USA als Gegenmittel gegen die Departmentisolierung der dortigen Universitäten, insbesondere in Chicago, bewährt hatte. Man realisierte nicht, daß es in Deutschland – damals noch – philosophische Fakultäten gab und ebenso die sogenannten Publica, „öffentliche" Vorlesungen, die gratis waren, eine schöne alte Einrichtung, derzufolge man als Ordinarius von Amts wegen verpflichtet war, einen bedeutenden Gegenstand des eigenen Faches in einer einstündigen Vorlesung für Hörer aller Fakultäten darzustellen. Heute, angesichts der Auffächerung der Riesenuniversitäten, haben solche interdisziplinären Anstrengungen eine neue Aktualität, sollten aber nach meiner Erfahrung weniger auf Massenvorlesungen als auf interdisziplinäre Arbeitskreise gegründet werden.

In Frankfurt hatte ich einmal – auch auf amerikanische Initiative hin – zur Frage zu sprechen: „Wie stellt sich der deutsche Professor seine Erziehungsaufgabe vor?“ Das war ähnlich. Meine Antwort war eindeutig: gar nicht, denn er hat keine. Er kommt viel zu spät. Elternhaus und Schule besitzen Kontinuität des Umgangs des Erziehers mit der Jugend – da wird man von Erziehungseinflüssen sprechen dürfen. Ein Professor, der seine Studenten ein paar Stunden in der Woche sieht und bestenfalls in der Sprechstunde mit ihnen in Kontakt kommt, wird nur für seine engsten Schüler und Mitarbeiter, vor allem für den Forschernachwuchs, etwas Ähnliches bedeuten können.

In meine Frankfurter Zeit fiel auch die Rückführung der ‚alten Frankfurter', Horkheimer und Adorno, die das Instiut für Sozialforschung wieder aufbauten und die neue Tradition der ‚Frankfurter Schule' eröffneten. Ihr letzter Träger sollte später Habermas sein.

Zwischen meiner Frankfurter Tätigkeit und meinem Beginn in Heidelberg lag ein unerwarteter Ausflug in die südliche Hemisphäre – aus Anlaß des ersten nationalen Kongresses für Philosophie, den das peronistische Argentinien mit Pomp ausgerüstet hatte. Für deutsche Professoren der erste Ausflug in die ‚Welt' und ein erster Kontakt auch mit alten Freunden, die inzwischen ‚drüben' lebten. Ein kleiner Zeitungsbericht, den ich über diese Reise veröffentlichte, mag hier Platz finden. Über die Reiseeindrücke, die ersten nach dem Ende des Krieges, ließe sich ein ganzes Buch schreiben. Eine Reise in die Vergangenheit zurück läßt einem die eigene Gegenwart in einem neuen Lichte erscheinen. In Argentinien lebte alles in der Erwartung des Ausbruchs des dritten Weltkrieges und in der verblüffenden Gewißheit, abermals zu überleben.

„Im Frühjahr 1949 haben acht deutsche Professoren mit zahlreichen ausländischen Kollegen am „Ersten nationalen Kongreß für Philosophie“ in der argentinischen Stadt Mendoza teilgenommen. Eine moderne Reise im Flugzeug bietet kaum seltsame Abenteuer oder wechselvolle Erlebnisse. Es ist eher mit den Wundergeschichten aus Tausendundeiner Nacht vergleichbar: am nächsten Morgen reibt man sich die Augen, erstaunt und betroffen, daß man sich an einem ganz anderen Ort befindet wie am Abend zuvor. Das Abenteuer des modernen Reisens besteht in der Schnelligkeit des Ortswechsels. Man muß sich erst langsam zurechtfinden und begreifen, wo man sich eigentlich befindet. Nun erleichtert ein philosophischer Kongreß, zu dem hundertundfünfzig Professoren der Philosophie aus aller Herren Ländern versammelt sind, nicht gerade dieses Sichzurechtfinden. Die Gelehrten aller Nationen stehen einander zwar nahe, näher meist als die Vertreter anderer Berufe in der Heimat. Aber ihre Zusammenkunft wird eine Art babylonisches Nirgendwo. Und das Land, in das uns das Zaubermittel der modernen Technik so schnell versetzt hatte, war von besonderer Art.

Denn Argentinien ist für den Europäer fast eine Terra incognita. Die Reise dorthin führt nicht nur 12 000 km weit von Europa weg, sie führt auch in die Vergangenheit Europas zurück. Argentiniens industrielle Entwicklung und die mit ihr verbundenen gesellschaftlichen Veränderungen haben jetzt zwar ein enormes Tempo angenommen. Trotzdem ist es noch ein Land, das fast ganz außerhalb der Wirkungsweite der beiden Weltkriege lag, und so stark auch seine fortgeschrittenen Geister das Schicksal der übrigen Welt mitgelebt haben, sie bilden nur eine dünne Schicht in einem kolonial-agrarischen Volke, das sich erst langsam in den Wirbel des zwanzigsten Jahrhunderts hineinziehen läßt.

Mendoza ist eine wohlhabende, weit ausgedehnte, wegen der Erdbebengefahr nur einstöckig gebaute Stadt, in voller Symmetrie der Straßen und der Plätze wie auf einem Schachbrett angelegt und rings umgeben von endlosen Weinfeldern, in deren Hintergrund die riesige Kulisse der Cordilleren aufragt. Eine künstliche Landschaft. Der Regenschatten der Cordilleren hat dort eine fast wüstenähnliche Szenerie gebildet, der die fruchtbaren Felder von Mendoza durch Kunstmittel abgerungen sind. Eine von den Jesuiten bereits geschaffene Bewässerungsanlage, die die Schmelzwässer des Gebirges auffängt, hat die Landschaft in ein blühendes Gartenparadies verwandelt, in dem wir uns zu einem philosophischen Gespräch versammelten.

Für den deutschen Teilnehmer an diesem Kongreß war es bewegend festzustellen, wie stark und nachhaltig der Einfluß des deutschen Denkens auf das Denken der anderen Völker noch immer ist. Argentinien ist ein Land der lateinischen Kultursphäre, kein amerikanisches, sondern ein sozusagen mittelmeerisches Land, wie alle Mittelmeerländer in der Tradition des katholischen Denkens tief verwurzelt. Gleichwohl aber hat das moderne Denken, wie es am kühnsten und radikalsten in Deutschland entwickelt worden ist, auch in Argentinien in überraschendem Maße Eingang gefunden. Die Entwicklung des philosophischen Denkens in Deutschland war dort bis ins einzelne genau bekannt. So stellte sich als das eigentliche Thema des Kongresses die Auseinandersetzung zwischen dem christlichen Denken der thomistischen Tradition und dem von der modernen deutschen Philosophie bestimmten Denken. Der heilige Thomas wurde auf diesem Kongreß nicht öfter zitiert als Husserl und Heidegger. Es war im besonderen das Thema der Metaphysik, das den Kongreß beherrschte. Denn die Denkweise des gegen alle Metaphysik entschiedenen Positivismus und des Pragmatismus fand keine Anhänger, da der Kongreß von angelsächsischen Philosophen nur wenig besucht war. Die beiden Fronten, die sich gegenüber standen, hießen: Thomismus und Existenzialismus, wobei der letztere eigentlich mehr eine Sammelbezeichnung für alles „Moderne“, das heißt für das aus dem dogmatischen Zusammenhang der Kirche herausgetretene Denken darstellte. Der eigentliche Existenzialismus, wie ihn die Franzosen, vor allem Sartre, im letzten Jahrzehnt entwickelt haben, spielte dabei nur eine sekundäre Rolle.

Die entscheidenden Fragen lauteten: wie ist das Verhältnis des traditonellen christlichen Denkens zu diesem modernen

Denken zu bestimmen? Kann der Thomismus das von den modernen Denkern mit ungeheurem Ernst angepackte Rätsel unserer Existenz mit seiner traditionellen Methode erfassen? Oder ist das Verhältnis des modernen Denkens zum traditionellen unbedingt ein antithetisches, etwa wie ein methodischer Atheismus, der von den Heilswahrheiten nichts weiß, sich zu der offenbarten Religion verhält? Beide Möglichkeiten, dieses Verhältnis zu verstehen, fanden auf dem Kongreß Vertreter, und zwar von ganz verschiedenen Seiten. So spitzte sich das Problem zu der unausgesprochenen Frage zu: gibt es eine natürliche Theologie oder ist alle Gotteserkenntnis notwendig auf Offenbarung angewiesen und alle natürliche Erkenntnis gottlos? Ist das moderne Denken im Recht, wenn es gegenüber der Metaphysik des unendlichen Gottes oder des unendlichen Geistes eine Metaphysik der Endlichkeit fordert?

Die Vertreter der deutschen Philosophie fanden nicht nur in Argentinien selbst ein offenes Ohr, sie verzeichneten als einen besonderen Gewinn die erste Aussprache mit den Vertretern der italienischen Philosophie und auch mit anderen ausländischen Philosophen. Aber wer mich fragt, was der tiefste Eindruck war, den ich von diesem Philosophenkongreß mitnahm, dem antworte ich: die Rückreise von Mendoza nach Buenos Aires, sechzehn Stunden lang in einem Luxuszug, der eine schnurgerade Strecke durch völlige Einsamkeit in großer Schnelligkeit mit fünf kurzen Aufenthalten durchfuhr. Als am Abend die Sonne über den Pampas niedersank und auf kurze Augenblicke das gewaltige Farbenspiel den Abendhimmel erfüllte, bis die Dämmerung alles schnell in Nacht verschlang, fühlte sich das denkende Bewußtsein mit unheimlicher Notwendigkeit vor sich selbst gestellt. Sind wir das wirklich, als was wir uns im philosophischen Austausch jener Tage darstellten und prüften? Was überhaupt sind wir angesichts dieser ungeheuren, mitleidslosen Übermacht der Natur? Die grenzenlose Weite dieses Landes, das wir im rasenden Zuge durchquerten, war von einer wahrhaft überlegenen Wirklichkeit. Man brauchte sich nur vorzustellen, daß bei einem zufälligen

Aufenthalt auf freier Strecke ein ausgestiegener Reisender versehentlich zurückblieb. Er hätte aus dieser Einsamkeit nicht mehr zu menschlicher Behausung hingefunden. Vielleicht ist es wahr, was das moderne Denken lehrt: daß der Mensch nichts ist als seine Möglichkeiten. Aber was sind seine Möglichkeiten?

Wir sind als Gäste der argentinischen Regierung nach dem Kongreß noch eine Zeitlang in Buenos Aires geblieben, wo einige von uns Vorträge an der Universität hielten. Die Gastfreundschaft der Argentinier, sowohl die offizielle wie die private, war von überströmender Großzügigkeit. Europa ist kein untergehender Erdteil, solange seine Kultur die edelsten Geister jenseits der Ozeane anzieht. Wir sind zurückgekehrt in dem Bewußtsein, die Sache der Menschheit ist überall die gleiche, und überall wird das gleiche Leben gelebt."

Karl Reinhardt

Es ist nicht leicht, von Karl Reinhardt ein Bild zu geben, wie er als Forscher und Lehrer war und wie er insbesondere der Frankfurter Universität angehört hat. An ihm war etwas Unnachahmliches und Ungreifbares. Die Zunftstrenge der philologischen Wissenschaft, an der er stets festhielt, die Berufsstrenge seines Frankfurter Elternhauses, in der er erzogen worden war, lagen versteckt hinter der selbst kaum fühlbaren Strenge seines Sarkasmus und seines blitzenden Spottes. Wie soll seine Gestalt mit Worten vor denen hingestellt werden, die ihn nicht mehr gekannt haben, wie soll sie denen wiedererkennbar werden, die ihn noch gekannt haben und verehrten? Zu seinem Wesen gehörte unzugängliche Verschlossenheit ebensosehr wie der strahlende Zauber seiner Gegenwart. Wer noch als Student seine Vorlesungen gehört hat, der weiß davon zu erzählen, wie ratlos einen zunächst seine Erscheinung auf dem Katheder machte. Es war eine beständige Improvisation, was sich vor einem abzuspielen schien, ein mühsames, stockendes Sprechen, Verstummen, Schweigen und plötzliches Hinzaubern einer vollendeten Mimesis, mochte sie eine Szene des Aristophanes darstellen oder eine Geste des Sokrates. Man weiß, daß die Vorbereitung seiner Vorlesungen nicht die Zurüstung fertiger Manuskripte war oder gar deren Wiederholung im Turnus der Jahre. Vielmehr pflegte er den jeweils behandelten Autor vom ersten bis zum letzten Wort neu zu lesen und von dem beim neuen Lesen Erkannten, wie es sich traf, weiterzugeben. Wenn ich auf meine eigene Erinnerung, die des bewundernden jungen Gelehrten und später des verehrenden Kollegen zurückblicke, so steht etwas Ähnliches vor mir: Wie er das Sachgespräch mied, wie er vor der Eindeutigkeit des Urteils und der Stellungnahme zurückwich, fast unbehaglich berührt von der Zumutung – und wie er plötzlich aufleuchtete in mimischer Präsenz. Noch meine letzte Begegnung mit ihm, dem auf den Tod Darniederliegenden und Schwerleidenden, war plötzlich erfüllt von solcher mimischer Präsenz, als er irgendeine komische Beobachtung aus irgendeiner Sitzung mit einem letzten Strahl des Vergnügens hinmalte.

Lassen Sie mich kurz die Lage der Wissenschaft schildern, deren ruhmvoller Vertreter er wurde, um sodann zu fragen, was ihn unter allen seinen Zeitgenossen so einzigartig und unnachahmlich machte. Er gehörte der großartigen Schule der Berliner Altertumswissenschaft an und hat selbst das riesige Ausmaß an Wissen und Können immer wieder bewundert, das mit dem Namen seines Lehrers Wilamowitz verbunden ist. In Wilamowitz erreichte die historische Altertumswissenschaft, die aus dem Abbau des humanistischen Klassizismus und seiner Durchdringung mit historischem Sinn erwachsen war, ihren Höhepunkt. Sein enzyklopädischer Geist trieb die Ausbreitung der altertumswissenschaftlichen Forschung nach allen Seiten vorwärts und prägte ihr zugleich mit einem fast ruppigen Historismus seine Individualität auf. Die Generation, der Karl Reinhardt angehörte, bekam mit der Epochenwende des Ersten Weltkrieges ihre neue Aufgabe gestellt: sie mußte aus dieser

Weite und fast universalen Zerstreuung der historisch-philologischen Forschung die Rückkehr zu den klassischen Autoren suchen, auf deren Geltung der Zauber des klassischen Altertums beruht. Diese Aufgabe aber stand in der beständigen Gefahr des Rückfalls in die vorgeprägten Formen des klassizistischen Denkens. Wilamowitz' bedeutender Nachfolger auf dem Berliner Lehrstuhl, Werner Jaeger, dessen sicherer historischer Blick auf vielen Gebieten der Forschung bewundernswerte Erkenntnisse gezeitigt hat, blieb von der Gefahr nicht unberührt, in einen programmatischen Humanismus zurückzufallen, dem nur eine blasse Bildungswirklichkeit zukam. Der zentrale Leitgedanke seiner Forschung, der Gedanke der Paideia, dessen Idee und erste Wirklichkeit das Zeitalter der griechischen Sophistik erfüllte, implizierte eine systematische Verrechnung der klassischen Überlieferung auf die programmatisch geforderte geistige Gegenwart der Griechen. Das war nicht sehr im Sinne Karl Reinhardts. Er wollte kein Programmhumanist sein, so sehr auch er die Wiederbegegnung mit den großen Autoren des Altertums, mit Heraklit und Plato, mit Sophokles und mit Homer suchte und wagte. Was ihn bei diesen Begegnungen vor der Gefahr eines Rückfalls in klassizistische Bildungswertungen bewahrte, war die einzigartige Unmittelbarkeit, mit der er seine Gegenstände in die Aktualität des Gedankens wie in die Präsenz des Bildes erhob.

Was verlieh ihm diese Unmittelbarkeit? Worin lag das Einzigartige, durch das ihm Gedanke und Bild zu einer echten Gegenwart wurden? Es liegt in der Eigenart der historischen Wissenschaften, daß die Erkenntnis ihrer Gegenstände als letztes hermeneutisches Prinzip eine Wiedererkenntnis seiner selbst einschließt und voraussetzt. So muß es gelingen, die Objektivation in wissenschaftlicher Erkenntnis, die in Reinhardts Werk vor uns steht, gleichsam rückwärts zu lesen und an dem Erkannten den zu erkennen und zu vergegenwärtigen, der sich darin wiedererkannte. Beginnen wir mit dem Stil. Der Stil, das ist der Mensch. Welch einzigartiges Deutsch schrieb Karl Reinhardt. Ein Deutsch, frei vom Staub der Schule, aber auch ohne die Gemessenheit einer alexandrinerhaften historischen Gerechtigkeit, waren die stürmischen Wortkaskaden, mit denen er sich auszudrücken wußte, von einer gespannten Dynamik und Suggestivität, wie sie nur die wahren Künstler der Sprache ihr abzugewinnen vermögen. Das sich Häufende, das sich Steigernde, das Kontrastierende, die Flut von Ausrufen, die Flut von Fragen, die sich da ergoß, machte ihn zu dem individuellsten Schriftsteller unter den Gelehrten seiner Zeit. Wenn einmal ein Elektronengehirn die Zahl der Ausrufungszeichen und der Fragezeichen, die in seinen Sätzen vorkommen, ausrechnen sollte – was Gott verhüte –, man käme auf astronomische Zahlen. Was spiegelte diese expressive Wucht seines Stiles, woher rührte sie? Doch wohl daher, daß der Interpret in jedem Augenblick sich des inneren Abstandes bewußt war, der ihn von seinen Gegenständen trennte. Das Unzureichende jedes Wortes, sein Zurückbleiben hinter der konkreten Fülle dessen, was zu sagen wäre, ließ Steigerung wie Abbruch der Rede ganz von selbst hervorwachsen. Überdies war eine ungewöhnliche, wissende Vorstellungskraft des Möglichen in Reinhardts Auslegungen am Werke. Ihr sichtbarer Ausdruck war seine Fähigkeit, zu fragen. Fragen heben Möglichkeiten ins Bewußtsein. Die einzigartige Präsenz, die sein deutendes Wort gewann, beruhte auf seiner Fragelust und dem Bewußtsein der Vieldeutigkeit aller Antwort.

Lassen Sie mich nun an seinem Werk die Spiegelschrift seines Wesens zu lesen versuchen. Reinhardts Bücher sind mit entschiedener Deutlichkeit auf die Unmittelbarkeit des Gedankens und auf die Unmittelbarkeit des Bildes gestellt. Er begann mit Deutungen von Philosophen, um in seiner Reifezeit dem Bildhaften der Dichtung sich zuzuwenden. Seine ersten bedeutenden Arbeiten galten den Vorsokratikern. Was er in seinem Parmenides-Buch geleistet hat, war wahrhaft bahnbrechend. Wir fangen erst heute an zu ermessen, wie die innere Nähe, die Reinhardt zwischen Parmenides und Heraklit aufdeckte, eine ganze Dimension des Fragens geöffnet hat. Durch ihn ist die Forschung und die philosophische Deutung der Vorsokratiker neu in Bewegung gekommen, nachdem es ihm, dem Philologen, vorbehalten geblieben war, die Nebel der Religionsgeschichte zu zerstreuen und in den frühen Denkern der Griechen die großen Welterklärer zu erkennen, die die abendländische Zivilisation entschieden haben. – Auch die zweite große Leistung auf dem Gebiete der griechischen Philosophiegeschichte, sein Poseidonios-Werk, empfängt von da aus seine Akzente. Was ihn zu diesem Thema führte, war die am Ende vitale Frage aller humanistischen Forschung, die Frage nach dem Übergang der griechischen Antike in das christliche Weltalter, dem wir angehören. An Poseidonios suchte Reinhardt die Spuren dieses Übergangs. „In der einheitlichen Form der Welt entsteht ein Sprung, ein kleiner Riß erst, kaum bemerkt, dann kommt ein Einfließen, eine Unterströmung . . .“ Reinhardt versuchte zu zeigen, daß Poseidonios nicht jenseits dieser Grenze steht, sondern als letzter in den Kreis der großen Welterklärer gehört, die mit den frühen Ioniern begannen. Was seine innere Form ausmacht und ihn von allen späten Nachklängen unterscheidbar macht, das ist der neue Kraftbegriff, der ein letztes Mal den Kosmos des griechischen Weltdenkens zusammenbindet, bevor seine Begriffe ihren Bezugspunkt verändern und zu Zeigern in das Transzendente werden.

Das letzte Buch, das Reinhardt einem Philosophen gewidmet hat, war seine Arbeit über Platons Mythen. Hier zuerst kommt er ganz zu sich selbst und wird für den Leser der Spiegelschrift seines Werkes selber lesbar. Was sein Plato-Buch auszeichnet, ist sein Sinn für die Ironie. Ironie ist ihm nicht eine gelegentliche Erscheinung oder physiognomische Eigenart der Sokrates-Figur der Dialoge, sondern das universale Medium des schriftstellerischen Werkes Platos. Unvergleichlich die Seiten, in denen Reinhardt die attische Gesellschaft schildert und die Macht der Lächerlichkeit in ihr. Es ist, als ob er etwas von sich selber schilderte, von dieser unvergeßlichen Attitude, die den Hausherrn des gastfreien Reinhardtschen Hauses in der Hans-Sachs-Straße, in Gohlis, in der Niedenau und zuletzt in der Schumannstraße prägte, die Einheit von täppischer Bärenhaftigkeit und liebevoller Sorgsamkeit, wenn er dort schreibt: „Ein von wahrem Ernst ergriffenes Mitglied der Gesellschaft ist bedauernswert.“ Mehr noch ist eine unüberhörbare Selbstaussage, was er, vom Äußeren herkommend, über das Medium der Ironie zu sagen weiß, in das bei Plato alles getaucht ist. Nicht nur für Plato galt, daß Ironie fordert, „daß man mehr als eine Seelenstufe zur Verfügung hat“, und es ist wie ein Schlüssel für die doppeldeutige, ins Unbestimmte ausweichende Haltung, die den Gelehrten wie den Menschen Karl Reinhardt auszeichnete, wenn er von dem wahren Ironiker sagt, er suche „durchzukommen mit sich selbst, entweder durch sich selbst oder durch andere“. Was er in Plato erkennt, spiegelt ihn selbst: die Ironie der Selbstbehandlung und, aus ihr sich erhebend, die Ironie des Überschwangs. Die mimische Präsenz, die sein Wort und sein Werk so unvergleichlich machen, entspringt dieser in sich gedoppelten und gespannten Ironie. Auch in der Plato-Forschung hat er aber damit zugleich einen echten Fortschritt an Erkenntnis vermittelt, den heute nicht zu vergessen schwer scheint. Er stellt in der Plato-Deutung in den Vordergrund und erkennt als den Ursprung von Logos wie von Mythos, was er die seelische Kategorie nennt. Er verschiebt damit die Richtung des Verstehens, die seit Aristoteles und Hegel von der Ideenlehre den Weg zur Seelenlehre sucht, indem er von der „Seele“ ausgeht und dadurch das ironische Medium erfahrbar macht, in dem sich Platos schriftstellerisches Werk zu seiner ganzen Kunst ausformt. So hat er aus der Unmittelbarkeit seines Wissens um Ironie dem platonischen Werk des Gedankens die Vieldeutigkeit zurückgegeben, die es auszeichnet.

Die zweite Phase im Schaffen Reinhardts ist durch die Interpretation von Dichtungen beherrscht. Aber nur scheinbar wird damit das philosophische Thema seiner Anfänge verlassen. Dichtung ist für Reinhardt Bild und Szene. Die zweifelhafte Wirklichkeit des Theaters gibt ihm und erhält ihm sein philosophisches Thema, das schon von dem Lehrgedicht des Parmenides an von ihm umrätselt wird, das Thema von Sein und

Schein und der unentrinnbaren Verstrickung des Menschen. Es ist dies Thema, das er in Sophokles erkennt und das sein Sophokles-Buch zu einer so großartigen Leistung macht, daß jede Erinnerung an klassizistische Farblosigkeit gebannt ist. Wie er die Gegenwart der Weltliteratur in jede Begegnung mit der griechischen Literatur einbrachte, war ihm die Begegnung mit Sophokles das Eindringen in eine metaphysische Tiefe. Er wußte um die dauerhafte Formung des abendländischen Theaters und seiner Menschengestaltung durch die Tragödie des Euripides. Er war wie alle Angehörigen seiner Generation nicht unberührt vom Zauber archaischer Frühe, der das Zeitalter der Psychologie ablöste und dem Drama des Aischylos eine neue Gegenwart verlieh. Aber wie die Tragödie des Sophokles über alle Reize des Späten und des Frühen hinaus in die Tiefe zieht, in der die Existenz des Menschen ihre beständige und bedrohte Heimat hat, das hat er erkannt und insbesondere an seiner Deutung des Ödipus-Dramas gezeigt. Wie Sophokles in die Handlung des Dramas atemberaubende Spannung bringt, indem „das Rätsel, das Ödipus lösen will, ihn selbst in sich hineinzieht", wird das furchtbare und einzigartige Schicksal des Ödipus zum menschlichen Sinnbild überhaupt. „Das dämonische, fortwährende Hinübergreifen, ohne Wissen, aus dem Scheinbereich in den Bereich des Wahren", das ist nicht die einmalige Tragödie des verblendeten Königs, es ist das Menschenschicksal überhaupt, das sich hier erkennt. „Hier ist der Mensch in Schein und Sein verwirrt." Wie Schein und Sein sich ineinanderschlingen, wie sich der Griff zu der Eindeutigkeit der Wahrheit als eine menschliche Vermessenheit erweist, das ist in der Tragödie des Ödipus ebenso gegenwärtig wie in dem Drama des Denkens, das von seinen griechischen Anfängen an Philosophie heißt. „Wahrheit in den Schein oder in die ‚Nacht' gestellt", das ist, wie er ausdrücklich sagt, mit dem Menschen unlöslich verbunden.

Wenn Aischylos von Reinhardt in den Blick genommen wird, dann ist es nicht nur der feierliche Liturgiker, den ein an der Psychologie ermüdetes Jahrhundert wiederentdeckt –

Reinhardt verliert nie den Blick auf die Szene, auf die mimische Präsenz und ihre Mittel. Sein Aischylos-Buch hat den kontrastreichen Untertitel: Der Theologe und der Regisseur. In der Tat, der Blick für die szenische Technik des aischyleischen Theaters ist der Blick eines, der um Möglichkeiten weiß. Der Ausleger erkennt sich in seinem Gegenstand. Denn das macht ja den Regisseur wie den Ausleger aus – und ist nicht der Regisseur selbst der erste Ausleger einer dramatischen Dichtung? –, der Möglichkeiten viele zu sehen und die eine, als überzeugend gewählte, zur einzigen und zwingenden Präsenz zu erheben? Selbst in dem Titel des Aischylos-Buches liest man noch die verstellte Schrift seines Verfassers.

Und vollends Homer, der durch den Humanistenfleiß und den abgelagerten Schulstaub der Jahrhunderte am meisten abgeblaßte der klassischen Autoren, wie gewinnt er teil an der unmittelbaren Präsenz der Szene. Reinhardt versteht es, aus der epischen Unendlichkeit des Hexameters die Situationen herauszulösen und ihre Bezüge ins Licht zu setzen, die menschlicher Wiedererkennung sich darbieten. Die verzögerte Heimkehr des Odysseus, die mehr und mehr sich steigernde Spannung, bis zur befreienden Lösung, wie entsprechen sich epische Komposition und Menschendarstellung in diesem Gedicht. Und vollends die Ilias, der Reinhardt lange Studienjahre gewidmet hat, deren Frucht durch Uvo Hölscher aus den nachgelassenen Papieren zu einem großen Ilias-Werk geformt worden ist. Reinhardt hat überzeugend gezeigt, daß den unvergleichlichen Reiz dieses Epos schon die Gymnasiasten in der Schule ganz richtig empfinden, wenn sich die einen für Achill entscheiden, den Siegreichen und den Untergehenden, und die anderen für Hektor, den Strahlenden und Besiegten. Es ist das Gleichgewicht der Sympathie, die diese Urform des epischen Genius den vor Trojas Mauern streitenden Helden zuwendet, das uns in Atem hält und das sich bis in die Götterwelt des Olymp hinein fortsetzt, ja bis in die höchste Spitze. Wer erkennt nicht, wenn er die Spiegelschrift des Reinhardtschen Werkes zu lesen sucht, in dem unentschiedenen Zeus die Züge dessen, der mit unbeirrbarer Sicherheit im Gleichgewicht der Sympathie das Kompositionsgesetz der Ilias entziffert hat? Und als ob Sein und Schein der Bühne sich bis in das Treiben der olympischen Götter hinein auswirkte, hat Reinhardt die Scheinhaftigkeit der Götterkämpfe gewürdigt, in denen gestritten wird ohne Gefahr des Todes und gegeneinander intrigiert wird ohne die Tödlichkeit des Hasses. Der Schritt ist nicht weit von der Einsicht in den „erhabenen Unernst" der olympischen Götter zu der Tiefe der menschlichen Selbsterkenntnis, die Reinhardts Blick für menschliche und dramatische Situationen so scharf und hellsichtig gemacht hat. – Es ist vielleicht der persönlichste seiner Versuche, was in der Sammlung seiner Aufsätze als „ein Vortrag" unter dem Titel „Die Krise des Helden" zu finden ist. Es handelt sich um eine nicht völlig ausgearbeitete, mit dem Reiz der Improvisation umkleidete Wiedergabe eines Vortrages, den Karl Reinhardt in der Akademie für Sprache und Dichtung in Darmstadt im Jahre 1953 gehalten hat. Es scheint ein bloß literarisches Thema zu sein, das vor einem literarischen Gremium abgehandelt wird und dessen Pointe man sofort errät: In der Dichtung unserer Zeit ist nicht nur der Held des hohen Pathos unglaubhaft geworden, die Form der epischen Dichtung scheint überhaupt wie die Einheit der Handlung, so auch die Einheit des Helden, und sei es auch nur als den Träger der Handlung, verloren zu haben. Aber überraschend und vielsagend ist die Schlußwendung dieses Essays, der die moderne Dichtung in ihren Formen des Übergangs und der Auflösung des Gewohnten zeigt, die Wendung von der Krise des Helden zu der Krise im Helden selber. Da scheint das Älteste das Wahrste: die Angst in Hektor, die Wut in Achill. Die Krise im Helden beruht auf der „Belastung der Selbsterkenntnis", ohne die er kein Mensch wäre.

Es ist Reinhardt gelungen, die klassischen Gegenstände der humanistischen Verehrung, die sonst nur in der blassen und ins immer Blassere vergehenden Bildungsfeierlichkeit des Humanismus fortleben, Plato, Sophokles und Homer, nicht in der Vorbildlichkeit ihrer Helden, sondern in deren Menschlichkeit gegenwärtig werden zu lassen, gegenwärtig wie Proust, Joyce und Kafka, wie Nietzsche und wie Freud. Und will man zusammenfassen, wie er sich selbst in seinen Erkenntnissen darstellt, muß man nicht trotz allem sagen: als ein Humanist? Denn, um ein Wort von ihm, das er einst an einem Grabe gesprochen hat, zu variieren und auf das Gedenken an ihn hin zu wenden: „Er war so menschlich."

Hans Lipps

Hans Lipps muß dem heutigen Leser mit ein paar Worten vorgestellt werden. Der Fachmann kennt von ihm – lange nicht genug – zwei nicht sehr umfangreiche Bücher, in denen mit bestürzender Direktheit von metaphysischen, logischen und vor allem von sprachphänomenologischen Fragen die Rede ist. Dazu treten zwei posthum veranstaltete Aufsatzsammlungen, die Vittorio Klostermann herausgebracht hat.

Alle diese Bücher haben ein unverwechselbares Gepräge. Sie führen den Leser nicht ein. Sie bereiten niemanden für das vor, wovon die Rede sein wird. Es wird einfach angefangen. Ganz selten, daß Lipps einmal auf philosophische Fachliteratur verweist. So ist es überhaupt nicht leicht, sich über die Gedanken von Hans Lipps zu informieren. Es gibt nur eins: sich von ihm ins Gespräch ziehen zu lassen. „In die Philosophie kann man nur ‚versetzt' werden."

Wer ihn gekannt hat, erinnert sich der impetuosen Art, mit der er sich seinem Partner zuwandte: ohne jeden Rückhalt, ohne jede Floskel, sehr konzentriert. Die großen Augen traten ihm beinahe aus dem Kopfe, wenn er sagte, was er dachte. Und er sagte immer ohne Vorbehalt, was er dachte. Was er sagte, war immer klug. Aber es war nicht immer klug, daß er es sagte, wie er während des Dritten Reiches manchmal mit Bestürzung erfahren mußte. Ein Original in entschiedenem Sinne. Als er 1936 als Ordinarius nach Frankfurt berufen worden war, nahm er in Bad Homburg Wohnung. Wenn man ihn dort besuchte und es war Winter, empfing er einen in ungeheiztem Raum, in Mantel und Decken gehüllt. Er besaß nämlich von seiner Familie her einen riesigen Gummibaum, der über die ganze breite Fensterfront seine Zweige trieb, und war überzeugt, daß der Gummibaum keine Heizung vertrüge ... Er hatte ein winzig kleines Auto, das er mit halsbrecherischen, stakkatohaften Methoden durch die Straßen Frankfurts zu steuern wußte, und dem er als ein wahrer Riese entstieg. „Ich bin einszweiundachtzig. Das ist mein Maß." Der Leser findet dieses seltsame Stakkato im Stil seiner Prosa wieder: kurze, abgehackte Sätze, abrupt einsetzend, pointiert endend, die sich, dem Zwange einer ganz inneren Logik folgend, aneinanderreihen. Niemals habe ich eine der seinen vergleichbare Handschrift gesehen. Wenige, in riesigen Maßen hingemalte Wörter bedeckten die Seite. Man konnte sie nur im Abstand entziffern. Kaum vorstellbar, wie er sich je Notizen gemacht haben soll. Mit solchem monumentalen Schriftgestus läßt sich schwer hantieren. Auf dem Katheder folgte er ohnehin ganz dem inneren Diktat der sich fortspinnenden Gedanken. Dabei war sein persönliches Verhalten alles andere als großspurig. Er war ganz ohne Selbstbezogenheit, völlig bei der Sache und von einer breit ausladenden, ruckartigen Gestik getrieben. Ein Unikum. Wer ihn näher gekannt hat, spricht mit rückhaltloser Verehrung von ihm.

Wie soll man seinen philosophischen Ort und seinen philosophischen Rang beschreiben? Man kann Äußeres nennen. Er war 1889 geboren, Schüler des berühmten Kreuz-Gymnasiums in Dresden, sowohl künstlerisch als auch naturwissenschaftlich reich begabt. Nach einigen anderen Versuchen widmete er schließlich seine Studien der Medizin und der Philosophie, und zwar vor dem ersten Weltkriege in Göttingen. Er wurde dann Arzt, als solcher im Kriege, und 1921 Privatdozent der Philosophie in Göttingen.

Ich folge der Reihe seiner Schriften und entnehme der ersten in dieser Reihe, den „Untersuchungen zur Phänomenologie der Erkenntnis. 1. Teil. Das Ding und seine Eigenschaften." (1927), was schon der Titel verrät: Er war Schüler und Verehrer Husserls, der ja bis zum Jahre 1916 in Göttingen gelehrt hat. Husserls Göttinger Phänomenologenkreis war eine intensive Gruppe junger Forscher, zu denen auch von außen her andere, wie Max Scheler und die Münchner Bewunderer, wie Pfänder und Geiger, hinzutraten – eine wahre „Schule" der neuen, auf deskriptive Sorgfalt und Anschauung gerichteten Denkgesinnung. Nach dem frühen Tode von Adolf Reinach wurde der junge Lipps der stärkste Repräsentant dieser fruchtbaren Göttinger Phänomenologie. Seine eigenen Arbeiten haben aber nichts von der Schulmanier. Er unterscheidet sich unverwechselbar sowohl von Husserl selbst wie von allen seinen Folgern.

Eins freilich teilt er vor allem mit Husserl und Scheler: den Blick. Die scharfen und subtilen Unterscheidungen, in denen sich seine Analysen fortbewegen, halten einen hohen Abstraktionsgrad ein, und zugleich überschütten sie einen förmlich mit konkret veranschaulichten Phänomenen, die Schritt für Schritt seine Fragestellungen illustrieren und artikulieren. Was heißt das, daß das Ding Eigenschaften hat? Hat es sie? Ist es etwas für sich oder besteht es aus ihnen? Diese von Herbart exponierte Frage, der auch Husserl bekannte Analysen gewidmet hat, wird von Lipps wie mit einem Ruck aus der logischen und erkenntnistheoretischen Abstraktion ins Konkreteste gewendet. Schon in diesem frühen, mit Heideggers „Sein und Zeit" gleichzeitig erschienenen Buch hat die Welt der Praxis den unbedingten methodischen Vorrang. „Allererst auf dem Boden eines solchen Umgangs mit den Dingen kann das konzipiert werden, was etwas ‚an sich' ist." „Das ‚In-Wirklichkeit-Sein' hat nicht nur die Funktion eines Arguments für eine Wahrheit in dem sublimierten Sinn, wie sie sich in der Sphäre des reinen Bewußtseins konstituiert. So als ob eine autonome Vernunft nur eben hineingesetzt wäre in eine brutale Wirklichkeit." Man könnte fortfahren, Motive Nicolai Hartmanns (Metaphysik der Erkenntnis, 1921), den er nicht zitiert, Max Schelers (Die Formen des Wissens und der Bildung, 1925), den er zitiert, und Martin Heideggers wiederzuerkennen (den er damals noch nicht zitieren konnte). Aber welche großartige Unbekümmertheit spricht aus der Art, wie er selber im Vorwort seine Wendung zu „fürs Erste verdeckten Motiven" hin charakterisiert: „Darin liegt wohl eine Wendung gegenüber manchen Formulierungen von Husserl. Aber ich glaube, daß ich auch dort nur sein Schüler bleibe."

Tatsächlich ist er beharrlich seinen eigenen Weg gegangen — um seine eigene Formel zu gebrauchen: „zwischen Pragmatismus und Existenzphilosophie". Er blieb gewiß nicht unbeeinflußt von dem, was in der Philosophie geschah, insbesondere von Heideggers Vorbereitung der Seinsfrage. In dem ersten Werk seiner Reifezeit, den „Untersuchungen zu einer hermeneutischen Logik" zeigt sich der Einfluß von „Sein und Zeit" deutlich. Da wird auf Aristoteles und die Wurzeln der Aussagelogik zurückgegangen, um den Hintergrund zu bereiten, von dem sich Sprache als der lebendige Umgang mit den Dingen und als Existenzvollzug abheben läßt. Der vierte Abschnitt ‚Wort und Bedeutung' ist ein wahres Gegenstück zu der berühmten ersten logischen Untersuchung Husserls. Weder Ausdruck noch Zeichen, noch irgendeine feste Zuordnung von Wort und Bedeutung werden dem gerecht, was Sprache für den Menschen ist.

Ein zweites Buch hat Lipps noch selbst für den Druck vorbereitet, aber sein Erscheinen nicht mehr erlebt. Er ist am 10. September 1941 in Rußland als Regimentsarzt gefallen. Das Buch, „Die menschliche Natur", durchmißt eine bunte

Reihe von Phänomenen der Psychologie und der moralischen Anthropologie. Hinter den knappen Pointierungen, mit denen er die Phänomene darstellt, verrät der Verfasser, aber fast müßte man sagen: versteckt er seine ungewöhnliche Weltkenntnis und die Weite seiner Bildung.

Unter dem schönen, vielsagenden Titel „Die Verbindlichkeit der Sprache" und dem etwas farblosen „Die Wirklichkeit des Menschen" vollenden zwei Aufsatzbände das überaus konzentrierte Werk des früh Dahingegangenen. Es sollte heute erneut seine Stunde finden. Denn was in England im Gefolge von Wittgenstein, Austin, Searle an Schürfung im Gestein der Sprache unternommen worden ist, hat nicht nur einen Vorgänger, sondern ein großartiges Gegenstück in Hans Lipps – ganz ohne Programmatik. Es ist eine schier unerschöpfliche Auskunft, die Lipps aus der Abfragung der Sprache, ihrer Wörter, Wendungen, Redensarten, Sprichwörter, praktischen Funktionen gewinnt. Es ist die Sprache, und nicht ein erkenntnistheoretisches Apriori, worin sich der Umgang mit den Dingen niederschlägt und greifen läßt. Dies Ohr für die Sprache und dieser Blick für ihre Gestik zeichnen Hans Lipps unter den Phänomenologen aus. Man lernt bei ihm der Sprache aufs Maul schauen.

Heidelberg

Als ich von mehrwöchentlichem Aufenthalt in Argentinien nach Frankfurt zurückkam, erwarteten mich zwei Nachrichten; die Nachricht vom Tode meines Freundes Oskar Schürer, von dem ich einige Wochen vorher in der Beckerschen Strahlenklinik in Heidelberg Abschied genommen hatte, als er schon vom Tode gezeichnet war – und meine Berufung auf die Nachfolge Jaspers' in Heidelberg. Ich kam gerade noch zu Oskar Schürers Beerdigung auf dem Augsburger Friedhof zurecht und widmete dem verstorbenen Freunde, einem wahren Genie der Freundschaft, am offenen Grabe im Namen aller seiner zahlreichen Freunde Worte des Dankes – und fuhr dann in der trüben Abschiedsstimmung, die mich erfüllte, zur ersten Fühlungnahme nach Heidelberg. In Stuttgart, wo ich am späten Abend eintraf, wollte ich übernachten, aber es gab nicht ein einziges Bett mehr in den wenigen Hotels, die der deutschen Bevölkerung zur Verfügung standen. So fuhr ich weiter nach Heidelberg, wo ich nach Mitternacht eintraf. Die gleiche Sache. Ich irrte vergeblich von Tür zu Tür. Einmal, es war wohl schon nach zwei Uhr nachts, schien ich Glück zu haben. Eine Tür öffnete sich gerade, um Gäste herauszulassen, ich eilte beglückt herbei – aber es war eine Rote-Kreuz-Pension nur für Frauen. Ich war ratlos. Auf dem Bahnhof, dem alten Gebäude des späten Biedermeier, das ein fast romantischer Zauber umwob, konnte man nicht bleiben: der Warteraum war mit verdächtigen Gestalten überfüllt. Schließlich waren es die chaotischen Jahre nach dem Kriege, in denen eben auch jede Reise beinahe wie ein Urweltabenteuer war. Was tun? Es war eine milde Mainacht, und so streckte ich mich schließlich auf dem Bismarckplatz auf einer Bank zum Schlafen aus, mein Köfferchen als Kopfkissen unter mir, und schlief den Schlaf des Gerechten – bis mich, wohl gegen 7 Uhr morgens, plötzlich eine rauhe Faust schüttelte und ein strenger Polizist vor mir stand, der mir erklärte, hier dürfe man nicht schlafen. Ordnung ist doch etwas Schönes. Ich besänftigte schließlich mich und auch ihn, nachdem er meinen Paß eingehend studiert hatte – immerhin war ich nun wach und durchschlenderte die langsam erwachende Altstadt, schritt an Jaspers' mir von manchem Besuch wohlbekanntem Haus in der Plöck 44 vorbei und wartete – traurig bewegt von dem Verlust des Freundes und von manchem anderen bedrückt – auf meinen Amtsantritt an der Heidelberger Universität, an der ich ein Vierteljahrhundert lehren sollte. Im Seminargebäude wurde ich in Jaspers' Zimmer geführt, das ein altes Sofa zierte, auf dem später in zahlreichen Sitzungen des Verlagsausschusses der Deutschen Forschungsgemeinschaft Dr. Springer, Lambert Schneider, Dr. Knecht, Dr. Hanser, die Vertreter des Verlagswesens, einträchtiglich nebeneinander zu sitzen pflegten. Dann wurde mir die Seminarbibliothek gezeigt, deren Räume Jaspers nie betreten haben soll, die aber dank Ernst Hoffmanns gelehrter Sorgfalt gar nicht so ganz schlecht gepflegt war.

Jaspers war wohl schon seit mehr als einem Jahre in Basel. Dennoch war mein Beginn in Heidelberg durch den Kontrast bestimmt, den Art und Stil des Lehrens darstellten. Man hat es mir später geschildert, aus dem Kreise der alten Jaspers-Hörer, wie sie anfangs davon befremdet waren, daß ich so oft im Seminar auf Fragen antwortete: Das weiß ich nicht. Der Stil von Jaspers war offenbar ganz anders gewesen – er gab zu allen aufgeworfenen Fragen pointierte Stellungnahmen ab, und das war es, was man bei mir vermißte. Aber schließlich gewöhnt man sich ja an alles, und so haben sich auch die jungen Leute an mich und ich mich an die jungen Leute gewöhnt. Nur in einem Punkte blieb ich eine dauernde Enttäuschung: auf die damals grassierende Heideggerei vermochte ich niemals einzugehen. Dafür hatte ich bei Heidegger zu viel gelernt, um nicht zu sehen, daß auch das alles ‚Gerede' war.

Einmal, im zweiten Jahr meines Heidelberger Wirkens, kam Jaspers von Basel aus auf Einladung der Studentenschaft zu Vorträgen (‚Vernunft und Widervernunft') nach Heidelberg, und ich hatte den Auftrag, ihn im Namen von Rektor und Senat zu begrüßen. Natürlich war die alte Aula überfüllt und eine gewisse Spannung in der Luft. Nun passierte es mir, daß ich in meinen Begrüßungsworten versehentlich immer Leipzig statt Heidelberg sagte – allzu viele solcher Begrüßungen hatte ich ehedem als Leipziger Rektor gesprochen. Schließlich drangen die Zurufe ‚Heidelberg' durch, und ich konnte mich nur noch schnell durch die Wendung retten: „Aber es braucht wirklich niemand aus Leipzig Ihnen in Heidelberg zu sagen, wer Jaspers ist". Das wurde mit freundlichem Beifall quittiert, aber gerade das schien Jaspers gar nicht recht. Humor war wohl überhaupt nicht seine starke Seite, und ich habe ihn kaum je richtig lachen sehen. Er nahm alles – auch sich selbst – sehr ernst.

Im übrigen war es nicht schwer, sich in Heidelberg einzuleben. Ich fand freundschaftliche Aufnahme, alte Freunde wie Viktor von Weizsäcker waren da, über dem freilich bald das Leiden sich schrecklich isolierend zusammenzog. Das Wichtigste, die weitaus größte Hilfe zum Einleben, die ich damals dankbar empfand, war aber die theologische Sozietät, die mich alsbald hinzuzog und wo ich neben alten Freunden wie Günther und Heinrich Bornkamm so treffliche Männer wie Campenhausen, von Rad, Peter Brunner, Schlink und den katholischen Theologen Richard Hauser fand: in den dichten Rauchwolken theologischer Debatten, die diese eben erst zu einer Einheit zusammenwachsende Fakultät umhüllten, fand ich die erste innere Stützung. Wieder einmal war es die Erfahrung, daß der Logos allen gemeinsam ist.

Die damalige philosophische Fakultät war nicht in ähnlicher Weise homogen. Da waren einige ältere Kollegen, die im Dritten Reich ihre Stellung verloren hatten und nun ihre Tätigkeit wieder aufnahmen, und auf der anderen Seite ging es um die Wiedereinstellung ‚formaler' Pg's, zu der die Besatzungsmacht ihre Zustimmung geben mußte, weniger von Erwägungen der Gerechtigkeit als des augenblicklichen Bedarfs geleitet. Das schuf Spannungen und Verstimmungen, und schlimmer noch waren Fälle, in denen formal Belastete überhaupt nicht mehr zugelassen wurden, weil sich die Fakultät gar nicht für sie einsetzte. Das war nach meinen Erfahrungen vor allem dann der Fall, wenn die Betreffenden mit den im unfreiwilligen Ruhestand Befindlichen in den vergangenen Jahren keinen rechten Kontakt gepflegt hatten. Ein begreiflicher Maßstab, aber oft sehr ungerecht, und gerade in meinem Fach hatte ich rechte Mühe, die Dinge in Ordnung zu bringen, weil es schwer war, gegen solche örtlich-atmosphärischen Verdikte an die Tatsachen-Grundlagen überhaupt heranzukommen, die sich für die Ausgeschlossenen oft als völlig gegenstandslose Einwände erwiesen.

Heidelberg wimmelte damals von Amerikanern, die alle besseren Hotels besetzt hielten, aber im übrigen in das Leben der Stadt und der Universität wenig eingriffen. Insbesondere die am akademischen Leben interessierten Universitätsoffiziere usw. kannten ihre eigene high-school zu gut, um auf diesem Felde re-education ernstnehmen zu können. In der damaligen Studentenschaft, unter der die Kriegsteilnehmer langsam ausstarben, lebte ein ungestilltes Verlangen nach eigenen geistig-geselligen Lebensformen, und wir Professoren bemühten uns, dabei hilfreich zu sein. Einige feste Kreise bildeten sich, die bewußt neue Formen studentischen Gemeinschaftslebens erprobten, nichts mehr vom ‚Männerbund' hielten und sich meist um irgendeinen der Professoren scharten. Die Universitätsleitung unterstützte das. Die studentischen Korporationen waren noch nicht wieder zugelassen, und ebensowenig das Farbentragen. Am Ende aber scheiterten alle solche Reformbestrebungen an der Tatsache, daß diese spontan erfolgten Gruppenbildungen sich der Zumutung widersetzten, sich zu institutionalisieren und Anfänger in ihre Kreise zu ziehen. Es waren ältere, reifere Leute, die noch etwas vom Kriege abbekommen hatten, die mit den ‚grünen' Jungen und Mädchen nichts verband, und wenn man ihnen gut zuredete, sie müßten traditionsbildend sein und schließlich einmal die elitebildende, protektionistische Funktion der früheren Studentenverbindungen ihrerseits übernehmen, lehnten sie solche ‚unmoralischen' Aufforderungen zum Protektionismus entrüstet ab. So war es mit ihnen bald am Ende, und ein schwächliches Wiederaufleben der alten Verbindungen war nicht länger aufzuhalten – oft in ungewollt traditionalistischen Formen, weil die ‚Alten Herren' ein letztes Mal sich durchsetzten. Sogar das Farbentragen wurde, mit Einschränkung auf das eigene ‚Haus' und auf Festakte, wieder eingeführt, unter der Vorkämpferschaft der Schweizer und der katholischen Verbindungen.

Wie erschöpft die Kräfte dieser mit Krieg und Bomben aufgewachsenen Jugend im Grunde waren, mag folgende Geschichte illustrieren: Nach einem Seminar war ich mit einer größeren Gruppe zu einem Glas Wein beisammen, als die sensationelle Nachricht von Trumans Entsendung amerikanischer Truppen nach Korea kam. Alle sahen darin den ersten Akt des nächsten Weltkrieges, und das allgemeine Gespräch der jungen Leute galt ausschließlich der Frage, auf welche Weise man sich ‚verdünnisieren' könne. Das ‚Ohne mich' war das einzig Verbindende unter ihnen und mit der Weltgeschichte.

Immerhin war es eine Schar von leidenschaftlich suchenden, dem philosophischen Studium völlig hingegebenen jungen Leuten, die ich in Heidelberg vorfand und die sich mit einer Gruppe früherer Frankfurter Studenten verschmolz. Sie alle wollten ‚Philosophie' und nichts sonst und nahmen es mir fast übel, wenn ich sie nach ihren beruflichen Plänen fragte.

Damals gab es in Baden kein Prüfungsfach Philosophie (philosophische Propädeutik) in der Prüfung fürs höhere Lehramt, so daß ich eigentlich bei jedem, der zu mir kam, um Philosophie zu studieren, mir die Frage zu stellen hatte, ob es mein möglicher Nachfolger werden könnte. Denn ein anderes

‚Berufs'-Ziel gab es auf diesem Wege nicht. Dank dem Entgegenkommen der Unterrichtsverwaltung hatte ich mir bei der Berufung ausbedingen können, daß ich die kleine Zwangsprüfung aller künftigen Lehrer, das sogenannte Philosophicum, nicht abzunehmen brauchte. Es waren genügend Privatdozenten da, die dies gern taten, und auf diese Weise hatte ich es im Unterricht nicht mit Riesenzahlen und stets nur mit Freiwilligen zu tun. (Inzwischen hat man in Baden-Württemberg, sehr in meinem Sinne, das Philosophicum ganz abgeschafft und dafür die ‚philosophische Propädeutik' als Wahlfach wieder eingeführt. Das hatte ich schon immer angestrebt, denn nun kann man, bevor man sich auf Dissertationspläne einläßt, eine fürs Staatsexamen geschriebene Arbeit abwarten.) Es war immer noch zu viel für einen, mit den Studentenzahlen fertig zu werden, und erst, nachdem es mir gelungen war, Karl Löwith zur Rückkehr nach Deutschland und für Heidelberg zu gewinnen, konnte ich meinen Unterricht und meine eigene Arbeit wieder einigermaßen koordinieren.

Das ist für einen akademischen Lehrer ohnehin nicht leicht, und es verlangte schon damals konsequente Verwaltung der eigenen Zeit, als die Studentenzahl und der gesamte Zuschnitt einer Universität noch nicht vergleichbar war mit den heutigen Massen-Universitäten. Ich entschloß mich, meine Vorlesungen über ‚Kunst und Geschichte', mit denen ich in den dreißiger Jahren begonnen hatte und die ich immer mehr ins Grundsätzliche zu vertiefen suchte, zu einem Buch auszuarbeiten. Das war nur möglich, wenn ich mich von der Universitätspolitik möglichst fernhielt, und so widerstand ich der Versuchung, die Gerhard Hess, als er zum Rektor gewählt wurde, gleich nach meiner Übersiedlung nach Heidelberg an mich herantrug, das Dekanat der philosophischen Fakultät zu übernehmen, und zog mich möglichst zurück. Daß die Vollendung des geplanten Buches trotzdem viele Jahre in Anspruch nahm, kann nicht verwundern. Im Grunde kamen ja nur die Ferien für konsequente Arbeit in Frage. Die Semesterarbeit zog einen zu sehr ab, sachlich durch immer andere Vorlesungsstoffe, vor allem aber durch die Vielfalt der Aufgaben, die dem akademischen Lehrer für die Anleitung des wissenschaftlichen Nachwuchses gestellt werden. So habe ich in den 25 Jahren meiner Heidelberger Lehrtätigkeit vor allem eine Einrichtung geschaffen, die diesem Ziele diente und mit der ich dem Vorbild folgte, das Nicolai Hartmann für mich, als ich jung war, aufgestellt hatte: den sogenannten Hauskreis, höchstens 12 Teilnehmer, die zur Teilnahme eingeladen wurden und mit denen ich einmal in der Woche drei Stunden lang einen klassischen Text der Philosophie diskutierte. Manchmal war es ein Aristoteleskreis, manchmal ein Hegelkreis. Auch Fichte, auch Nicolaus Cusanus, auch Spinoza bildeten den sich oft über mehrere Semester hinziehenden Gegenstand dieser Geselligkeit, bei der es keinen Lehrer gab. Es war ein freier Austausch zwischen allen, und wir haben wohl alle dabei gelernt.

Eine andere Einrichtung, die ich im Heidelberger Philosophischen Seminar einführte, waren regelmäßige Gastvorträge. Auf diese Weise wollte ich den Philosophiestudenten Gelegenheit geben, auch andere Lehrer der Philosophie kennenzulernen, und die anschließenden Diskussionen waren gute Erprobungen für alle Beteiligten und Zuhörer. Überhaupt glaube ich, daß der dialogische Stil philosophischer Diskussionen selbst vor einem größeren Kreis von Teilnehmern sinnvoll bleibt. So habe ich die philosophischen Anfängerübungen (Proseminare) stets selber geleitet. Die übliche Überlassung derselben an die älteren Mitarbeiter (Assistenten) scheint mir im Grunde verfehlt. Ein angehender Dozent kann weit eher in seinem besonderen Arbeitsgebiet andere, schon Vorbereitete, zur Forschung anleiten, als den Anfänger und die unbeholfene Vagheit seiner meist kaum verständlichen Fragen zur Klarheit führen. Umgekehrt ist es für einen jeden aufschlußreich und in unerwarteter Weise belehrend, zu sehen, wie ‚im Schwange befindliche Vorstellungen' die Fragen der Philosophie determinieren – und blockieren. Aber auch unter pädagogischem Gesichtspunkt ist der Versuch, die wirklichen Fragen aus solchen Tastversuchen des Anfängers herauszuschälen, nicht nur für den einen, mit dem man das Wechselgespräch führt, förderlich. Es kann vielmehr jedem, der dabei ist, so gehen, wie es uns allen beim Lesen platonischer Dialoge geht, daß er zum Partner und zum Gefragten des Gesprächs wird, auch wenn er mit demselben nur mitgeht.

Ähnliches hatte ich bei dem jungen Heidegger gesehen und suchte ihm darin zu folgen: Keine gegebene Antwort kann sinnlos sein, aber oft bedarf es einer langen Klärung des möglichen Sinnes, der motivierend dahinter stand. Der junge Heidegger, solange er noch nicht die Grundzüge seiner eigenen Fragestellung literarisch fixiert hatte, verstand das meisterhaft, und wir merkten es sehr genau, damals in Marburg, als er an ‚Sein und Zeit' schrieb und plötzlich die Geduld und die Offenheit nicht mehr aufbrachte, die eine fruchtbare Gesprächsführung solcher Art ermöglichen. Der belebende Eindruck solcher Wechselgespräche rührt zuletzt daher, daß es auch für den Führer solcher Gespräche nicht absehbar ist, wohin der Klärungsversuch führt und was am Ende an der Gegenmeinung ‚daran' ist. Erst dann, wenn solches Gespräch ins Offene gestellt ist, ist es ja ein wirkliches Gespräch, mit wirklichen Fragen und echtem Antwortsuchen. Mein eigenes Naturell kam solcher ‚dialogischen Existenz' sehr entgegen, und ich habe versucht, das als Lehrstil zu entwickeln – auf die Gefahr hin, daß manchmal die versuchten Klärungen der Zwischenantworten das gesuchte Frageziel ganz in die Ferne rücken.

Einer der ersten ausländischen philosophischen Gäste, der im Seminar zu Worte kam, war Jean Hyppolite – eindrucksvoll durch sein Engagement, aber unverständlich dank seiner Unkundigkeit der deutschen Aussprache. Dieser treffliche Übersetzer Hegels verfremdete das Deutsche durch seine Aussprache bis zur Unkenntlichkeit. Von seinem Besuch ist mir in Erinnerung geblieben, daß ich mit ihm ein Rundfunkgespräch zu führen hatte. Ein französischer Gelehrter in Deutschland – im Jahre 1950 war das noch eine Sensation. Für die politische Lage Frankreichs war es nun bezeichnend, daß sich Jean Hyppolite für das ‚politische' Gespräch, das wir führen sollten, ausbedang, daß darin das Wort ‚Europa' nicht vorkommen dürfe. Das war für die damaligen französischen Linksintellektuellen ein Tabu: sie hätten sich in den Augen der französischen Kommunisten durch ein noch so gedämpftes Bekenntnis zu ‚Europa' als Imperialisten neuen Stils kompromittiert.

Ein anderer unter den ersten Gästen war Oskar Becker, der Schüler Husserls und Heideggers, der damals in Bonn nicht lehren durfte, nicht, weil er wirklich Nazi – oder auch nur Pg – gewesen wäre, sondern wegen seiner – durchaus nicht antisemitisch gemeinten – Rassentheorie und seines zugeschärften Freidenkertums, für das er bekannt war. Ich hatte vor ihm, vor allem für seine Studien zur Geschichte der Mathematik und überhaupt wegen seiner profunden Gelehrsamkeit, großen Respekt. Sein Vortrag war mir freilich nicht überzeugend, er suchte die Mathematik und die Psychoanalyse jenseits der geschichtlich-hermeneutischen Dimension als ‚Para-Existenz' zu lokalisieren und dann eine beide Aspekte vereinigende Meta-Existenz zu programmieren. Aber ohne Zweifel verdiente er das Lehrverbot nicht, und seine spätere Wiederaufnahme der Lehrtätigkeit in Bonn, zu der ich mithelfen konnte, indem ich ihn an die erste Stelle der Berufungsliste für die andere Heidelberger Professur brachte, bildete später ein wichtiges Moment in der Heranbildung einer neuen philosophischen Generation. Manche damaligen Bonner wie Apel, Habermas, Ilting, Pöggeler, Schmitz haben mir das bezeugt. Oskar Becker war eine physisch überaus zarte, geradezu ängstliche Natur. Als wir ihn zu Tisch erwarteten, entwickelte sich im Treppenhaus unserer kleinen Geniekaserne Uferstraße 40 ein ohrenbetäubender Lärm: ein selbst sonst sehr furchtsamer kleiner Hund aus einer der anderen Professorenwohnungen des Hauses hatte beim Anblick Oskar Beckers sein Löwenherz entdeckt und hinderte den angsterfüllten Gast, die Treppe weiter heraufzusteigen.

Wohl könnte ich aus der großen Liste derer, die im Laufe der Jahre bei uns im Seminar zu Gaste waren, noch manchen nennen und manches von ihnen erzählen. Aber ich will mich hier auf die wenigen beschränken, die inzwischen dahingegangen sind, und so möchte ich nur zwei Namen noch anfügen: Richard Kroner und Theodor Adorno. Richard Kroner, der in den dreißiger Jahren Deutschland hatte verlassen müssen, kam besuchsweise nach Deutschland und hielt auf meine Einladung hin einen Vortrag. Ich glaube, es war über Shakespeares Hamlet. Der feine, empfindsame und zarte Mann, mit dem ich seit meiner Freiburger Zeit befreundet war, wirkte wie ein Wesen aus einer anderen Welt. Nicht, daß er amerikanisiert gewirkt hätte – im Gegenteil. Auf eine schwer beschreibbare Weise war sein Vortrag, dessen sittlicher und geistiger Ernst offensichtlich war, wie eine Stimme aus vergangenen Zeiten. Gewiß war er inzwischen ein alter Mann geworden. Aber das war es nicht. Es war eher, daß ihn noch immer die Aura des deutschen Bildungsbürgertums umschwebte, aus der er kam und das er trotz Jahrzehnten des Exils und trotz aller Zertrümmerung der alten deutschen Kulturtradition wie ein später Zeuge rührend und befremdlich verkörperte.

Adornos Besuch war später. Er war schon fast eine Berühmtheit und las als Vortrag ein geradezu quälend wohlstilisiertes Textgebilde vor, das gar zu sehr von dem abstach, was man in unserem philosophischen Seminar gewöhnt war. Er und ich waren ja wohl wirklich recht große Gegensätze in Stil und Erscheinung und Gehabe. Gleichwohl denke ich an diesen Besuch nicht ohne Wärme zurück; meine höflich-freundliche Leitung der Sitzung hatte ihm so wohlgetan, daß er nachher geradezu auftaute. Wieder Jahre später, als seine Negative Dialektik erschienen war, beschloß ich – auf Anregung meiner Schüler – dazu einmal ausführlich Stellung zu nehmen. Ich hatte gelegentlich, während meiner Lektüre des Buches, meinen Schülern dargelegt, wie seltsam die dort versuchte Umbildung und Kritik Hegels mit dem Denkanliegen Heideggers konvergierte – nur daß die Anhänger der Frankfurter Schule eine seltsame Blindheit befällt, wenn sie das Reizwort ‚ontologisch' hören. Sie erkennen sich dann selber nicht wieder. Ich wollte das darlegen. Ich hoffte, vielleicht eine fruchtbare Diskussion auszulösen, und stand auf dem Bahnhof, vor Beginn einer Ferienreise, mit dem Buch im Gepäck, als mein Schüler Wiehl – zufällig ankommend – mir erzählte, der Rundfunk habe soeben den Tod Adornos bekanntgegeben. Ich war zu spät daran...

Im Jahre 1953 war Löwith aus USA nach Deutschland zurückgekehrt und wurde mein Heidelberger Kollege, wie er vor 1933 mein Marburger Kollege gewesen war. Auch da gab es nicht gerade philosophische Eintracht. Löwith war zwar ganz der Alte geblieben, ein zu seiner Singularität Entschlossener. Nach all den Jahren in Japan und USA gereift, war er seines Könnens sicher, seiner schriftstellerischen Erfolge, die nicht gering waren, wohl bewußt. Und doch reizte ihn noch immer die Philosophie und Heidegger zu erbittertem Widerspruch, und zu diesem Widerspruch wurde er um so mehr gereizt, als Heidegger damals, in einer Art zweiter Welle, die dem Welterfolg der späten 20er Jahre jetzt, nach dem Kriege, trotz allem offiziellen Verdikt, gefolgt war, auf geradezu unheimliche Resonanz bei der akademischen Jugend stieß. So schrieb Löwith damals ein scharfes polemisches Pamphlet ‚Denker in dürftiger Zeit' und fand erst, als die Heidegger-Welle abgeebbt war, langsam ein gelassenes und würdiges Verhältnis zu seinem einstigen Lehrer und Freunde.

Damals nun, als sein Gegensatz zu Heidegger auf dem Höhepunkt war, hatten wir über Heideggers ‚Vom Wesen der Wahrheit' ein gemeinsames Seminar. Jeder von uns zog eifrig in entgegengesetzter Richtung, und das ergab dann wohl eine nicht geringe Spannung. Löwiths Hauptargument dafür, daß es mit dem ‚Sein' nichts ist, kann ich freilich heute so wenig anerkennen wie damals: die Unübersetzbarkeit der Heideggerschen Begriffsbildungen in andere Sprachen. Wenn dieses Argument richtig wäre, dann wäre es nicht nur mit Heidegger und dem ‚Sein' nichts, sondern mit aller Philosophie nichts, die gewohnte Traditionen bricht. Schon damals hielt ich ihm entgegen, daß es immerhin 100 Jahre gebraucht habe, bis es eine halbwegs verständliche Übersetzung Hegels ins Englische gab.

Da hat Heidegger noch Zeit. Neue Denkversuche kommen oft schon in der eigenen Muttersprache nicht durch und stoßen auf Ablehnung – bis allgemach manches Befremdliche natürlich, manches Natürliche befremdlich klingt. Ein Beispiel: Eduard Spranger hat sich ehedem über das Manuskript von ‚Sein und Zeit' gutachtlich dahin geäußert, es stünde nicht eigentlich etwas Neues darin, wenn man von der eigenwilligen Sprache absehe! Nun, Löwith meinte es anders. Er hatte den jungen Heidegger für sich entdeckt und selbstverständlich auch den Rang von ‚Sein und Zeit' nicht verkannt. Aber die ‚Kehre' und die Rede vom Sein, das nicht das Sein des Seienden sein soll – das hielt er für Mythologie oder Pseudopoesie. Aber es ist nicht Mythologie und nicht Poesie, sondern Denken – auch wenn die poetisierende Gleichnisrede oder gar der dichterische Versuch von der Sprachnot des neuen Denkens ein oft verwirrendes Zeugnis ablegen.

Ich habe versucht, mir auf meine Weise durch Heideggers Denken gleichwohl weiterhelfen zu lassen. Aber das gehört nicht hierher.

Der Wiederaufbau der Universität Heidelberg, die durch das Dritte Reich und sein Ende besonders mitgenommen war, obwohl sie von den Bomben verschont geblieben war, erwies sich als sehr mühsam. Der wirtschaftliche Wiederaufbau regierte die Stunde. Die Mittel für Schule und Hochschule waren recht bescheiden, und dazu kamen endlose Schwierigkeiten administrativer Art, die aus der Übertragung genereller gesetzlicher Bestimmungen auf die besonderen Verhältnisse der Hochschulen herrührten. Eine davon war das Problem der Entnazifizierung und der Auslegung der entsprechenden Bestimmungen der Besatzungsmächte. Hier gab es ein unerfreuliches Gemisch von versuchter politischer Gerechtigkeit und bedarfstechnischer Notwendigkeit. Mancher „Belastete" war sehr früh wieder zugelassen worden. Andere hatten sehr lange zu warten, und das hing alles von vielen Zufällen ab. Nicht gerade Bedingung für ein gutes Klima. Eine zweite Schwierigkeit rührte von der eigentümlich engen Anwendung gesetzlicher

Bestimmungen zugunsten der Aufnahme der Heimatvertriebenen. Das war an sich eine große Leistung der Politik der ersten Jahre, daß man die Aufnahme und Einstellung von aus dem Osten Gekommenen gesetzlich erzwang. Den Schwaben war es aber vorbehalten, diese gesetzliche Regelung zunächst in dem Sinne auszulegen, daß sie auch für jeden Professor, der neu eingestellt werden sollte, einen sogenannten „Vorspann" verlangten, das heißt die gleichzeitige Einstellung eines heimatvertriebenen Professors. Das war natürlich absurd. Als ob das Los der Vertreibung von einer weisen Vorsehung dem wissenschaftlichen und pädagogischen Bedarf der westdeutschen Universitäten entsprechend ausgeteilt worden wäre. In anderen Ländern half sich die Verwaltung sinngemäß damit, daß man den gesamten Personalbestand der Hochschule der gesetzlichen Vorschrift anpaßte und für jede gewünschte Neuberufung einen heimatvertriebenen Bademeister oder Pedell als Vorspann einstellte. Die genauen Schwaben waren anders, und so brachten sie's fertig, daß an der Heidelberger Universität im Jahre 1954 von etwa 80 ordentlichen Lehrstühlen 21 unbesetzt waren, weil der Vorspann fehlte. In diesem prekären Augenblick, als es so einfach nicht mehr weiterging, ging ich als Dekan der philosophischen Fakultät in die Öffentlichkeit. Ich schrieb einen Zeitungsartikel – natürlich ohne meine Kollegen zu fragen, die mit Sicherheit tausend Bedenken geäußert hätten – unter dem Titel: „Die Universität Heidelberg in den Fesseln der Bürokratie", in dem ich die Verantwortung für die unhaltbaren Zustände sorgsam zwischen Bundesbehörden und Landesbehörden in der Schwebe ließ. Der Artikel hatte Erfolg: Der „Spiegel" griff die Sache auf, ein niedergeschlagenes Foto von mir illustrierte den ganzen Jammer, und die Regierung in Schwaben vermied eine Fortsetzung dieses Pressefeldzuges, indem sie die 21 Berufungen, die teilweise schon Jahre auf den Stuttgarter Schreibtischen lagen, endlich ausführte – vermutlich, nachdem sie die nötige Anzahl von Bademeistern gefunden hatte.

Auf diese Weise gelang die Neubildung unserer Fakultät, natürlich einer richtigen Ordinarien-Fakultät, die aus 20 bis 30 Köpfen bestand. Es waren nicht weniger als 13 Neuberufungen in unserer Fakultät, die damals erfolgten.

Das war an sich ein arbeitsfähiges Gremium, und soweit ich es beurteilen kann, hat es keine schlechte Arbeit geleistet. Freilich war der Bewegungsspielraum dank der allzu engen Etatspolitik gar zu gering. Auch behaupte ich nicht, daß diese Fakultät im ganzen größere Voraussicht und Weitsicht bewies, als andern Ortes der Fall war. Für die rechtzeitige Vorbereitung auf die Anforderungen der Lehre, die es angesichts der kommenden Entwicklung zu treffen galt, geschah im Grunde nichts. Es wurden immer nur Löcher gestopft, manchmal auf glückliche Weise. Man sollte jedoch Heidelberg so gut wie den Universitäten im ganzen immerhin zubilligen, daß selbst die bescheidenen Beweise von Weitsicht, die die Selbstverwaltungsgremien aufbrachten, regelmäßig daran scheiterten, dass es den Politikern und der Verwaltung an kulturpolitischem Weitblick erst recht fehlte. Immerhin ist es doch natürlicher, daß Forscher es an dem rechten Augenmaß für die Realitäten und für die zukünftige Entwicklung fehlen ließen, als die dafür bestallten politischen Instanzen. Im ganzen scheint mir, daß für alle Teile Bert Brecht recht behält: „Denn für dieses Leben ist der Mensch nicht schlau genug“.

Es steht mir nicht zu, hier über die Erfolge und Mißerfolge meiner Heidelberger Lehrtätigkeit zu berichten. Im Laufe der Jahre werden aus Kindern Leute. Kaum einer meiner Schüler folgte einfach meinen Spuren, und es ist nicht meine Sache, die neuen Impulse zu würdigen, die sich aus den alten Anstößen, die sie von mir erhalten hatten, entwickelten. So sei nur ganz allgemein gesagt, daß Heidelberg als eine Stätte philosophischer Ausbildung im Laufe der Jahre einigen Ruf erlangte und daß es mich mit Genugtuung erfüllte, daß es, nachdem Heidegger nicht mehr lehrte, Freiburg den Rang ablief. Daß viele Ausländer schließlich im Heidelberger Seminar zeitweise weilten und dort Gelerntes später in ihren Heimatländern vertraten, gehört zu den schönen Bestätigungen, die alternden Gelehrten zuteil werden, wenn sie ins Ausland kommen. Da ist an vielen Orten ein treuer Schüler, von dem man kaum etwas wußte. Insbesondere in Amerika wurde mir, als ich nach meiner Emeritierung es erstmals wagte, mein englisches Gestammel dort vorzuführen, diese Erfahrung reichlich zuteil, und mit spanischen, italienischen und griechischen Schülern und mit den unmittelbaren Nachbarländern bestand seit längerem ein lebhafter Austausch. Die Jahre der nationalen Provinz-Kulturen neigen sich langsam dem Ende zu.

In den ersten zehn Jahren, die ich in Heidelberg lehrte, vermied ich, soweit möglich, alle administrativen und hochschulpolitischen Engagements, besuchte auch keine Kongresse und Tagungen und war nur selten einmal zu einem Vortrag auswärts. Auswärts Vorträge zu halten, ist inzwischen sehr viel mehr üblich geworden, und es läßt sich gewiß verteidigen, daß man seine Gedanken auch anderswo zur Diskussion stellt und nicht nur im eigenen Hörsaal, wo die Echowirkung so betäubend stark ist, daß einem meist nur das eigene Wort allzu sehr bestätigend zurückschallt. Aber man sollte zugeben, daß jeder auswärtige Vortrag, den man während eines laufenden Semesters übernimmt, die Intensität der eigenen Lehrtätigkeit schwächt. Da gibt es keine Illusionen.

Vor allem aber gelingt es nur bei äußerster Zurückhaltung und Disziplin, eigene wissenschaftliche Forschung, wie sie im Zusammenhang mit der Lehre voranschreitet, zu ausgereiftem literarischem Abschluß zu bringen. Nonum prematur in annum, dieser alte horazische Grundsatz, daß alles Gute neun Jahre zur Reifung braucht, hat sich an meinem eigenen Versuch, die Grundzüge einer philosophischen Hermeneutik auszuarbeiten, buchstäblich erfüllt. Immer wieder zwang einen das neue Semester, die in den Ferien in Gang gebrachte Fortarbeit zu unterbrechen, und wenn es vielleicht noch einige Wochen in einem weiterarbeitete – nach Wiederbeginn der Ferien-Arbeitszeit war die Wiederaufnahme der Arbeit umgekehrt auch nicht leicht, weil die Arbeitsresultate des Semesters einen besetzt hielten. Wie bei den administrativen und pädagogischen Anforderungen, die heute an jüngere Forscher gestellt werden, ausgereifte literarische Leistungen zustande kommen sollen, ist mir völlig schleierhaft. Das Urlaubssemester, das es heutzutage – nicht zu meiner Zeit – gibt, erlaubt eben doch nicht die Kontinuität über Jahre, auf die es dafür ankäme.

Die Zusammenfassung meiner Studien zur philosophischen Hermeneutik, die schließlich unter dem Haupttitel ‚Wahrheit und Methode' im Jahre 1959 zustande kam, beendete einen langsamen, oft unterbrochenen Wachstumsprozeß. Studien zur Ästhetik, zur Geschichte der Hermeneutik und zur Philosophie der Geschichte in der Nachfolge Diltheys, Husserls und Heideggers vereinigten sich am Ende zu einer philosophischen Rechenschaftsgabe, die keine einseitige Konstruktion sein wollte, sondern auf breiten Feldern hermeneutischer Erfahrung ihre Ausweisung hatte. Als das Buch erschien, war es mir keineswegs sicher, daß es noch zur rechten Zeit kam. Die ‚zweite Romantik', die der Industrialisierung, Bürokratisierung, Rationalisierung der Welt in der ersten Hälfte unseres Jahrhunderts zur Seite ging, neigte sich offenkundig ihrem Ende zu. Eine neue, dritte Welle der Aufklärung war im Anrollen. Würde das Wort, das die große metaphysische Tradition des Abendlandes gesprochen hatte und das durch das ‚historische Jahrhundert', das 19., hindurch noch immer vernehmbar blieb, am Ende taube Ohren finden? Mein hermeneutischer Versuch, der diese Tradition beschwor und zugleich über die bürgerliche Bildungsreligion, in der sie nachlebte, hinauszukommen und zu ihren ursprünglichen Kräften zurückzuführen suchte, mochte einer von kritischem Emanzipationswillen getriebenen jüngeren Denkgesinnung fremd vorkommen.

So war es wohl auch und so ist es gewiß. Indes sind geschichtliche Bewegungen des Geistes stets zwiegewandt, und so konnte die ‚philosophische Hermeneutik' präsent werden und präsent bleiben, gerade weil man über jede Tradition hinauszusein glaubte oder hinauszukommen strebte.

Jedenfalls begann mein hermeneutischer Versuch immer mehr Interesse zu finden. Hatte ich noch bei der ,Taufe' des Buches das Wort Hermeneutik auf den Rat des Verlegers hin als allzu unbekannt in den Untertitel verbannt, mußte schon der erste Band meiner ,Kleinen Schriften', der 1964 erschien, wieder auf den Rat des Verlegers hin, unbedingt im Titel ,Hermeneutik' bringen. Inzwischen ist Hermeneutik ein Modewort geworden, d. h., es wird meist nur als ein neuer Hut für alte Sachen verwendet, insbesondere für eine ,hermeneutische Methode', die nicht neu ist, oder gar für die ,Unmethode des Ahnens und der Begeisterung', die so alt ist wie die unglückliche Liebe zur Philosophie selber.

Doch es ist hier nicht der Ort, über meinen eigenen philosophischen Beitrag zu sprechen. Ich erwähne das nur, um zu begründen, warum ich erst nach Vollendung meines Buches in den sechziger Jahren mehr in die Öffentlichkeit trat, auch eine größere Zahl kleinerer Veröffentlichungen z. T. im Stil von Vorträgen herausbrachte, die mein Buch zu ergänzen bestimmt waren. Nachdem ich den Abschluß dieser größeren Arbeit hinter mich gebracht hatte, erschien mir fast jede andere Aufgabe leicht – nur die Wiederaufnahme und Ausarbeitung meiner seit Jahrzehnten sich häufenden Studien zur antiken Philosophie hält mich seitdem in Atem und veranlaßt mich zu einer sich langsam dehnenden Reihe kleinerer Sonderveröffentlichungen. Ebenso harren meine Studien zur Poetik noch einer zusammenfassenden Ausarbeitung.

Zwei Diskussionskreise habe ich in diesem Zusammenhang entwickelt: einen Studienkreis für Begriffsgeschichte, der durch eine ,Senatskommission' der Deutschen Forschungsgemeinschaft getragen wurde und alljährlich zusammentrat, bis die Saat aufging und jüngere Forscher sich zu eigenen Arbeitskreisen zusammenfanden. Auf diesem Gebiet bedeutete das von Joachim Ritter ins Leben gerufene ,Historische Wörterbuch der Philosophie', bei dessen Anfängen ich mitbeteiligt war, die Anregung zu vielen Studien, und das von ihm und mir und K. F. Gruender herausgegebene Archiv für Begriffsgeschichte geht mit dem Fortschreiten des monumentalen Unternehmens des ‚Wörterbuchs' Hand in Hand. Begriffsgeschichte erscheint mir als eine Vorbedingung für kritisch-verantwortliches Philosophieren in unserer Zeit, und es ist nur auf dem Wege über die Wortgeschichte, daß sich die begriffsgeschichtliche Forschung vorwärtsbewegen kann. Die Mitarbeit bedeutender Philologen bildete den besonderen Reiz dieses Kreises. Er hatte sich stets der Fürsorge der Deutschen Forschungsgemeinschaft zu erfreuen. Als sich schließlich herausstellte, daß wir — im Unterschied zu anderen Senatskommissionen — nur sehr geringe Mittel in Anspruch nahmen, wurde die Kommission eines Tages aufgelöst, und wir wurden auf das Normalverfahren verwiesen. Aber wie es so ist, schlief damit dieser Arbeitskreis ein: ohne einen verpflichtenden Auftrag folgt eben jeder Gelehrte lieber seinen Sonderinteressen, die sich in meinem Falle mehr und mehr auf die griechische Philosophie konzentrierten, und dafür konnte ich, wenn ich es brauchte, auch das Interesse der DFG gewinnen.

Auch hatte ich mannigfache andere Aufgaben übernommen. Ich war eine Zeitlang Präsident der Allgemeinen Deutschen Gesellschaft für Philosophie und organisierte in dieser Eigenschaft einen Kongreß in Heidelberg über ‚das Problem der Sprache' (1965).

Auch der große internationale Kongreß für Philosophie in Wien, bei dem ich 1969 die Eröffnungsrede „Über die Macht der Vernunft" hielt, fällt in diese Zeit — die erste Erfahrung mit der neuen Fragwürdigkeit von Weltkongressen, in denen man zusammenkommt, um sich hoffnungslos in der Menge, die man selber mit bildet, zu verlieren.

Vor allem aber hatte ich inzwischen eine Studienvereinigung zur Förderung der Hegel-Studien begründet. Ich will auf die zum Teil durch politische Aspekte verzerrte Vorgeschichte dieser Gründung nicht eingehen. Sie war nicht als Konkurrenz zu der schon bestehenden, von Dr. W. R. Beyer begründeten Hegel-Gesellschaft gedacht, die größere, im Lichte der Öffentlichkeit stehende Kongresse veranstaltete, sondern als eine

Plattform für die Begegnung von Forschern und den Austausch von Arbeitsresultaten in kleinerem Rahmen und hat als solche gute Arbeit geleistet, insbesondere durch häufige Veranstaltungen außer in Deutschland in Frankreich, Holland, Italien. Meinen eigenen, seit vielen Jahren gepflegten Hegel-Studien ist die Arbeit der Vereinigung auch zugute gekommen, wenn ich auch nur kleinere Beiträge zu einem ehedem allzu weit gespannten Programm zu vollenden vermochte, die jetzt in dem Büchlein ‚Hegel's Dialektik' und dem Aufsatz: Hegels Dialektik des Selbstbewußtseins (in dem Suhrkamp-Band ‚Materialien') vorliegen. Das zunehmende Interesse an Hegel, das teilweise auch durch den Neomarxismus belebt worden ist, hat schließlich zu Veranstaltungen mit größerer öffentlicher Resonanz geführt, insbesondere zu dem Stuttgarter Jubiläumskongreß von 1970, mit dem ich mich als Präsident von der von mir begründeten Vereinigung verabschiedete, und dem von meinem Nachfolger in der Präsidentschaft veranstalteten Stuttgarter Kongreß von 1975.

Ich berichte über diese Arbeitskreise nur in dieser summarischen Form, da die Resultate derselben, teils als Beihefte zum Archiv für Begriffsgeschichte, teils als Beihefte zu den Hegel-Studien, veröffentlicht worden sind. Natürlich knüpfen sich an alle solchen Veranstaltungen, wie auch an die zahlreichen Vortragsreisen im In- und Ausland, die ich in diesen Jahren unternahm, viele mehr oder minder interessante Erinnerungen, aber ich unterlasse es, dieselben auszubreiten. Sie reichen zu nah an unsere Gegenwart heran und schließen zu oft die Intimsphäre noch Lebender ein, als daß sie der Reflexion eines altgewordenen Gedächtnisses ausgesetzt werden dürften. Am Ende wollen diese Erinnerungen nur dort etwas festhalten, wo andere, Jüngere, nicht in der gleichen Weise zurückzureichen vermögen.

Zu den Einrichtungen für den interdisziplinären Austausch, die es in Heidelberg gab, zählt auch die Heidelberger Akademie der Wissenschaften, in die ich bald nach meiner Übersiedlung nach Heidelberg gewählt wurde. Die ‚kleinen' Akademien Westdeutschlands sind im Unterschied zu den großen Wissenschaftsorganisationen, die Deutsche Forschungsgemeinschaft, die Max Planck-Gesellschaft und ähnliches, durch die Hunderte von Millionen Mark verwaltet werden, kleine Unterstützungsempfänger, die einige langfristige Unternehmungen betreuen. So hatte ich nach dem Tode Ernst Hoffmanns, der zusammen mit Klibansky die Heidelberger Akademie-Ausgabe des Nicolaus Cusanus ins Leben gerufen hatte, diese Ausgabe jahrzehntelang zu betreuen, konnte gute Fortschritte erzielen, aber die Ausgabe ist noch nicht vollendet. Andere Unternehmungen der Heidelberger Akademie gehen auch über die Jahrzehnte, und das ist nicht so schlecht, wie der Außenstehende denken mag. Solche Ausgaben sind zugleich Schulungsstätten für den Gelehrtennachwuchs und dürfen nicht an den Massen bedruckten Papiers gemessen werden, die sie produzieren. Aber es ist schwierig, mühevoll und zeitraubend, das den verantwortlichen Stellen klarzumachen.

Noch schwieriger ist es, das zu erklären, was in den ‚Sitzungen' der Akademien geschieht. In meinen Augen sind das die einzigen eines Gelehrten würdigen Sitzungen im heutigen akademischen Leben: ein klein wenig Administration, aber davor ein wissenschaftlicher Vortrag mit eingehender Aussprache. Das ist das rechte Maß. Ich fand später Ähnliches in der Divinity School in Harvard. Jede Fakultätssitzung begann da mit einem einstündigen wissenschaftlichen Teil, und ich bin überzeugt, daß ein solches Verfahren für vernünftige Verwaltungsgeschäfte keine Beeinträchtigung darstellt, sondern im Gegenteil eine konzentrierende und intensivierende Wirkung auszuüben vermag. Wer soeben etwas lernen durfte und sich in seinem Gelehrtenberuf durch Austausch mit anderen bestätigt hat – und damit zugleich der Beschränktheit seiner Kompetenz innewurde –, wird auch in Verwaltungsdingen leichter die gemeinsame Vernunft sprechen lassen, anstatt jener ‚privaten' Vernunft, der wir Menschen so gerne folgen.

Jedenfalls stellten die Akademiesitzungen – neben wenigen gehaltvollen Kommissionssitzungen und Habilitationskolloquien – fast die einzigen Akte dar, in denen eine gelehrte

Korporation sich ihrer Gemeinsamkeit versichern konnte, und ich begreife schwer, daß man die vorrangige Bedeutung dieser Seite des Akademielebens nicht stärker honoriert. Gewiß, nicht jeder Vortrag lohnt sich für jeden. Es kann auch sehr langweilig für einen sein, wenn die hohe Spezialisierung der Materie einen von wahrer Teilnahme ausschließt. So erinnere ich mich, daß ich einmal bei einem Vortrag von Adam Falkenstein – einem der allerersten Orientalisten der Welt – regelrecht eingeschlafen bin. Aber die Gegenbeispiele überwogen, in denen ein Forschungsbeitrag nicht nur in sich gehaltvoll ist, sondern aus dem Austausch mit Vertretern anderer Fächer echte neue Forschungsimpulse ausgelöst werden. Das muß nicht einmal durch Diskussion geschehen. In der Sächsischen Akademie der Wissenschaften zu Leipzig gab es z. B. keine Aussprache. Dort herrschte überhaupt eine sehr würdevolle Atmosphäre, und ich erinnere mich recht gut meiner Jungfernrede dort, noch vor der Einäscherung Leipzigs, im Oberstock des großen Hauptgebäudes der Universität, in den Räumen der Akademie, deren Sessel ebenso bequem wie auf ehrwürdige Weise ‚durchgesessen' waren. Als ich begann, setzte sich auf einmal die Hälfte meiner ebenso erlauchten wie ergrauten Zuhörerschaft, jeder mit seinem Hörrohr bewaffnet, in Richtung auf das Rednerpult in Bewegung. Es war wie in Shakespeares Macbeth der Wald, der sich bedrohlich näherte – der Wald der tauben Ohren, dem man in der Angst der eigenen Unwissenheit als 40jähriger Neuling standzuhalten hatte. Die grunzende Anerkennung der alten Herren, Körte und Alfred Schulze und Siber und Brandenburg und wie sie alle hießen, die man in der Garderobe in Empfang nahm, konnte einen nicht darüber täuschen, wie viel man noch zu lernen hatte.

In Heidelberg ging es zwar anfangs – trotz Diskussionsfreiheit – auch äußerst würdig zu. Das lag im besonderen an dem gravitätischen Traditionalismus, den der Sekretar, Otto Regenbogen, ausstrahlte. Ich weiß noch heute meinen Schrekken, als Regenbogen plötzlich in einer Antwort auf eine Frage von mir mit fast drohendem Tone und gewaltig anschwellender Stimme darauf hinwies, daß er kein Briefträger sei ... – ich hatte als Neuling das schreckliche Vergehen begangen, ihn statt als ‚Secretar' als ‚Sekretär' anzureden. – Später, nachdem es gelungen war, die Verlegung der Sitzungen vom Sonnabend nachmittag auf den Vormittag durchzusetzen, und vor allem, nachdem die Akademie endlich dazu überging, über Heidelberg hinaus eine echte Akademie des Landes Baden-Württemberg zu werden und die führenden Fachleute der anderen Hochschulen des Landes in ihre Reihen berief, gab es oft sehr gewinnbringende Aussprachen. Das war sozusagen die andere Möglichkeit körperschaftlicher Solidarität. Entweder, wie in Leipzig, wo man jedem Sprecher unterstellte, daß er der beste Kenner seiner Sache war, oder: daß man in einem Kreis Gleichgestellter auch Belehrungen von anderen entgegenzunehmen bereit war. Wir haben da oft eine scharfe Klinge geführt, und selbst wenn man des Unausgereiften eines eigenen Beitrags dabei innewurde, war das keine Schande, sondern ein echter Gewinn. Die Ausweitung des Horizontes, die man der Teilnahme an diesen Sitzungen verdankt, hat einen wirklichen Wert, und in einer Zeit, in der man nach Abhilfe gegen die wachsende Trennung der ‚Fachbereiche' und nach interdisziplinären Institutionen sucht, sollte man die vornehmste Institution dieser Art, die das Land besitzt, eigentlich stärker ehren.

Ich verkenne nicht, daß der Nachdruck, den ich auf die Heidelberger Akademie der Wissenschaften lege, ein Nachhall meiner eigenen vierjährigen Präsidentschaft ist, die ich nach meiner Emeritierung übernahm. Kein sehr dankbares Geschäft. Und wenn man mit Engelszungen redete: im Zeitalter der Wählerstimmen-Arithmetik bleibt eine Körperschaft vom Schlage der Akademie der Wissenschaften für das öffentliche Bewußtsein ein bloßes dekoratives Versatzstück – mindestens in den Augen aller stimmenzählenden Politiker (gibt es andere?).

Die Heidelberger Akademie der Wissenschaften tritt selten in die Öffentlichkeit, und wenn, dann etwa bei den Jahresfeiern, so etwas in der Rolle eines verschämten Armen. Meine

Reden als Präsident der Heidelberger Akademie glichen darin durchaus denen meiner Vorgänger wie meiner Nachfolger. Doch gibt es auch Ausstrahlungen ihrer Existenz, die der Akademie, wie ich meine, Ehre machen und die ihr nicht überall zugerechnet werden. Dazu gehört die Ausübung des Vorschlagsrechts für die Verleihung des Reuchlin-Preises der Stadt Pforzheim. Sie hat zu einer stattlichen Reihe überzeugender Preisträger geführt. Daß ich selbst in diese Reihe durch die selbständige Entscheidung des Pforzheimer Gemeinderates eines Tages eingereiht wurde, war mir eine Ehre und eine besondere Bestätigung dessen, daß wir in unserer Empfehlung der Preisträger im ganzen das Richtige getroffen hatten. Unter den Preisträgern waren zwei, deren Werk und Person ich selber näherstand als irgendein anderes Mitglied unserer Akademie, so daß ich zum Wortführer ihrer Verdienste wurde: Richard Benz und Gershom Scholem.

Richard Benz lebte seit langem als Privatmann in Heidelberg und war seinerzeit auf meinen Vorschlag zum Mitglied der Heidelberger Akademie gewählt worden – eine Ehre, die wir uns selbst erwiesen.

In Pforzheim wurde er mit folgender Laudatio vorgestellt:

„Richard Benz war in einer Person ein echter Forscher und ein wahrer Liebhaber. In ihm vereinigte sich, was sich trennen möchte: der Sinn für das andere einer nur im historischen Gedächtnis bewahrten Vergangenheit und der wache Sinn eines musischen Bewußtseins für die Gegenwart dieser Vergangenheit in der Kunst.

Schon während seiner Studienzeit und an seinem Dissertationsthema wurde die innere Wahlverwandtschaft deutlich, die ihn mit der deutschen Romantik verbindet. Er hat über die Märchendichtung der Romantiker seine erste Arbeit geschrieben, und wie von dem Genius loci Heidelbergs berufen, ist er nicht nur den Spuren der Heidelberger Romantik nachgegangen, sondern, von ihrem Sinn und Geist erfüllt, hat er für unser Jahrhundert die gleiche Entdeckungstat erneuert, die ein Jahrhundert zuvor aus Heidelberg die Sammlung der Märchen, der Volkslieder und Volksbücher hervorgehen ließ. Eine ganze Reihe deutscher Volksbücher hat Richard Benz neu herausgegeben. Die Märchen Brentanos waren sein wertvoller Anteil an der großen Brentano-Ausgabe, die vor dem ersten Weltkrieg zu erscheinen begann. Seine Vertiefung in die volkstümliche Literatur des deutschen Mittelalters fand ihre Krönung in der deutschen Übertragung, die er 1917 von der legenda aurea des Jacobus de Voragine bei Diederichs herausbrachte. All das entsprang nicht bloß gelehrtem Interesse, sondern war die Antwort eines feinhörigen Geistes auf sehr leise Stimmen, Antwort, die immer wieder wie ein Kunstwerk ist, indem die beseelte Prosa, die Richard Benz schreibt, die Dinge, die ihn bezauberten, zum Wiederklingen zu bringen weiß.

Als die eigentliche Mitte der musischen Persönlichkeit, die Richard Benz ist, erwies sich aber am Ende die Musik. Ihr war sein erstes großes Werk gewidmet „Die Stunde der deutschen Musik“ (1923 ff.). In diesem Buche wird bereits sichtbar, welchen Beitrag an wissenschaftlicher Erkenntnis Richard Benz dadurch zu leisten berufen war, daß er unsere klassische Literaturepoche im Ausgang von anderen Künsten, insbesondere von der Musik und von der barocken Baukunst aus, darzustellen unternahm.

Was ihm dabei im besonderen zugute kam, war nicht nur die feine Kennerschaft und seelenvolle Empfänglichkeit für die Stimme der Musik in diesem glanzvollen Zeitraum deutscher Kultur – was ihn auszeichnete, war vor allem auch ein ganz ungebrochenes, unzünftiges Bedürfnis, die menschlichen Konstellationen zu verfolgen, aus denen geistige Produktivität jeweils erwuchs. So stellen seine Beiträge zur deutschen Kulturgeschichte des 18. Jahrhunderts eine deutsche Geistesgeschichte dar, wie sie von keiner der Sondersparten der Einzelwissenschaften auf diesem Gebiet gegeben werden konnte. Es war nicht nur seine musische Sensibilität, die ihm eine solche

Zusammenschau der Künste ermöglichte, es bedurfte auch seiner ungewöhnlichen menschlichen Sensibilität, derart auf die Konstellationen menschlicher Schicksale und Bedingungen menschlicher Gestaltungskraft hinzuhorchen, deren Verflechtung die Sternstunden der Menschheit heraufruft.

In drei gewichtigen Bänden liegt das Werk vor uns, das diese Aufgabe erfüllt hat. Als erster erschien 1937 der letzte dieser Bände: „Die deutsche Romantik, Geschichte einer geistigen Bewegung". Im Jahre 1949 folgte: „Deutsches Barock, Kultur des 18. Jahrhunderts", und im Jahre 1953 fand das große Unternehmen seinen Abschluß durch das Buch: „Die Zeit der deutschen Klassik, Kultur des 18. Jahrhunderts 1750–1800". Wie durch eine neue Erleuchtung formiert sich in diesen Bänden dem in den Geist der klassischen deutschen Musik Eingeweihten, der in Bach, Mozart, Beethoven und Schubert lebt, die ganze große Reihe der klassischen deutschen Dichter zu einer neuen Ordnung. Namen wie Wilhelm Heinse und Jean Paul rücken ins vorderste Glied, Wilhelm Wackenroder wird als der Anreger der romantischen Bewegung neu sichtbar, und umgekehrt treten andere Namen zurück. Noch nie aber ist vor Richard Benz so klar gesehen worden, wie durch die Stimme der Musik die europäische Sendung der deutschen Kultur ihre Krönung gefunden hat. Gegenüber dem Erbe der klassischen Antike erblickte er in ihr die eigentliche Vollendung des Kunstgesetzes des Abendlandes. „Diese wahrhaft metaphysische Sprache der Musik ist nun das eigentliche Wunder, die Krönung des Jahrhunderts."

Wir verdanken dem Werk von Richard Benz, daß der Begriff der Kulturgeschichte einen neuen Bedeutungsakzent erhalten hat. Hier ist sie nicht mehr eine Darstellung allgemeiner Kulturleistungen der Menschheit, die neben den augenfälligen Daten und Ereignissen in der Geschichte die unscheinbaren und alltäglichen Dinge als die Erfindung und Schöpfung vergangener Zeitalter aufweist. Kulturgeschichte ist in seinem Falle eine Weise der geschichtlichen Selbstbegegnung der deutschen Bildungskultur mit sich selber. Baukunst und Malerei,

Dichtung und Musik unseres großen 18. Jahrhunderts bilden nicht nur die Stoffe, an denen sich der Aufstieg des Bürgertums zu der Höhe der damaligen Bildung dokumentiert, sondern sie alle werden aus lebendig erfahrener Gegenwart dankbar und denkend erinnert. Wie es die lebensvolle Menschlichkeit eines in diesen großen künstlerischen Traditionen stehenden Geistes ist, die hier auffassend und deutend tätig war, so bildet sich in seinem Werk zugleich eine Atmosphäre menschlicher Kommunikation, die den Leser mit den geschilderten Gestalten dieser großen Epoche des deutschen Geistes lebendig zusammenschließt.

In diesem Sinne ehren wir Richard Benz als den Historiker der ästhetischen Kultur Deutschlands."

Die Laudatio auf Gershom Scholem lautete:

Es ist auf dem weiten Felde der geschichtlichen Wissenschaft, die aus einer langen humanistischen und neuhumanistischen Tradition herkommt, nicht häufig, daß noch in unseren Tagen ein einzelner Forscher eine ganz neue Disziplin – und nicht nur eine neue Forschungsrichtung innerhalb wohlbekannter Disziplinen – aufbaut. Gershom Scholem hat dies seltene Verdienst. Er hat die jüdische Mystik der Kabbala und des Chassidismus als erster mit den Augen des historischen Forschers gesehen und im Geiste kritisch-verstehender Wissenschaft gedeutet.

Das Große und Fremde einer aus verborgenen Traditionen gespeisten religiösen Bewegung des Judentums wurde ihm und durch ihn Gegenstand einer unmittelbaren geistigen Faszination und einer kritisch-wissenschaftlichen Erhellung zugleich. Schüler der großen historischen Schule deutscher und romantischer Herkunft war er ebensosehr ein Zeitgenosse der lebendigen religiösen Tradition seines Volkes. Seine Deutung der jüdischen Mystik wurde, dem Vorgange bedeutender jüdischer Forscher des 19. Jahrhunderts zum Trotz, eine völlige Neuentdeckung. Der liberale Irrtum jener Forschergenerationen, die in der Kabbala unverständliche Verirrungen und Wucherungen eines vergangenen religiösen Glaubens gesehen hatten und sich selber einer heraufziehenden aufgeklärten Ausgleichskultur zurechneten, war für die junge jüdische Generation der Franz Rosenzweig und Martin Buber, der der noch jüngere Berliner Gershom Scholem folgte, keine Versuchung mehr. Das Erwachen aus den Träumen liberalen Fortschrittsglaubens, das der erste Weltkrieg über Europa brachte, und die staunende Begegnung mit den Zeugnissen fortlebender chassidischer Frömmigkeit schufen neue Voraussetzungen für das Verständnis der verkannten mystischen Erscheinungen in der Geschichte des Judentums. Schon der wissenschaftliche Erstling des jungen Scholem, der 1923 ein Schriftdenkmal aus der Frühzeit der Kabbala, das Buch Bahir, neu erschloß, war nicht bloß die Leistung eines gut geschulten Historikers und Philologen, der Fremdes zu entschlüsseln gelernt hat — es war bei allem kritisch-skeptischen Abstand, mit dem der aufgeklärte Berliner diese religiösen Erscheinungen studierte, dennoch etwas wie eine erschrockene Identifikation dabei, die seit diesem Anfang die Phantasie und den scharfen Verstand des reifenden Forschers nicht mehr freigeben sollte.

Daß sich die religiöse Tradition des eigenen Volkes im hellen Lichte moderner Wissenschaft nicht zerstreute, sondern zu prachtvoll dunkler Farbigkeit auseinanderschlug, gründete in dem jungen Scholem den Glauben an seine Aufgabe: die Wissenschaft vom Judentum zugleich als die geistige Erhellung der Wurzeln des modernen Staatsvolkes Israel aufbauen zu helfen. Er ging 1925 als junger Lehrer an die hebräische Universität von Jerusalem und blieb der selbstgewählten Aufgabe seitdem treu — über gewiß nicht geringe Anfechtungen hinweg —, an dieser Stelle als Forscher und Lehrer, aber auch als Organisator und glänzender Fachmann auf dem Gebiete der Bibliothekswissenschaft, an der Begründung einer neuen wissenschaftlichen und kulturellen Tradition mit Gleichgesinnten zu arbeiten.

Vieles, was Scholem in diesen langen Jahren gearbeitet hat, ist in hebräischer Sprache geschrieben. Aber ein moderner Forscher kann den Austausch mit anderen Forschern nicht entbehren, und so war Scholem ein häufiger Gast in Paris wie in London wie in Amerika, und bis zur Selbstisolierung des nationalsozialistischen Deutschland auch in Deutschland. Zu welchem Format der Forscher Gershom Scholem herangewachsen war, wurde der deutschen Öffentlichkeit erst richtig bewußt, als 1957 sein gelehrtes Hauptwerk „Die jüdische Mystik in ihren Hauptströmungen" in deutscher Ausgabe erschien. Dies Buch führte die größten Zeugnisse jüdischer Mystik von den antiken Anfängen über die Blütezeit der Kabbala im hohen Mittelalter bis zu der chassidischen Bewegung im Deutschland des 18. und im Polen des 19. Jahrhunderts vor. Es rückte damit eine religiöse Erscheinung der Neuzeit, die dem deutschen Leser durch Martin Bubers divinatorische und dichterische Vermittlung schon vertraut war, in einen großen geistesgeschichtlichen Zusammenhang. Altes und Ältestes schloß sich Scholems Scharfsinn und Scholems glänzender Gelehrsamkeit auf, und die Anerkennung der internationalen Wissenschaft wurde ihm in reichem Maße zuteil."

Mein Engagement in der Heidelberger Akademie hatte übrigens eine indirekte Folge, die sich als bedeutend erwies. Es gelang mir, gegen einigen Widerstand, in den fünfziger Jahren Heideggers Aufnahme in die Akademie durchzusetzen. Das war fast ebenso schwer wie seinerzeit meine erfolgreiche Bemühung, Heidegger zu seinem 60. Geburtstag eine Festschrift vorzulegen. Damals erhielt ich die erstaunlichsten Absagen und halben Zusagen und hatte es am Ende der entschlossenen Unabhängigkeit von Karl Löwith zu verdanken, daß auch andere Freunde und Schüler Heideggers den Mut fanden, sich zu beteiligen. Offenbar hatte Heidegger sich im Jahr 1933 im besonderen in Heidelberg manchen Feind geschaffen.

Die Zuwahl Heideggers in die Akademie eröffnete eine Reihe regelmäßiger Besuche in Heidelberg und leitete eine häufigere Kontaktnahme mit meinem Schülerkreis ein. Durch viele Jahre gab Heidegger, wohl jedes Semester mindestens einmal, eine Reihe von Seminaren, meist in meinem Hause. Es waren Verständigungsversuche über die Generationen hinweg und den sich beständig vergrößernden Abstand der Jugend von dem alten Meister. Wenn in dem ersten Jahrzehnt meiner Heidelberger Wirksamkeit die allzu völlige Hingabe der Studenten an den Heideggerschen Denkstil das eigentliche Problem meines Unterrichts war – wie ihnen beibringen, daß man nicht mit Heidegger „anfangen" kann, sondern mindestens mit Aristoteles, wenn man auf Heideggers Wegen gehen lernen will? –, wurde jetzt die Vermittlung zwischen den Generationen zunehmend schwieriger. Heidegger nahm diese „Seminare" sehr ernst, und zu meinem 70. Geburtstag schenkte er mir das Manuskript, das er zur Vorbereitung und im Anschluß an unsere Heidelberger Diskussionen verfaßt und mit unzähligen weiterführenden Fragen bedeckt hatte, ein wahrhaftes Arbeitspapier, das – stärker als Heideggers persönliches Auftreten vor meinen Mitarbeitern und Studenten – die konzentrierte Denkkraft dokumentierte, in der Heidegger noch immer alle Zeitgenossen übertraf. Die Herausgabe solcher unfertiger Arbeitspapiere mit Hilfe moderner Fototypie (und natürlich mit Umschrift) wäre vielleicht der wichtigste Beitrag, den der Nachlaß Heideggers für zukünftiges Denken bereithält. Das ist Denken im Vollzug, in dem sich Fragen auf Fragen türmen. Oft war es ergreifend zu sehen, wie schwer Heidegger bei solchen Diskussionen aus sich heraus konnte, wie schwer es ihm wurde, andere zu verstehen, und wie er „aufging", wenn einer von uns den von ihm vorbereiteten Weg des Denkens durch seine Antworten traf. Das gelang beileibe nicht immer, und dann wurde er wohl sehr unglücklich und zuweilen auch ungnädig. Aber einen jeden gewann Heideggers Einfachheit, Schlichtheit, Herzlichkeit, der danach beim Glase Wein am zwanglosen Gespräche teilnahm.

Nach meiner im Jahre 1968 erfolgten Emeritierung setzte ich meine Unterrichtstätigkeit ohne Amt fort, soweit ich nicht durch eine neu aufgenommene Tätigkeit in Amerika in Anspruch genommen war. Das Klima der Universität änderte sich mittlerweile gründlich. Möge, statt aller Erörterungen, der Nachruf hier Platz finden, den ich auf einen hiesigen Kollegen, der Selbstmord verübt hatte, verfaßte.

„Der außerplanmäßige Professor Jan van der Meulen, dessen Tod wir zu beklagen haben, war seit mehr als 10 Jahren als Privatdozent der Philosophie an der Philosophischen Fakultät Heidelberg tätig. Als gebürtiger Holländer empfing er seine erste und nie ausgelöschte Prägung durch den holländischen Hegelianismus, der sich in beständig sich erneuernder Auseinandersetzung mit dem nachbarlichen Denken des englischen Empirismus und seiner positivistischen Fortsetzer befand. Als der junge Jan van der Meulen nach Deutschland kam, um in Freiburg seine philosophischen Studien fortzusetzen und zugleich eine gründliche medizinische Ausbildung zu finden – es war kurz vor dem zweiten Weltkrieg –, kam er gewiß nicht als ein Fremder in das Heimatland des idealistischen Denkens, sondern als ein bewußter Träger einer deutschen geistigen Tradition. Die Freiburger Universität bedeutete für ihn in einer durch die politischen Verhältnisse verwirrten und verstörten akademischen Welt eine Art Insel, auf der ihm ein verwandeltes geistiges Heimatland in der machtvollen Gestalt des Heideggerschen Denkens entgegentrat. Er wurde tief davon ergriffen – und doch verrät jede Zeile, die er später schrieb, die bestimmende Anfangsprägung durch das Denken Hegels. Es gibt – selten genug, doch ließe sich manches eindrucksvolle Beispiel wie etwa Purpus, Cloos, Brunstädt nennen – eine Inspiration durch das Denken Hegels, die sich nicht in akademischer Nachfolge erschöpft, sondern etwas von der kernigen Kraft und dem spekulativen Pathos der Hegelschen Sprache wiedererstehen läßt. Van der Meulen war ein solcher Fall, eine Seele, die leibhaft hegelisch war und eben deshalb nicht in Abhängigkeit und Unfreiheit gegenüber dem Hegelschen Denken befangen blieb, sondern in großartiger Unbefangenheit, die etwas Unzeitgemäßes hatte, mit Hegel unmittelbar über das Wahre verhandelte. Doch von der souveränen

Konstruktionskraft des Hegelschen Denkens schien etwas in ihn übergegangen.

Mit dem stürmischen Impetus, der ihn auch als Person auszeichnete und der ihm eine erfrischende Unmittelbarkeit verlieh, hat er, der zugleich Mediziner war, in drei großen Büchern sein Denken entwickelt. Aristoteles, Hegel und Heidegger trafen sich in den Titeln dieser Bücher unter dem Stichwort der ‚Mitte', die auseinandertreibende Spannungen vereinigt. Hier in der Tat lag sein Problem als Mensch wie als Denker. Die exzentrische Energie, die aus ihm immer wieder stürmisch hervorbrach, bezeugte anschaulich, wie schwer ihm selber die Mitte wurde, deren überlegene Wahrheit sein Geist so klar erkannte und die er im Gespräch mit den größten Denkern der Vergangenheit und der Gegenwart erprobte. Es war etwas von der Vehemenz eines calvinistischen Laienpredigers in diesem katholisch erzogenen, aber in eine großartige Selbständigkeit gesammelten Manne. So hatten alle seine Arbeiten eine echte Ausstrahlung. Seine Bücher haben das unbestreitbare Verdienst, immer aufs Ganze zu gehen, ohne dabei Subtilität, Gründlichkeit und Treue im einzelnen vermissen zu lassen. Sein Schlüsselthema war der ‚Schluß' – nicht die formale Schlüssigkeit eines Syllogismus, sondern der Zusammenschluß des Differenten, des Allgemeinen und des einzelnen, der Grundsätze und der wissenschaftlichen Erfahrungen, und alles in einem: der sittlichen und der sinnlichen Natur des Menschen.

Man konnte der naiven Selbstsicherheit dieses geistigen Temperamentes gegenüber gewiß den Zweifel hegen, ob das kritische Pathos dieses Denkens von der Nüchternheit, der Skepsis, der Vorsicht und der Distanz, die die Tugenden des wissenschaftlichen Denkens ausmachen, genügend kontrolliert blieb. Aber am Ende, und insbesondere nachdem er sich mit bewundernswerter Energie durch sein Talent und durch seinen Fleiß eine selbständige Existenz als erfolgreicher Nervenarzt gegründet hatte, schien der Heidelberger Philosophischen Fakultät die geistige Kraft, die aus seinen philosophischen Büchern sprach, die Lauterkeit seiner Gesinnung und seine pädagogische Leidenschaft so überzeugend, daß sie ihm die Venia legendi erteilte. Sie legte damit ein entschiedenes Bekenntnis zur Freiheit von Forschen und Lehren ab. Denn van der Meulen war ein einzelner, der sich nicht in eine bestehende Arbeitsatmosphäre oder in besonders zu fördernde philosophische Gedankenrichtungen einfügen ließ. Der leidenschaftliche Ernst, mit dem er seinen freiwilligen Lehrberuf ausübte, trieb ihn, die aktuellen politischen und weltanschaulichen Fragen der Gegenwart von der Grundlage seines philosophischen Denkens aus anzugehen und sich unerschrocken für die unantastbare Würde des Katheders einzusetzen. Da man in ihm den politischen Gegner sah, wurde er zur Zielscheibe gelenkter studentischer Angriffe. Das hat ihn tief betroffen, so tief, daß er seinerseits die Bedrängnis der unruhigen Jugend von heute, die sich so unduldsam gebärdete, nicht wahrnahm. Aber auch wir alle, Studenten und Kollegen, haben nicht wahrgenommen, was für diesen großen Idealisten – im altmodisch-vortrefflichen Sinne dieses Wortes – die Behinderung seiner Lehrtätigkeit bedeutete. Er ist mit dem verzweifelten Geständnis, ohne Liebe und ohne Gerechtigkeit könne er nicht leben, freiwillig in den Tod gegangen. Wir haben das Bekenntnis zur Freiheit, das er in seiner Person verkörperte und mit diesem letzten unbegreiflichen Entschluß besiegelte, zu ehren. Wir haben zu lernen, Lehrende wie Lernende, daß die Freiheit der Forschung und der Lehre nicht nur gegen allen äußeren Druck, von welcher Seite er auch komme, zu verteidigen ist, sondern vor allem auch, daß wir selber solche Freiheit überzeugend darstellen müssen, überzeugend für diejenigen, die uns unter bequeme Schablonen rubrizieren möchten, überzeugend aber auch für einen jeden, der etwa in Bedrängnis der Stützung durch uns alle bedarf."

Mein eigener Rücktritt vom Amt und von allen Verwaltungsdingen verschonte mich sonst mit den strapaziösen Erfahrungen der Universitätsreform und der „Demokratisierung" der natürlichen Beziehung zwischen Lehrenden und Lernenden.

Ich durfte fortfahren, durch Lehren zu lernen, durch Lernen zu lehren, wie gesagt: am Ende sogar im neuen Kontinent und auf Englisch. Es war wie eine zweite Jugend.

Karl Jaspers

Karl Jaspers ist am 26. Februar 1969 in Basel gestorben, wenige Tage nach seinem 84. Geburtstag. Zwei Jahrzehnte hat er in Basel gelehrt und gewirkt und sich durch eine große Zahl von Vorträgen, Aufsätzen und Büchern im großen Stile eines Moralisten als philosophischer Schriftsteller internationalen Ruhm erworben. Insbesondere seine Stellungnahme zu aktuellen Fragen öffentlichen und kulturellen Lebens gab ihm eine weithin hallende Resonanz. Gleichwohl ist Karl Jaspers durch sein ganzes Leben und Werk auf unlösbare Weise mit Heidelberg verbunden. Hier hat er den größten Teil seiner Studienzeit verbracht, in der Psychiatrischen Klinik von Heidelberg war er wissenschaftlicher Assistent, in Heidelberg hat er sich 1913 für Psychologie habilitiert und wurde 1921 Professor der Philosophie. Nach seiner Absetzung im Jahr 1937 lebte er weiter in Heidelberg. Als der Neuaufbau begann, wurde er 1945 in sein Amt wiedereingesetzt und lehrte die ersten Jahre nach dem Kriege an dieser Universität, bis er 1948 dem Ruf an die Universität Basel folgte, den er in früheren Jahren wegen der Kriegsverhältnisse nicht hatte annehmen können.

Wenn man seine philosophische Leistung würdigen will, muß man sich zunächst dessen bewußt sein, daß sich in seiner Person ein Außenseiter des damaligen philosophischen Lebens in Heidelberg durchsetzte. Die Universität Heidelberg war damals eine der Hochburgen des herrschenden Neukantianismus. Insbesondere in der Zeit der großen Entwicklung der Nationalökonomie und der Sozialwissenschaften, die Heidelberg im Beginn unseres Jahrhunderts erlebte, hatte es Wilhelm Windelband verstanden, auch der Philosophie in Heidelberg ein starkes Profil zu geben. Er war es gewesen, der als erster den transzendentalen Gedanken der Kantischen Philosophie auf das weite Feld der sog. Kulturwissenschaften ausdehnte. Als Lehrer versammelte er eine große Zahl begabter Schüler um sich, z. B. Emil Lask, Paul Hensel, Julius Ebbinghaus, Richard Kroner, Ernst Hoffmann, Fjodor Stepun, Eugen

Karl Jaspers

Herrigel, Ernst Bloch und Georg Lukács, und diagnostizierte mit richtigem Blick das Erwachen eines neuen philosophischen Interesses an Hegel, das sich in diesem Kreise vollzog. Vollends unter seinem Nachfolger, Heinrich Rickert, strahlte die südwestdeutsche Wertphilosophie als eine Spielart des Neukantianismus in die ganze Welt aus. Im Zusammenhang dieser neukantianischen Schule war den Naturwissenschaften und insbesondere der Wissenschaft von der menschlichen Seele kein bevorzugter Platz bereitet. So wuchs Karl Jaspers in Heidelberg außerhalb dieser Schule heran. Als Arzt und Forscher auf dem Gebiete der Psychiatrie beginnend, wurde er am Ende der seltene Fall eines Professors der Philosophie, der nicht im Fache der Philosophie seinen Doktortitel erworben hatte, sondern Dr. med. war. Erst aus Anlaß seines 70. Geburtstages verlieh ihm die Philosophische Fakultät Heidelberg die Würde eines Dr. phil. h. c.

Das erste große Werk von Karl Jaspers lag noch auf dem Felde der psychiatrischen Fachwissenschaft: seine „Allgemeine

Psycho-Pathologie“ (1. Aufl. 1913, 4. völlig neu bearb. Aufl. 1946). Schon dieses Werk zeigte die spezifischen Gaben seines weitblickenden und ordnenden Geistes. Seine Darstellung der vielseitigen Forschungsrichtungen auf dem Gesamtgebiete der Psychopathologie erwies ihn nicht nur als einen Mann, dem jede dogmatische Einseitigkeit verdächtig und verhaßt war – sie entsprang vielmehr einem tiefen Antrieb seines Wesens: dem Anspruch universalen Wissenwollens, wie er für den einwärts gewandten Blick des Philosophen durchaus nicht gewöhnlich ist. In der Tat war der nüchterne Tatsachensinn seiner oldenburgischen Heimat auch in ihm. Das helle, beobachtende Auge, das er auf sein Gegenüber richtete, aufmerksam, kritisch und vor allem begierig, den anderen zu ermessen, seinen „Punkt“ zu finden, charakterisierte auch seinen Umgang mit der Welt der Bücher. Er war ein enormer Leser. In Heidelberg zeigte man noch lange nach seinem Weggang die kleine Bank in der Koesterschen Buchhandlung in der Hauptstraße, auf der dieser Mann der strengsten und sorgfältigsten Zeiteinteilung allwöchentlich einen Vormittag zubrachte und sämtliche Neuerscheinungen durchsah. Ein gewaltiges Paket von Büchern suchte er sich jeweils heraus, und es war in der Tat erstaunlich, von wievielen Dingen er durch eigene Lektüre Kenntnis nahm. Man kann verstehen, daß für einen Mann seiner Interessenvielfalt die dämonische Figur Max Webers, des letzten Polyhistors auf dem Gebiete der Kulturwissenschaften, den die Welt gesehen hat, das große Vorbild war, dem er bewundernd nacheiferte. In Max Weber trat ihm die eiserne Selbstdisziplin eines großen Forschers entgegen, der nach allen Seiten sein universales Wissenwollen produktiv vorantrieb – bis an die Grenzen, die ihm sein wissenschaftlicher Asketismus und seine methodische Redlichkeit aufnötigten.

Dabei mußte sich dem philosophischen Rechenschaftsbedürfnis von Jaspers der tiefe Irrationalismus, der hinter der donquichottehaften Großartigkeit des Verfechters der „Soziologie als wertfreien Wissenschaft“ stand, als eine wahre Denkherausforderung darstellen. Das sollte der bleibende Antrieb seines Denkens werden, das sich in seiner „Philosophie" entfaltete. Doch das erste größere philosophische Werk, das den Namen Jaspers' als Philosophen bekanntmachte, die „Psychologie der Weltanschauungen" von 1919, blieb noch an der Schwelle der neuen philosophischen Vertiefung, zu der es ihn trieb. In der Nachfolge Diltheys, aber auch in der Nachbarschaft zu der Methodik der idealtypischen Konstruktion, die Max Weber begründet hatte, analysierte Karl Jaspers in diesem Werk die „Einstellungen und Weltbilder", die aus der menschlichen Lebenserfahrung aufsteigend dem Denken der Philosophen ihr Profil geben. Das war nicht so sehr eine Fortsetzung des Weber-Diltheyschen Weges einer Wissenschaft von der Philosophie, die die Philosophie zum Gegenstand einer wissenschaftlichen Theorie machte – und als Wissenssoziologie wie als anthropologische Typologie bekannt ist –, Jaspers Typologie implizierte vielmehr einen philosophischen Widerspruch gegen die Grundlegung der Philosophie in einem Prinzip, etwa in dem „Bewußtsein überhaupt", dem Zauberwort der neukantianischen Transzendentalphilosophie. Wenn auch in der Weise eines typologischen Denkversuchs, holte Jaspers in seiner „Psychologie der Weltanschauungen" erklärtermaßen Themen und Fragestellungen in die Philosophie hinein, die in dem methodologischen Selbstverständnis des herrschenden Neukantianismus keinen Platz hatten. Uralte menschliche Grundprobleme wie Freiheit, Schuld, Tod erhielten eine neue Auszeichnung als sog. Grenzsituationen, in denen die theoretische Vernunft sich in Widersprüche verstrickt, ihrer Grenzen innewird und in denen die menschliche Existenz aus tieferen Quellen des Selbstseins ihren Halt sucht und findet. So spiegelte das erste philosophische Buch von Jaspers in erster Linie eines der großen philosophischen Ereignisse des anfangenden 20. Jahrhunderts: die Entdeckung Søren Kierkegaards, des großen Kritikers des deutschen Idealismus. Damals wurde dieser bedeutende philosophische Schriftsteller durch die Ausgabe des Diederichs-Verlags in Deutschland bekannt und bereitete jenen

Zusammenbruch des Idealismus vor, der mit den Stürmen des Ersten Weltkrieges über den Kulturoptimismus des liberalen Zeitalters hereinbrach und das Kulturbewußtsein Mitteleuropas erschütterte. Kierkegaard ist in dem Buch von Jaspers allgegenwärtig. Ein „Referat Kierkegaards", das ein Kapitel des Buches bildet, vermittelte erstmals — und das war ungefähr gleichzeitig mit dem Aufkommen der dialektischen Theologie — das neue Pathos der „Existenz".

In dem Jahrzehnt nach dem Ersten Weltkrieg setzte sich Jaspers im neukantianischen Heidelberg mehr und mehr durch. Neben dem international berühmten Heinrich Rickert und dem ausgezeichneten Historiker der Philosophie Ernst Hoffmann wurde ihm das nicht leichtgemacht. Aber schon in meinen eigenen Studienjahren — wenn ich diese persönliche Erfahrung einflechten darf — war Heidelberg in den Kreisen der Philosophiestudierenden anderer Universitäten mehr und mehr durch Karl Jaspers repräsentiert. Dabei war von ihm noch wenig Philosophisches veröffentlicht worden — ein erstaunliches Phänomen: der eigentliche Begründer und Repräsentant dessen, was man damals Existenzphilosophie nannte, war in diesem Jahrzehnt nur durch die lebendige Stimme des Unterrichts vernehmbar. Als 1927 Martin Heideggers „Sein und Zeit" erschien und die „Existenzphilosophie" sich als revolutionäre Kritik an der Tradition an dieses Buch anschloß, wußten nur die Eingeweihten, daß es ein neuer philosophischer Einsatz war, in dem zwar Kierkegaard und die philosophischen Motive von Jaspers' Kierkegaard-Rezeption unverkennbar waren, aber den Ausgangspunkt einer grundsätzlichen neuen Fragestellung bildete, die in ganz andere Dimensionen zurückwies. In der größeren Öffentlichkeit erschien dieses Buch als Existenzphilosophie. Den Boden für diese „existenzielle" Inanspruchnahme Heideggers aber hatte vor allem Karl Jaspers bereitet, der Kierkegaards Existenzdialektik in Heidelberg als akademischer Lehrer wiederholte.

Jahre später erst trat Jaspers literarisch wieder hervor. Im Jahre 1931 veröffentlichte er als das Goeschen-Bändchen Nr.

1000 die Schrift „Die geistige Situation der Zeit“, ein Büchlein von gewaltiger Wirkung, dessen theoretische Grundlegung den eigenen philosophischen Beitrag von Karl Jaspers ankündigte. Zwar war das kleine Werk in seinen Grundlinien weitgehend eine kulturkritische Auseinandersetzung mit dem „Zeitalter der anonymen Verantwortlichkeit“ und glossierte in prägnanten Anmerkungen die herrschenden Strömungen und Tendenzen des gesellschaftlichen Lebens, aber sein eigentlicher Kern lag in dem, was der Titelbegriff der „Situation“ andeutet. Daß eine Situation nicht einfach ein Gegenstand wissenschaftlicher Erkenntnis sein kann, mußte einleuchten. Allzu deutlich liegt ja in diesem Begriff der Situation das Umfangende und Befangende, das dem forschenden Subjekt die Distanz gegenüber der Welt der Objekte verwehrt. Allzu deutlich fordert das Wesen von „Situation“ ein Wissen, das nicht die Objektivität anonymer Wissenschaftlichkeit hat, sondern durch Horizont und Perspektive, durch Engagement und erhellende Einsicht in die eigene Existenz geprägt ist. Die Stimme des Moralisten Karl Jaspers, die hier zum ersten Male hörbar wurde, fand darin zugleich ihre theoretische Legitimation.

Gleichwohl war es eine echte Überraschung, als 1932 in drei Bänden Jaspers mit seinem Hauptwerk hervortrat, dem er den schlichten Titel, „Philosophie“ gab. Ein Titel ist oft ein Programm. Auch dieser allgemeinste und scheinbar farbloseste Titel, den ein philosophisches Buch überhaupt haben kann, klang wie ein Programm – gewiß nicht als das Programm eines Systems, wohl aber als die programmatische Erklärung eines Verzichts auf die hergebrachte Systematik der Philosophie und als Zentrierung der vorgelegten Bewegung des Denkens in der Existenz des Philosophierenden. Das Ganze dieser drei Bände durchwaltet ein meditativer Zug. Man muß sich in die philosophische Bewegung hineinziehen lassen und ihr Schritt für Schritt folgen. Charakteristisch und absichtsvoll, daß diesem großen dreibändigen Werk ein allgemeines und ins einzelne gehendes Inhaltsverzeichnis fehlt. Nur das einzelne Kapitel trägt an seiner Spitze ein solches. Offenkundig wollte der Verfasser die Orientierung über das, was er sagte, erschweren und diskreditieren, oder positiv gewendet: zur Teilhabe an dem meditativen Gange nötigen.

Dem entspricht auch der Stil. Wer Jaspers philosophische Veröffentlichungen auf das Werden und Reifen seines eigenen Stiles hin betrachtet, wird zwar in den früheren Veröffentlichungen manche Elemente entdecken, die später die Eigenart seines höchst persönlichen Stiles ausmachen, z. B. jene distanzierte Verallgemeinerung, die zum Träger der Aussagen ein unpersönliches „man" macht, und die wahlweise gehäuften Umschreibungen, die er gebrauchte. Aber jetzt wird dies alles in der Strenge eines Stilwillens gebunden, der seinen Sätzen eine kristallinische Struktur verleiht. Nordische Nüchternheit paart sich darin mit fast feierlichem Pathos. Ein jeder einzelne Satz von Jaspers klingt nun auf eine unnachahmliche Weise persönlich und sachlich zugleich. Wie aus tausend Facetten sich das funkelnde Feuer eines edlen Steines verstrahlt, leuchtet auch aus den Sätzen von Jaspers' Philosophie die feinkörnige Helligkeit von Erfahrung, Einsicht und existenzieller Bewegung. Es ist ein Stil der Umschreibungen. Ohne starren Formalismus werden doch jeweils Extreme formuliert, um das mittlere Wahre sichtbar zu machen. Sich fortspinnendes Denken sucht alle dogmatischen Gehäuse zu durchbrechen und im sanften Wellenschlag der Reflexion die Weite eines offenen Horizontes zu gewinnen. Jaspers liebte es z. B., eine Problemstellung in der Form einzuführen, daß er schreibt: „Es ist zu fragen ...". So bewegt er sich in einem Medium von gedanklichen Möglichkeiten, vieles erwägend, nicht, um in unverbindlicher Distanz zu verharren, sondern um im Spiegel der Reflexion sichtbar zu machen, was nicht mehr Reflexion ist, sondern Entscheidung und existenzielle Verbindlichkeit fordert.

Das große philosophische Hauptwerk von Karl Jaspers wiederholt die Grundlinien der Philosophischen Systematik Kants, und das nicht zufällig. Der erste Band seines Werkes, „Weltorientierung" überschrieben, zeigt unter dem Titel „Bewußtsein überhaupt" die Grenzen der theoretischen Vernunft, d. h. der wissenschaftlichen Ausbreitung von zwingendem Wissen. Er entspricht insofern der Grenzsetzung, die die „Kritik der reinen Vernunft“ vornahm. Der zweite Band, „Existenzerhellung“ genannt, wendet die Grenzerfahrungen der theoretischen Vernunft ins Positive. Wie Kant auf das Vernunftfaktum der Freiheit zurückging, die man theoretisch nicht beweisen kann, aber unter dem Anspruch des sittlichen Imperativs anerkennen muß, so kommt im Denken von Jaspers Existenz erst eigentlich zu sich selbst, wo sie von der Anonymität der wissenschaftlichen Erkenntnis im Stich gelassen ist. Auf dem Boden solcher inneren Existenzwahl eröffnet sich endlich ein neuer Zugang zu den Wahrheiten der Metaphysik. Der dritte Band des Werkes, der die großen Transzendenzerfahrungen der Menschheit in Philosophie, Kunst und Religion wiederholt, entspricht insofern der „moralischen Weltanschauung“, die Kant und Fichte auf der Vernunftgewißheit der Freiheit in der sog. Postulatenlehre der praktischen Vernunft errichtet hatten. Die klassischen Themen der Metaphysik, Gott, Freiheit und Unsterblichkeit, die die theoretische Vernunft in unlösbare Widersprüche verstrickten, erhalten, wie bei Kant auf dem Wege der praktischen Vernunft, als Lesen der Chiffrenschrift der Transzendenz im Lichte der sich selbst hellgewordenen Existenz eine neue Legitimation.

Diese „Philosophie“ ist nicht mehr die appellierende Protestgebärde, mit der Kierkegaard das idealistische Denken herausgefordert hatte. Sie wiederholt aber auch nicht einfach die irrationalistische Gespaltenheit Max Webers, der die Grenzen der wissenschaftlichen Weltorientierung, so sehr er sie nach allen Seiten erweiterte, gleichwohl so hart zog, daß die Entscheidungen, die das Leben von dem einzelnen verlangt, aus anderen Tiefen geschöpft werden mußten als denen des Wissens. Gerade das war für die Generation, der Jaspers seine Stimme lieh, unerträglich geworden, daß die Wissenschaft, die Max Weber mit imperialer Gewalt verkörperte, das wahrhaft Wissenswürdige der irrationalen Wahl überantwortete, weil der Asketismus der Wissenschaft es so verlangte. Jaspers fragte demgegenüber nach dem Wissen, dessen Helligkeit uns leitet, wenn wir als persönliche Existenz mit allen ihren Bindungen und Bedingtheiten zu wählen und zu entscheiden haben. Das ist nicht die Unendlichkeit des Wissensfortschritts. Gerade die Endlichkeit und Bedingtheit unseres Wissens wird das Entscheidende. So steht hinter der gedanklichen Bewegung dieses Philosophierens die scharfe Entgegensetzung von Vernunft und Existenz, aber auch die Einsicht, daß das eine nicht ohne das andere sein kann.

Unverkennbar folgt Jaspers in seinen Analysen den tiefen Ahnungen Schellings, des Lehrers Kierkegaards, der innerhalb des idealistischen Denkens die Scheidung der bloßen Möglichkeiten der Vernunft von dem ruhenden Wirklichkeitsgrunde, aus dem sie lebt, reflektiert. Wie Heidegger in „Sein und Zeit", brachte auch Jaspers, etwa in dem Kapitel „Das Gesetz des Tages und die Leidenschaft zur Nacht", einen neuen ungewohnten Ton in der Philosophie zum Erklingen, doppelt ungewohnt in dem neukantianischen Heidelberg dieser Tage. Insofern war es kein äußerliches Rubrizieren, sondern eine treffende Charakterisierung, wenn man damals Heidegger und Jaspers als die Repräsentanten der Existenzphilosophie ansah. Hier war das Denken der großen Außenseiter des 19. Jahrhunderts, Kierkegaards und Nietzsches, in das Innere der Philosophie hineingeholt worden. Jaspers berief sich geradezu auf die Ausnahmeexistenzen, die Kierkegaard und Nietzsche darstellen, um die neue Regel eines existenziell gebundenen Denkens zu begründen. Dabei war er so wenig einem vernunftlosen Dezisionismus hold, wie er in jenen Tagen im politischen Leben sich vorbereitete, daß ihm Existenz und Vernunft nur in ihrer inneren Bezogenheit aufeinander das Wechselspiel des Denkens bedeuteten. Er sagte einmal selbst von seiner Philosophie, sie wolle ein Transzendieren systematisch vollziehen: „in der philosophischen Weltorientierung, um zur Schwebe zu bringen über alle mögliche Fesselung an gewußte Dinge in der Welt, — in der Existenzerhellung, um zu erinnern und zu erwecken, was eigentlich der

Mensch selbst ist, – in der Metaphysik, um die letzten Grenzen zu erfahren und die Transzendenz zu beschwören ... Es entfaltet sich ein Denken, das nicht bloß ein Wissen von etwas anderem ist, auf das als ein Fremdes es sich bezieht, sondern das selber ein Tun ist, ob es erhellend, erweckend, verwandelnd wirkt." Die Logik dieser Philosophie, die Jaspers als „philosophische Logik" bezeichnete und deren ersten Band er unter dem Titel „Von der Wahrheit" 1946 veröffentlichte, entfaltet das Selbstbewußtsein der universalen Vernünftigkeit, die sich auf dem Grunde einer solchen existenziellen Bewegung ausbreitet. Es war wie die breite Ausfaltung solcher universaler Vernünftigkeit, wenn Jaspers in der Folge in einer großen Reihe von Darstellungen die klassische Tradition des philosophischen Denkens beschwor.

Die erste dieser Darstellungen, die die meisterhafte Beherrschung der Quellen mit einer souveränen Reflexionshaltung verband, war ein seltsam systematisierter Nietzsche. Selbst der extrem versucherische Nietzsche, dem nichts Mittleres beschieden war und genügen konnte, wurde auf die sorgsame Mitte dieser existenziellen Vernünftigkeit zurückbezogen, in der sich die Erfahrungen des Menschseins erhellen. Dem Nietzsche-Buch folgte ein Descartes-Buch, eine Art Rechenschaft über einen großen Andersartigen, und dann nach dem Krieg u. a. ein Buch über Schelling, über Nikolaus Cusanus. Vor allem aber zeigte der erste Band von „Die großen Denker", was Jaspers auszeichnete: daß er die Grenzen der philosophischen Auseinandersetzung kühn und weltweit ausdehnte. Vielleicht konnte nur ein Geist, der in der beobachtenden Vernunft so geschult war wie der Psychiater Karl Jaspers, das Wagnis vollbringen, die europäische Tradition der Philosophie und die aus den Quellen erarbeitete Kenntnis derselben zu überschreiten und die großen Zeugnisse menschlichen Denkens in den Hochkulturen Asiens zu beschwören. Jesus, Buddha und Konfuzius traten neben Sokrates, den „maßgebenden Menschen" der abendländischen philosophischen Tradition. Wer ohne den Urlaut der Originalsprache den philosophischen Umriß eines

Denkens zu gewahren imstande ist, besitzt eine eigene Gabe. Ich möchte sie das physiognomische Denken nennen, das nicht aus den Worten, sondern aus den Zügen zu lesen versteht. Gewiß vermag solches Deuten nicht das in der Einzelausgliederung artikulierter Rede allein Sagbare zu erfassen, wohl aber den Drang ins Helle zu erraten und zu beschreiben, der in allen menschlichen Denkbewegungen liegt. Es ist etwas Unverhältnismäßiges in diesem Vollzug universaler Vernünftigkeit, der Räume und Zeiten überspielt und einer inneren Gewißheit folgt, die – in aller Verehrung des Großen – dennoch etwas Richterliches für sich in Anspruch nimmt. Existenz antwortet auf Existenz. Jaspers war auch in seiner Auseinandersetzung mit der Tradition der Philosophie der große Moralist, der er in seinen Baseler Jahrzehnten als politischer Schriftsteller wurde.

Es ist seltsam genug, daß man in unserem Lande die Figur des Moralisten in ihrer eigenen Legitimität so wenig kennt und schätzt. Wort und Sache stammen aus der französischen Kulturwelt, und die großen Beispiele eines Montaigne oder Larochefoucauld sind in der deutschen Welt von heute unbekannt. Schopenhauer und Nietzsche, die in ihnen ihr großes Vorbild sahen, waren Außenseiter der Schultradition der Philosophie geblieben. Es macht die Auszeichnung von Karl Jaspers aus, daß er in einem ein überlegener philosophischer Lehrer und ein Moralist war. Sein umfassender Geist, dem die große Kunst einer breitströmenden und fein nuancierten Rede zu Gebote stand, mußte dabei das Schicksal der Endlichkeit, das er nie vergaß, auch an der Unvollendbarkeit seines universalen Wissenwollens erfahren. Einem ersten Band der „Philosophischen Logik“ folgte kein zweiter, einem ersten Band der „Großen Denker“ war nur das Programm eines zweiten Bandes beigegeben, von dem wir hoffentlich noch einmal – außer den genannten Einzeldarstellungen – ausgeführte Stücke werden lesen können.

Aber nicht nur in solchem äußeren Sinn drängt sich dem, der Lebens-Leistung und Wesens-Sein von Karl Jaspers würdigt, auf: „Es gibt keinen Abschluß“.

Martin Heidegger

Als Martin Heidegger im Herbst 1974 seinen 85. Geburtstag feierte, mochte das für manchen Jüngeren eine wahre Überraschung bedeuten. Seit so vielen Jahrzehnten steht das Denken dieses Mannes im allgemeinen Bewußtsein, ist seine Präsenz in den wechselvollen Zeitläuften unseres Jahrhunderts bei allem Wandel der Konstellationen unbestritten. Zeiten der Heidegger-Nähe und der Heidegger-Ferne wechseln sich ab, wie das nur bei wahrhaft großen Gestirnen der Fall ist, die die Epochen bestimmen. Da war die Zeit unmittelbar nach dem Ersten Weltkrieg, in der das Wirken des jungen Assistenten Husserls in Freiburg begann. Schon damals ging eine unvergleichliche Ausstrahlung von ihm aus.

Dann kam, in den fünf Jahren, die Heidegger in Marburg lehrte, der steile Anstieg seiner akademischen Wirkung, die 1927 mit „Sein und Zeit" in die Öffentlichkeit drang, und mit einem Schlage war der Weltruhm da.

In unseren Zeiten, in diesem seit 1914 provinzialisierten Europa, in dem sonst nur die Naturwissenschaften ein rasches internationales Echo hervorzurufen vermochten – man denke an Namen wie Einstein, Planck und Heisenberg – und allenfalls noch Theologen, die durch die Kirche über die nationalstaatlichen Schranken hinweggetragen wurden, wie etwa Karl Barth, war der Ruhm des jungen Heidegger, der durch die Welt ging, etwas Einzigartiges. Als nach dem Ende des Dritten Reiches Heidegger wegen seines anfänglichen Engagements für Hitler seine Freiburger Professur nicht ausüben konnte, setzte eine wahre internationale Wallfahrt nach Todtnauberg ein, wo Heidegger auf seiner „Hütte", einem sehr bescheidenen Häuschen oben im Schwarzwald, den größeren Teil des Jahres zubrachte.

Die fünfziger Jahre stellten dann abermals einen Höhepunkt seiner „Präsenz" dar, obwohl er kaum noch als Lehrer tätig wurde. Aber ich erinnere mich aus dieser Zeit, wie er zu einem Hölderlin-Vortrag nach Heidelberg kam und was es für

Martin Heidegger beim Freiburger Universitätsjubiläum 1962 mit seinen alten Schülern Seminar haltend über den Satz Hegels: „Die Wahrheit des Seins ist das Wesen."

ein technisches Problem war, den lebensgefährlichen Andrang in die große Aula der neuen Universität einigermaßen zu bewältigen. Und so war es bei jedem Auftreten des Mannes in der Öffentlichkeit.

Dann kamen, mit der stürmischen Entwicklung von Wirtschaft und Technik, von Wohlstand und Komfort, neue, nüchterne Denkweisen in der akademischen Jugend auf. Technologie und marxistische Ideologiekritik wurden die bestimmenden geistigen Mächte, und Heidegger verschwand aus dem von ihm ehedem so böse charakterisierten „Gerede" – bis ihn in unseren Tagen anscheinend eine neue Jugend langsam wiederentdeckt, als ob er ein vergessener Klassiker wäre.

Was ist das Geheimnis dieser dauerhaften Präsenz? Es hat ihm doch wirklich nicht an Gegnern gefehlt und fehlt ihm bis heute nicht. In den zwanziger Jahren hatte er sich gegen den Widerstand unzähliger Formen von akademischer Biederkeit durchzusetzen, und die zehn Jahre von 1935 bis 1945, und nicht minder entschieden die gesamte öffentliche Meinungsbildung in der Nachkriegszeit bis zum heutigen Tag, waren ihm wahrlich nicht günstig gesinnt. Die Zerstörung der Vernunft (Lukács), der Jargon der Eigentlichkeit (Adorno), die Preisgabe des rationalen Denkens an pseudopoetische Mythologie, sein Windmühlengefecht gegen die Logik, die Flucht aus der Zeit in das „Sein" – man könnte die Reihe dieser Angriffe und Anklagen noch beträchtlich verlängern. Und doch, wenn der Verlag Klostermann die Ankündigung einer siebzigbändigen Gesamtausgabe der Werke Martin Heideggers in diesen Tagen aussendet, kann er gewiß sein, daß alles aufhorcht. Selbst wer von Heidegger nichts mehr weiß, kann kaum das Auge gleichgültig weiterwandern lassen, wenn er die Fotografie des einsamen alten Mannes erblickt, der in sich hineinspäht, in sich hineinhorcht, über sich hinaus sinnt. Selbst wenn er von sich zu wissen meint, daß er „gegen" Heidegger ist – oder auch, wenn er „für" ihn ist –, macht er sich lächerlich. So einfach ist am Denken nicht vorbeizukommen.

Wie kommt das? Wie kam das? Ich erinnere mich genau, wie ich erstmals seinen Namen hörte. Das war 1921 in München, als in einem Seminar von Moritz Geiger ein Student höchst seltsame, pathetische Reden in ungewohnter Ausdrucksweise hielt. Als ich nachher Geiger fragte, was das war, sagte er mit voller Selbstverständlichkeit: „Ach, der ist verheideggert." War ich es nicht bald selber? Es war kaum ein Jahr später, daß mir mein Lehrer Paul Natorp ein vierzig Seiten langes Manuskript von Heidegger zu lesen gab, eine Einleitung zu Aristoteles-Interpretationen. Das war für mich wie das Getroffenwerden von einem elektrischen Schlage. Ähnliches hatte ich als Achtzehnjähriger erlebt, als mir zum ersten Male Verse Stefan Georges zu Gesicht kamen (dessen Name mir völlig unbekannt war). Auch jetzt war es gewiß kein zureichendes Verständnis, das ich Heideggers Analyse der „hermeneutischen Situation" für eine philosophische Interpretation des Aristoteles entgegenbrachte. Aber daß da vom jungen Luther, von Gabriel Biel und Petrus Lombardus, von Augustin und von Paulus die Rede war und Aristoteles gerade auf diese Weise in den Blick kam und daß da eine höchst ungewohnte Sprache gesprochen wurde, daß die Rede war von dem „Um-zu", des „Woraufhin", des „Vorgriffs" und „Durchgriffs" — so etwa steht es noch heute in meinem Gedächtnis —, das griff durch. Das war kein bloßes gelehrtes oder problemgeschichtlich beruhigtes Tun. Der ganze Aristoteles rückte einem auf den Leib, und als ich dann in Freiburg erste Anleitung empfing, gingen mir die Augen auf.

Ja, das war es: es gingen einem die Augen auf. Man pflegt heute Heidegger Mangel an begrifflicher Präzision nachzusagen und poetisierende Vagheit. Es ist wahr, von dem seltsamen „Beinahe-Englisch", das heute den philosophischen Zeitstil erfaßt hat, war Heideggers Sprache ebenso weit entfernt wie von den mathematischen Symbolismen oder von den Spielen mit Kategorien und Modalitäten, die ich im neukantianischen Marburg geübt hatte. Wenn Heidegger dozierte, sah man die Dinge vor sich, als ob sie körperhaft greifbar wären. In zahmerer Form und auf den elementaren Bereich der Phänomenologie der Wahrnehmung beschränkt, ließ sich ähnliches von Husserl sagen. Auch seine „Terminologie" war nicht das phänomenologisch Produktive an seiner Sprache. Nicht zufällig bevorzugte der junge Heidegger vor allen anderen Arbeiten Husserls dessen sechste logische Untersuchung, in der er den Begriff der „kategorialen Anschauung" entwickelt hatte. Man hält diese Lehre Husserls heute vielfach für unbefriedigend und setzt gegen sie die moderne Logik ein. Aber seine Praxis — wie die Heideggers — läßt sich so nicht widerlegen. Das war Begegnung mit lebendiger Sprache im Philosophieren, die von keiner technischen Präzision logischer Mittel einzuholen ist.

Heidegger ging im Herbst 1923 als junger Professor nach Marburg. Zum Abschied von seinem heimatlichen Freiburg lud er eine große Zahl von Freunden, Kollegen und Studenten zu sich hinauf in den Schwarzwald zu einem abendlichen Sommerfest. Oben auf dem Stübenwasen wurde ein mächtiger Holzstoß angezündet, und Heidegger hielt eine uns alle beeindruckende Rede, die mit den Worten begann: „Wach sein am Feuer der Nacht" – und sein nächstes Wort war: „Die Griechen . . ." Gewiß, es war die Romantik der Jugendbewegung, die da mitschwang. Aber es war mehr. Es war die Entschlossenheit eines Denkers, der Heute und Damals, Zukunft und griechische Philosophie in eines schaute.

Man kann sich Heideggers Auftreten in Marburg gar nicht dramatisch genug vorstellen. Nicht, daß er es auf Sensation angelegt hätte. Sein Auftreten in der Vorlesung hatte gewiß auch etwas von bewußter Wirkungssicherheit, aber das Eigentliche seiner Person und seiner Lehre lag doch darin, daß er völlig in seiner Arbeit aufging und dies ausstrahlte. Durch ihn wurde Vorlesung überhaupt etwas völlig Neues, war nicht mehr die „Unterrichtsveranstaltung" eines Professors, der seine eigentliche Energie in Forschung und Publikationen setzte.

Die großen Büchermonologe verloren durch Heidegger ihren Vorrang. Was er gab, war mehr: es war der volle Einsatz der ganzen Kraft – und welcher genialen Kraft – eines revolutionären Denkers, der vor der Kühnheit seiner sich immer stärker radikalisierenden Fragen selber förmlich erschrak und den die Leidenschaft des Denkens so erfüllte, daß sie auf sein Auditorium mit einer durch nichts zu brechenden Faszination überging. Wer wird je die bitterböse Polemik vergessen, mit der er den Kultur- und Bildungsbetrieb der Zeit karikierte, die „Tollheit auf die Nähe", das „Man", das „Gerede", „dies alles ohne abschätzige Bedeutung" – auch das noch! –, wer den Sarkasmus, mit dem er Kollegen und Zeitgenossen bedachte, wer, der ihm damals folgte, den atemberaubenden Wirbel von Fragen, die er in den einleitenden Stunden des Semesters entwickelte, um sich dann selber in der zweiten oder dritten dieser Fragen ganz zu verstricken – und erst in den letzten Stunden des Semesters ballten sich dann die tiefdunklen Satzwolken zusammen, aus denen Blitze zuckten, die uns halb betäubt zurückließen.

Als Nicolai Hartmann zum ersten Male (und einzigen Male) Heideggers Vorlesung hörte – seine erste in Marburg –, sagte er nachher zu mir, eine solche Wucht des Auftretens sei ihm seit Hermann Cohen nicht wieder vorgekommen. Es waren wirklich zwei Antipoden, der kühle, reservierte Balte, der wie ein bürgerlicher Seigneur wirkte, und der dunkeläugige, kleine, gebirgsbäuerliche Mann, dessen Temperament bei aller verhaltenen Disziplin immer wieder durchschlug. Ich habe sie einmal auf der Treppe der Marburger Universität einander begegnen sehen: Hartmann ging in seine Vorlesung, wie immer in gestreifter Hose und schwarzem Rock und einem altväterischen weißen Kragen, Heidegger auf dem Wege aus der Vorlesung im Skianzug. Hartmann blieb stehen und sagte: „Ist es möglich, so gehen Sie in die Vorlesung?" Das vergnügte Lachen Heideggers hatte seinen besonderen Grund. Er hielt nämlich an diesem Abend einen Vortrag über das Skilaufen zur Einführung in einen damals neuen Trockenskikurs. Es war echtester Heidegger, wie er seinen Vortrag begann: „Ski laufen lernt man nur im Gelände und für das Gelände." Der typische Keulenschlag, mit dem modische Erwartungen niedergeknüppelt wurden, und zugleich die Eröffnung neuer Erwartungen. „Wer einen anständigen Stemmbogen fährt, den nehme ich auf jede Skitour mit."

Heidegger, Skiläufer von Kindheit an, hatte überhaupt eine sportliche Seite, und die Heidegger-Schule wurde davon angesteckt. Wir waren die zweitbeste Faustballmannschaft von Marburg, die immer bis ins Finale vordrang, und zu der Trainingsmannschaft kam jahrelang auch Heidegger – wenngleich er uns darin nicht so überlegen war wie sonst in allem.

Natürlich lief er nicht immer im Skianzug herum, aber nie im schwarzen Rock. Vielmehr trug er einen eigenen Anzug – wir nannten ihn den „existenziellen" Anzug –, eine von dem Maler Otto Ubbelohde entworfene, an die Bauerntrachten leicht angelehnte neue Herrenkleidung, in der Heidegger in der Tat etwas von dem bescheidenen Prunk eines sonntäglich gekleideten Bauern an sich hatte.

Heidegger begann seinen Tag sehr früh und traktierte uns bereits am frühen Morgen viermal die Woche mit Aristoteles. Das waren denkwürdige Interpretationen, sowohl was die Kraft der sachlichen Veranschaulichung betraf, als auch was die philosophischen Perspektiven anging, die dabei geöffnet wurden. In Heideggers Vorlesungen rückten einem die Sachen derart auf den Leib, daß wir nicht mehr wußten: spricht er in eigener Sache oder in der Sache des Aristoteles? Es ist eine große hermeneutische Wahrheit, die wir damals alle an uns zu erfahren begannen und die ich später theoretisch rechtfertigen und vertreten sollte.

Wir waren ein sehr hochmütiges kleines Volk und ließen uns den Stolz auf unseren Lehrer und sein Arbeitsethos gewaltig zu Kopfe steigen. Und nun stelle man sich erst vor, was im zweiten und dritten Gliede der Heideggerianer los war, bei denen, deren wissenschaftliches Talent geringer oder deren Ausbildungsstand noch nicht so fortgeschritten war. Auf sie wirkte Heidegger wie ein Rauschmittel. Dieser Wirbel radikaler Fragen, in den Heidegger einen hineinriß, nahm im Munde der Nachahmer karikaturhafte Ausmaße an. Offen gestanden, ich möchte nicht gerne ein damaliger Kollege von Heidegger gewesen sein. Überall traten Studenten auf, die es dem Meister ausgezeichnet abgeguckt hatten, „wie er sich räuspert und wie er spuckt". Diese jungen Leute verunsicherten mit „radikalen Fragen", deren Leerlauf durch ihren Anspruch verdeckt wurde, so manches Seminar, und wenn sie ihr dunkles Heidegger-Deutsch hervorbrachten, mag manchem Professor die Erfahrung eingefallen sein, die Aristophanes in der Komödie beschreibt, wie die von Sokrates und den Sophisten geschulte attische Jugend über die Stränge schlug. Damals gewiß kein wahrer Einwand gegen Sokrates, war es jetzt keiner gegen Heidegger, daß es dies gab und daß nicht jeder seiner Anhänger sich zu eigener ernsthafter Arbeit befreite. Doch bleibt es eines der merkwürdigsten Schauspiele, wie Heidegger, der das Wort von der „freigebenden Fürsorge" geprägt hat, trotz aller Freigabe – nein: durch alle Freigabe – nicht verhinderte, daß viele an ihn ihre Freiheit hoffnungslos verloren. Die Motten fliegen ins Licht.

Wir spürten es, als Heidegger an „Sein und Zeit" schrieb. Gelegentliche Bemerkungen deuteten voraus. Eines Tages las er in einem Schelling-Seminar den Satz vor: „Die Angst des Lebens selbst treibt den Menschen aus dem Centrum" und sagte: „Nennen Sie mir einen einzigen Satz von Hegel, der diesem Satz an Tiefe gleichkommt!" Bekanntlich war die erste Wirkung von „Sein und Zeit" – insbesondere auf die Theologie – die eines existenziellen Appells zum Vorlaufen zum Tode, eines Aufrufs zur „Eigentlichkeit". Man hörte mehr Kierkegaard heraus als Aristoteles. Aber schon in dem 1929 erschienenen Kant-Buch war nicht mehr vom Dasein des Menschen, sondern plötzlich vom „Da-Sein im Menschen" die Rede. Die Frage nach dem Sein und seinem „Da", die Heidegger aus der griechischen Aletheia (Unverborgenheit) herausgehört hatte, wurde nun unüberhörbar. Kein Aristoteles redivivus, aber ein Denker, dem nicht nur Hegel, sondern auch Nietzsche vorangegangen war und der sich auf den Anfang, auf Heraklit und Parmenides, zurückbesann, weil ihm das nie aufhörende Widerspiel von Entbergung und Verbergung aufgegangen war und das Geheimnis der Sprache, in der beides, das Gerede und die „Bergung" des Wahren, geschieht.

Heidegger realisierte das alles erst ganz, als er in seine Heimat, nach Freiburg und in den Schwarzwald, zurückgekehrt war und, wie er mir damals schrieb, „die Kräfte des alten Bodens zu spüren" begann. „Es kam alles ins Rutschen." Er nannte seine Denkerfahrung die „Kehre" – nicht im theologischen Sinne einer Umkehr, sondern wie er es aus seiner Mundart kannte. Die Kehre ist die Biegung des den Berg hinaufführenden Weges. Man kehrt dabei nicht um, sondern der Weg selber kehrt sich in die entgegengesetzte Richtung – um hinaufzuführen. Wohin? Das wird niemand so leicht sagen können. Nicht umsonst hat Heidegger eine seiner wichtigsten Sammlungen späterer Arbeiten „Holzwege" genannt. Das sind Wege, die nicht weiterführen und einem zum Steigen ins Unbetretene oder zum Umkehren zwingen. Aber es bleibt die Höhe.

Von der Freiburger Zeit Heideggers, vom Jahre 1933 und der Folgezeit, weiß ich nichts aus eigener Anschauung. Aber daß Heidegger nach dem politischen Zwischenspiel mit neuem Elan der Leidenschaft des Denkens folgte und daß sein Denken ihn in neue, ungangbare Gegenden führte, wurde auch aus der Ferne bald sichtbar. Da war ein Vortrag über Grundworte Hölderlins, der sich in der Zeitschrift „Das innere Reich" seltsam genug ausnahm. Es klang, als ob Heidegger sein Denken in Hölderlinsche Dichterworte über das Göttliche und die Götter verkleidet habe.

Und dann fuhren wir eines Tages (1936) nach Frankfurt, um Heideggers dreistündige Vorlesung „Vom Ursprung des Kunstwerks" zu hören. „Die menschenleere Landschaft", so überschrieb Sternberger in der Frankfurter Zeitung seinen Bericht. Gewiß war die fordernde Strenge dieser gedanklichen Wanderung dem Berichterstatter, dem Freunde des Panoramas menschlichen Treibens, fremd. Es war auch wirklich ungewohnt, da von der Erde reden zu hören und von dem Himmel und von dem Streit beider, als ob es sich um Begriffe des Denkens handele wie in der metaphysischen Tradition Materie und Form. Metaphern? Begriffe? Aussage von Gedanken oder Verkündigung eines neuheidnischen Mythos? Nietzsches Zarathustra, der Lehrer der ewigen Wiederkehr des Gleichen, schien das neue Vorbild, und in der Tat wandte sich Heidegger damals einer intensiven Auslegung Nietzsches zu, die schließlich in einem zweibändigen Werk, dem wahren Gegenstück zu „Sein und Zeit", ihren Niederschlag fand.

Aber es war nicht Nietzsche. Es war auch nichts von religiöser Verstiegenheit darin. Selbst wenn gelegentlich eschatologische Töne anklangen, wenn, orakelhaft genug, von „dem Gott" die Rede war, der „jäh vermutlich" erscheinen könnte, waren das Extrapolationen des philosophischen Gedankens und nicht Prophetenworte. Es war ein angestrengtes Ringen um eine philosophische Sprache, die, jenseits von Hegel, aber auch jenseits von Nietzsche, den ältesten Anfang des griechischen Denkens zu „wiederholen“, wieder zurückzuholen vermöchte. Ich erinnere mich, daß Heidegger mir einmal oben auf der Hütte, während der Kriegsjahre, einen Nietzsche-Aufsatz vorzulesen begann, an dem er arbeitete. Er unterbrach sich plötzlich, schlug auf den Tisch, daß die Teetassen klirrten, und rief erregt und verzweifelt: „Das ist ja alles chinesisch!“ Das war Sprachnot, die nur einer erfährt, der etwas zu sagen hat. Heidegger brauchte seine ganze Kraft, diese Sprachnot auszuhalten und sich durch keinerlei Angebote der traditionellen „onto-theologischen“ Metaphysik und ihrer Begrifflichkeit von seiner Frage nach dem „Sein“ abbringen zu lassen. Es war diese verbissene Energie seines Denkens, die überall durchschlug, wenn er einen Vortrag hielt: über „Bauen, Wohnen, Denken“ in der Riesenhalle der Darmstädter Gespräche, den Vortrag über das Ding, der in einen rätselhaften Wortreigen ausschwang, oder die Auslegung eines Gedichtes von Trakl und wieder die eines späten Hölderlin-Textes – öfters im allzu vornehmen Kurhaus Bühlerhöhe, wohin ihm einmal sogar Ortega y Gasset gefolgt ist, angezogen von diesem Goldsucher der Sprache und des Gedankens.

Dann wieder fügte er sich ganz in die Ordnungen des akademischen Lebens. In einer regulären Arbeitssitzung der Heidelberger Akademie der Wissenschaften sprach er über „Hegel und die Griechen“. Er hielt einen langen, schwierigen Vortrag über „Identität und Differenz“ als Festvortrag beim Freiburger Universitätsjubiläum – er hielt sogar aus solchem Anlaß wie in alter Zeit mit seinen alt gewordenen Schülern ein Seminar über einen einzigen Satz von Hegel: „Die Wahrheit des Seins ist das Wesen“ – ganz der alte. Das will sagen: in sein Fragen und Denken gebannt, mit dem Fuß vorwärtstastend, ob er festen Grund unter sich finde, verdrossen, wenn man nicht erriet, wo er Halt suchte, und außerstande, anderen zu helfen als durch die Wucht seines eigenen denkenden Einsatzes. Öfters habe ich ihn auch mit meinem eigenen Schülerkreis in Heidelberg zusammengeführt. Manchmal gelang ein

Gespräch, das heißt, man wurde auf eine Wanderung des Denkens mitgenommen und geriet nicht vom Wege ab. Nur wer mitgeht, weiß, daß es ein Weg ist.

Heute verhalten sich die meisten anders. Sie wollen nicht mitgehen, sondern vorher wissen, wohin es geht, oder gar, sie wissen es besser, wohin man gehen sollte. Dann haben sie kein anderes Interesse, als Heidegger einordnen zu wollen, zum Beispiel in die Krise der bürgerlichen Welt im Zeitalter des Spätkapitalismus: Flucht aus der Zeit in das Sein oder in einen irrationalistischen Intuitionismus: Vernachlässigung der modernen Logik. Vielleicht täuschen sich die Heutigen darüber, daß sie weder etwas einzuordnen hätten noch etwas kritisch zu überholen wüßten, wenn dieses Philosophieren nicht einfach da wäre, unreflektierter als das aller Zeitgenossen, sich dem bloßen Reflektieren darüber verschließend. Zweierlei aber dürfte für jeden unleugbar sein: Keiner vor Heidegger hat so weit zurückgedacht, das Auslaufen der Menschheitsgeschichte in die technische Zivilisation von heute und den Kampf um die Erdherrschaft unmittelbar aus dem Denken der Griechen, ihrer Begründung der Wissenschaft und ihrer Errichtung der Metaphysik, verständlich zu machen. Und keiner hat sich dabei so weit auf den schwankenden Boden unkonventioneller Begriffe vorgewagt, daß Menschheitserfahrungen anderer Kulturen, insbesondere Asiens, erstmals als unsere eigenen Erfahrungsmöglichkeiten sich von ferne abzeichnen.

Unter den vielen Wallfahrern nach Todtnauberg war auch eines Tages der Dichter Paul Celan, und aus seiner Begegnung mit dem Denker wurde ein Gedicht. Man bedenke: ein jüdischer Verfolgter, ein Dichter, der nicht in Deutschland, sondern in Paris lebte, aber ein deutscher Dichter, wagt beklommen diesen Besuch. Ihn muß der Augentrost des kleinen bäuerlichen Anwesens mit dem rinnenden Brunnen („mit dem Sternwürfel drauf") und des kleinen bäuerlichen Mannes mit dem aufleuchtenden Auge empfangen haben. Er hat sich in das Hüttenbuch eingetragen, wie so viele, mit einer Zeile von Hoffnung, die er im Herzen behielt. Er ist mit dem Denker über die weichen Wiesen dort oben geschritten, einzeln beide, wie die einzeln stehenden Blumen („Orchis und Orchis"). Erst später auf der Heimfahrt wurde ihm, was ihm an dem, was Heidegger dahinmurmelte, noch krude schien, deutlich — er begann zu verstehen. Er verstand das Gewagte eines Denkens, das ein anderer („der Mensch") mit anhören kann, ohne es zu verstehen, das Gewagte eines Schreitens auf schwankendem Boden wie auf Knüppelfaden, die man nicht bis zu Ende gehen kann. Das Gedicht lautet:

Todtnauberg

Arnika, Augentrost, der
Trunk aus dem Brunnen mit dem
Sternwürfel drauf,

in der
Hütte,
die in das Buch
— wessen Namen nahms auf
vor dem meinen? —,
die in dies Buch
geschriebene Zeile von
einer Hoffnung, heute,
auf eines Denkenden
kommendes
Wort
im Herzen

Waldwasen, uneingeebnet,
Orchis und Orchis, einzeln,

Krudes, später, im Fahren,
deutlich,

der uns fährt, der Mensch,
der's mit anhört,
die halb-
beschrittenen Knüppel-
pfade im Hochmoor,

Feuchtes,
viel.

Gerhard Krüger[1]

Gerhard Krüger begann seine Studien aus historisch-politischem Interesse bei Haller in Tübingen und kam von da nach Marburg. Sein erstes Auftreten dort ist mir unvergeßlich.

Es war im Jahre 1920 im Philosophischen Seminar der Universität. Der Blick fiel durch große, kirchenähnliche Fenster im neugotischen Stil auf den Hühnergarten des Universitätskastellans. Paul Natorp saß an der Stirnseite des Hufeisentisches und suchte, in sich versunken, den Ausweg aus dem Methodologismus der Marburger Schule ins Freie und Ganze einer „allgemeinen Logik" – und den Weg zu den jungen Leuten, die sich um ihn drängten. Ein blasser junger Student, der aus Tübingen gekommen war, aber offenkundig ein Berliner, meldete sich zu Wort und entwickelte in knappen und präzisen Sätzen das Verfangensein der Selbstreflexion in sich selber. Das war Gerhard Krüger. Was an ihm damals sofort auffiel, war nicht nur die Schärfe und Klarheit seines Verstandes, sondern vor allem die große Nüchternheit, mit der er der idealistischen Philosophie gegenübertrat. So war er vorbestimmt, die Selbstauflösung der Marburger Schule mitzuvollziehen, die damals vor allem in Nicolai Hartmanns Abkehr vom neukantianischen Idealismus ihren Ausdruck fand.

Etwas Entschiedenes, bis zur Schroffheit Beharrliches und Sicheres war von früh an in seinem Auftreten. Er konnte einem die verblüffendsten Dinge direkt ins Gesicht sagen, nicht ohne auch sich selbst und seine Position am anderen mit Sorgfalt zu

[1] Gerhard Krüger wurde geboren am 30. Januar 1902 in Berlin und hat am Gymnasium in Friedenau seine Schulbildung empfangen. Seine Studien hat er nach einem ersten Beginn in Tübingen ganz in Marburg absolviert, wo er sich 1929 habilitierte. Nach 1933 war er für ein Semester vertretungsweise in Göttingen und in Frankfurt/Main. Er war zuletzt Professor der Philosophie an der Universität Frankfurt geworden. Seine große Wirksamkeit als akademischer Lehrer hatte er aber schon früher als Marburger Privatdozent ab 1929, dann 1940–1946 als Professor der Philosophie in Münster und 1946–1952 in Tübingen ausgeübt.

Gerhard Krüger

prüfen. Aber wenn unbeirrbare Konsequenz im Denken, ohne nach rechts oder nach links zu sehen, eine philosophische Tugend ist – Gerhard Krüger besaß sie in hohem Grade und verdankte ihr seine frühe geistige Unabhängigkeit und Selbständigkeit.

Und es war eine spannungsvolle, von starken geistigen Vorbildern geprägte Atmosphäre, in der wir im damaligen Marburg aufwuchsen: da war die „Marburger Schule" des Neukantianismus, die sich in voller Auflösung befand: Paul Natorp selbst folgte nach dem Weggang Hermann Cohens lange zurückgehaltenen Antrieben, die ihm aus Mystik und Musik zuwuchsen. Nicolai Hartmann, mehr und mehr seinen Abstand von dem Marburger Idealismus suchend und ermessend, schloß uns alle zusammen und übertrug etwas von der wilden Intensität endloser nächtlicher Diskussionen aus seinem

Petersburger Studentenleben in das bäuerlich-bürgerliche Marburg – und dann trat, stürmisch und mitreißend und alles in den Strudel ungewohnter neuer und radikaler Fragen ziehend, der junge Martin Heidegger auf den Plan – es war nicht so leicht, als ein noch so begabter junger Student ein eigenes Profil zu gewinnen.

Da war aber auch die Marburger Theologie, die sich in diesen Jahren, den Anstößen Friedrich Gogartens und Karl Barths folgend, vor allem in der Gestalt von Rudolf Bultmann auf neue Wege der historischen Selbstkritik und der dialektischen Selbstbegründung wagte. In beiden Bereichen zeichnete sich Gerhard Krüger früh aus. Im besonderen vertiefte sich Krüger in die kantische Philosophie, deren metaphysische Einschläge von Nicolai Hartmann und Heinz Heimsoeth gegen den Neukantianismus gekehrt wurden.

Aber auch der gewaltige philosophische Impetus, der von Martin Heidegger ausging, als er 1923 seine fünfjährige Marburger Lehrtätigkeit begann, wies ihn in die gleiche Richtung. Denn was in Heidegger zu Wort kam, war für unser damaliges Bewußtsein vor allem deshalb revolutionär, weil hier auf ursprüngliche Existenzerfahrungen zurückgegangen wurde, die anstelle der in den Wissenschaften verarbeiteten Erfahrung der radikalen philosophischen Besinnung die Aufgabe stellten. Gerhard Krüger begann unter diesem Eindruck die philosophische Bedeutung der menschlichen Lebenserfahrung auch an Kants Philosophie herauszuarbeiten.

Indessen bestand er mit Beharrlichkeit, so sehr ihn auch Heideggers genialer Griff gepackt hielt, auf dem „realistischen“ Gegenzug zum Idealismus, der ihm in Nicolai Hartmann begegnet war, und im Felde der Diskussionen um Kierkegaard und die neue dialektische Theologie warnte er früh vor den verborgenen idealistischen Motiven in Karl Barths Römerbrief-Kommentar, in einem viel beachteten Aufsatz in „Zwischen den Zeiten“. Schüler Rudolf Bultmanns, nahm er an der Erneuerung der theologischen Problematik teil, als die dialektische Theologie die liberale Historie einer leidenschaftlichen Kritik unterwarf. In der Anerkennung der Unverfügbarkeit des Glaubens und der göttlichen Gnade fand seine kritische Abkehr vom idealistischen Denken ihren positiven Gegenhalt. In seinen logischen Bemerkungen zu Barths Römerbrief werden die philosophischen Implikationen des „dialektischen" Redens von Gott kritisch aufgedeckt und die Frage vorbereitet, „wie der Glaubende in der zeitlichen Geschichte sei". Führt nicht die Herrschaft des Begriffes immer wieder in die Nähe jener Autokratie des Denkens, gegen die schon Kierkegaards Hegelkritik gerichtet war? Und wenn die Autorität der christlichen Lehre oder die Predigt dem entgegensteht: wie soll dies angemessen denkend begriffen werden? Krüger ist dieser frühen Frage mit erstaunlicher Konsequenz treu geblieben. Er gehörte mit Heinrich Schlier bald zu dem engsten Freundeskreis von Rudolf Bultmann und war so etwas wie ein philosophischer Zensor in den bewegten Kreisen der „Marburger Akademischen Vereinigung", in der sich eine Elite theologischer und philosophischer Jugend zusammenfand.

Kann man sich heute überhaupt noch ein Bild davon machen, wie wir damals – in den „goldenen" zwanziger Jahren – heranwuchsen, nach unserem Doktorat ganz am Rande der Universität, eine kleine Gruppe junger Akademiker, die vor ihrer Habilitation niemals lehrend vor Studenten traten und völlig ins Ungewisse hinein arbeiteten und ärmlich von Stipendien lebten? Wir taten auch anderes: Gerhard Krüger war ein begnadeter Vorleser, und wir haben im engsten Familien- und Freundeskreis Tausende und Tausende von Seiten Dostojewski und Tolstoj, Gogol und Gontscharow, Hamsun und Dickens, Balzac und Meredith gemeinsam gelesen. Daneben war Rudolf Bultmanns Graeca, in der wir die griechische Literatur auf eine ähnlich gesellige Weise pflegten. Da lasen wir durch viele, viele Jahre griechische Autoren, Homer und die Tragiker, Herodot und Clemens, Aristophanes und Lucian. Heinrich Schlier, Günther Bornkamm, Erich Dinkler waren die theologischen, Gerhard Krüger und ich die philosophischen Mitglieder dieses allwöchentlich zusammentretenden Kreises, mit Rudolf Bultmann verbunden durch Verehrung und Freundschaft und durch die gemeinsame Liebe zur griechischen Sprache und Kultur. So war es auch eine gesellige Zeit.

Bis uns das Katheder vereinzelte und auf eine neue Weise vereinigte. Krügers mit überlegener Sicherheit vorgetragene Vorlesungen übten eine starke Wirkung aus, insbesondere dank den philosophischen Interessen der Marburger Theologenschaft. Unter den Marburger Studenten hieß es damals von Krüger und mir: bei Krüger lernt man, wie alles richtig ist, bei Gadamer, wie wenig man weiß, was richtig ist. Aber entschieden war Krüger ein vorzüglicher Lehrer und seine Wirksamkeit setzte sich auch nach 1933 fort, als unser Kreis sich lichtete und unsere Lage sehr schwierig wurde. Die Unbeirrbarkeit, mit der Gerhard Krüger die Antwort auf seine Frage nach dem Sein des Glaubenden in der zeitlichen Geschichte bei der philosophischen Tradition suchte, war erstaunlich, und nicht minder unbeirrbar war seine menschliche und politische Haltung in den Zeiten fragwürdiger Gleichschaltung. Das hat auch seinen Freunden, zu denen ich gehörte, viel bedeutet.

Inzwischen war Gerhard Krügers Habilitationsschrift „Philosophie und Moral in der Kantischen Kritik“ erschienen (1931), ein glänzendes Buch. Krüger rief Kant zum Zeugen dafür auf, daß die Schöpfungsordnung, eine hinzunehmende Gegebenheit, allein eine Philosophie der Moral begründen könne, in der Freiheit nicht so sehr Selbstbestimmung als Selbstbindung an das Sittengesetz bedeute — ein ungewohnter Kant, der nicht ohne heftigen Widerspruch blieb, heute ein repräsentativer Beitrag zur Kant-Forschung, der insbesondere auch dank Eric Weils Anregung in französischer Übersetzung gewirkt hat. Was war das für ein neuartiger Kant! Wir haben wohl alle viel aus diesem Buch, insbesondere aus der Auslegung der Moralphilosophie Kants gelernt. Aber am lehrreichsten waren nicht die überzeugenden Seiten dieser Kantinterpretation, sondern eher die Entschiedenheit, mit der sich das eigene philosophische Anliegen des Verfassers durchsetzte, wenn er den Begründer der kritischen Philosophie, den Verkünder der sittlichen Autonomie und der praktischen Freiheit, fast als Verteidiger, wenn nicht gar als Erneuerer der christlichen Metaphysik erscheinen ließ. Die Autonomie der praktischen Vernunft wurde als unbedingter Gehorsam gegenüber dem Sittengesetz, als ein Sichbeugen unter seinen Anspruch gedeutet, und die metaphysischen Einschläge in Kants Kritik, der schöpfungstheologische Hintergrund seiner Vermögenslehre und seiner umstrittenen Lehre von der Affektion, schlossen sich mit den angedeuteten Linien einer moralischen Teleologie zu einer höchst ungewohnten Figur zusammen.

Sehr bald sollte sich die philosophische Intention, die Krüger leitete, von diesem ersten Einsatz lösen. Krüger vertiefte sich mehr und mehr in die Aporien der modernen Aufklärung. Leibniz und vor allem Descartes, in dem bedeutenden Aufsatz über die Herkunft des philosophischen Selbstbewußtseins, gaben ihm Gelegenheit, die Problematik der modernen „selbstbewußten Freiheit" in aller Schärfe herauszuarbeiten und damit die Frage zu stellen, ob nicht „die Wege unserer älteren philosophischen Tradition, die Möglichkeit des theologischen Denkens, die richtigen waren".

Es macht nun die besondere Eigenart von Krügers Weg aus und bezeichnet zugleich seinen Rang, daß er sich gleichwohl nicht einfach auf die christliche Synthese der antiken Philosophie und des Evangeliums zurückwandte und im Anschluß an das scholastische Denken sein Genüge fand, sondern die philosophischen Motive wiederzubeleben suchte, aus denen die klassische Tradition der Philosophie stammt. So wies ihn sein eigenes Fragen auf Platon. Sein Buch über Platon, auf volle Beherrschung der gesamten wissenschaftlichen und philosophischen Platonforschung gegründet, war eine Art Grundlegung natürlicher Gotteserkenntnis. Das war es, was er in Platon, dem Kritiker des heidnischen Polytheismus, der doch ganz in der religiösen Tradition des Griechentums stand, wiederzuerkennen suchte. Eine neue Leidenschaft zur Einsicht, Eros philosophos, läßt Platon die leidenschaftliche Weltbefangenheit der griechischen Frühzeit überwinden, aber gleichzeitig ihre religiöse Grundlage bewahren. Der Gegenbegriff des souveränen Denkens der Moderne, dessen Aporien Krüger unablässig verfolgte, verleiht der klassischen Philosophie die auszeichnende Charakteristik, hinnehmende Vernunft zu sein. Krüger suchte von da aus die welthafte Ordnung der Dinge, welche die christliche Schöpfungslehre auf die Basis der Offenbarung gegründet hatte, mit den Mitteln des philosophischen Denkens als einen teleologischen Kosmos von Gütern zu erweisen. In dem Mittelpunkt des ausgezeichnet gearbeiteten Buches, das den Titel „Einsicht und Leidenschaft. Das Wesen des Platonischen Denkens“ (1939, 3. Auflage 1963) trägt, steht Platons „Gastmahl“. In der Einleitung desselben entwickelte Krüger den religiösen Hintergrund des griechischen Vernunftbegriffs auf souveräne Weise. Die 70 Seiten dieser Einleitung dürften zu den bleibenden Meisterleistungen philosophischen Gesprächs mit den Griechen zählen.

Die tragende Bedeutung der moralischen Lebenserfahrung, die in einer an sich gegebenen und nie ganz unkenntlich werdenden Ordnung aller Willkür des Verfügens eine absolute Grenze setzt, soll am Ende auch dem dunklen Rätsel, das dem modernen Denken die Geschichte bedeutet, seine beunruhigende Gewalt und Schärfe nehmen. „Wir bleiben trotz unserer Modernität Menschen, wie sie zu allen Zeiten gelebt haben, und wir können daher Platon und andere Denker der Vergangenheit nicht nur historisch verstehen, sondern auch sachlich wiederholen. Wir begegnen uns mit allen denen, die in der Anerkennung einer einheitlichen Welt ebenfalls über die Grenzen ihrer geschichtlichen Situation hinausgesehen haben.“ In diesen Sätzen Gerhard Krügers ist ausgezeichnet zusammengefaßt, was den sicheren Stil seiner philosophischen Lehrtätigkeit bestimmte.

Gerhard Krügers frühe Selbständigkeit führte ihn auch zur kritischen Auseinandersetzung mit seinen Lehrern. So schrieb er eine sehr gründliche Kritik von Nicolai Hartmanns „Theorie des geistigen Seins“ und nach dem Kriege, als Martin

Heideggers „Holzwege“ von dem Wandel seines philosophischen Denkens, den er „die Kehre“ nannte, öffentlich zeugten, suchte Gerhard Krüger in einer kritischen Betrachtung nachzuweisen, daß Heideggers Denkversuche ihn nicht aus dem Bannkreis Hegels zu befreien vermöchten. So nahm Gerhard Krüger seine frühen Zweifel am Idealismus wieder auf. Daß man in der berühmten Querelle des anciens et des modernes auch als ein Kind der Neuzeit aus Gründen auf die Seite der „Alten“ treten kann, eine Einsicht, die ihn insbesondere mit Leo Strauss verband, dessen frühes Spinoza-Buch ihn stark beeindruckt hatte, nötigte ihn zu einer Haltung entschiedener Abwehr und Kritik gegen das zeitgenössische Denken, die die Züge seines Charakters zuweilen verhärtete. Gewiß trug er an der Entschiedenheit nicht leicht, zu der er sich selber geführt sah. Doch wurde seine Stimme eben dadurch unüberhörbar.

Die wichtigste Sammlung seiner kleineren Arbeiten, die er noch vor seiner Erkrankung geschrieben hatte, trug den Titel: Freiheit und Weltverwaltung (1958). Ich erinnere mich, daß dieser Titel mich damals verblüffte, obwohl mir der Inhalt des Bandes und die philosophische Position Gerhard Krügers genau bekannt waren. Aber hat er nicht recht bekommen? Liest man nicht diesen Titel heute ohne alles Erstaunen, ja, mit der inneren Zustimmung, daß in diesem Titel in der Tat zu einer Formel vereinigt ist, was allen unlösbaren Widerspruch unserer Weltstunde ausmacht: in einer immer sorgfältiger und immer konsequenter verwalteten Welt die unversieglichen Quellen menschlicher Geschöpflichkeit und der ihr anvertrauten Freiheit wahrhaben zu sollen?

Es war dem Verlag Klostermann und der Hilfe seiner Freunde, insbesondere dem selbstlosen Einsatz von Wilhelm Anz, zu danken, daß aus Krügers Vorlesungen ein Buch zur Einführung in die Philosophie veröffentlicht werden konnte, das die Stimme des verstummten Lehrers und die gediegene Klarheit seiner Gedanken noch einmal weiteren Kreisen vernehmbar machte: „Grundfragen der Philosophie. Geschichte. Wahrheit. Wissenschaft“ (1958). Es war eine Stimme, die den

Heutigen wie „zwischen den Zeiten“ klingen mag. Aber heißt das nicht Denken: zwischen den Zeiten zu sein und über alle Zeit hinaus zu fragen?

Karl Löwith

Karl Löwith war ein Mann von unverwechselbarer Eigenart. Es war eine tiefe Seinstraurigkeit um ihn ausgegossen – zugleich wahrte er die würdigste Gefaßtheit gegenüber dem Fremden, Befremdenden des Daseins, das uns auferlegt ist. Ein unfaßlicher Gleichmut schien ihn zu beseelen. In der Gleichmäßigkeit seiner Stimme, die sich kaum je zu dem leisen Nachdruck des Lehrers steigerte, war dieser Gleichmut wie leibhafte Gegenwart. Selbst wenn er auf dem Katheder sprach, war das fast eher ein ins Unendliche gehendes Selbstgespräch. Aber jeder, der ihn kannte, kannte auch das plötzliche Aufschauen und den Blick des Einverständnisses, das einen verband.

Auf dem Grunde dieses Gleichmutes lag eine ihm eingeborene Distanz, ein Gefühl für Abstand und ein ständiges Bewußtsein von Abstand. Er hielt sie stets ein, die Distanz zu sich selber, die Distanz zu den Freunden, zu den Menschen, zur Welt. Das war sein Ethos: ein illusionsloses Hinnehmen der Dinge, wie sie sind, ein Anerkennen der Natürlichkeit des Natürlichen, aber auch ein beharrliches Festhalten an allem, was ihm je nahe war. Sein Lebensweg entsprach dem. Was war für ihn Heimat? Da waren seine Jugendjahre in München, die Zeit seiner Kriegsgefangenschaft droben im Kastell von Genua, die Studienjahre in Freiburg und Marburg, Florenz und Rom oder später Jahre der Lehre in Japan und am Ende die letzten 20 Jahre in Heidelberg: seine Lebensgeschichte selbst, die ihm manches Schwere und Bittre auferlegte, vermochte nicht die letzte Unberührbarkeit anzutasten, die ihm eigen war. Wenn man ihn vor sich sieht, wenn man seine Haltung, seine Reaktionen, sein Schweigen vor sich erstehen läßt – man spürte stets etwas Zeitloses, Ägyptisches in ihm. Nicht jung, nicht alt, allen Extremen abhold und doch hoffnungslos getrennt von der Selbstverständlichkeit der Konventionen, sprach sich sein unverwechselbares Wesen aus. Insbesondere hatte ihn seine jugendliche Einkehr in das lateinische Wesen geprägt, als er, knapp dem Tode in der Schlacht entronnen, an

Karl Löwith aus den Heidelberger Jahren

den italienischen Soldaten, die seine Bewacher waren, eine ihm zutiefst gemäße Lebenshaltung erkannte: Hingabe an den Augenblick, das Natürliche natürlich finden, das Unvermeidliche hinnehmen. So war ihm Nietzsche und der Amor fati der natürlichste Ausdruck seines Weltgefühls und Weltdenkens. Er liebte die Ungeniertheit und verteidigte sie. Und doch war seinem leisen und in sich gekehrten Wesen eine höchste Diskretion eigen, gegen sich selbst wie gegen andere, und sie verließ ihn auch nie, wenn es um Philosophie ging. Verstiegenheit der Spekulation reizte ihn bis zum Unwillen – und doch zog es ihn auch immer wieder an, sozusagen dahinterzukommen, was da eigentlich dahinter war. Als denkender Vermittler großer Gedankenschöpfungen hatte er die erstaunlichste Gabe, mitten im sprödesten Stoff des Begriffes das Individuelle und Anekdotische aufzufinden, in dem die Spur des Menschlichen deutlich hervortrat. Sein Verhältnis zu Nietzsche, sein Verhältnis zu Heidegger, ja selbst sein Verhältnis zu Hegel hatte von da etwas spannungsvoll Zwiespältiges. Die einfachen, natürlichen, verständlichen Regungen unseres Menschseins wußte er überall aufzufinden, auch dort, wo einer im Namen des Weltgeistes zu sprechen vorgab, und blieb selber immer im Abstand. Wirklich war ihm beides gleich verständlich und gleich unerreichbar: die radikale Waghalsigkeit des Denkens, wie sie ihm in Nietzsche oder Heidegger begegnet war, wie die Solidität und skeptische Reserve des Basler Patriziersohnes Jacob Burckhardt. Sein gleichmütig gleichmäßiger Blick ermaß die extremsten Möglichkeiten als die geringen Varianten, die die Natur dem Menschen zugebilligt hat.

Die letzten Jahre seines Lebens vertiefte er sich ganz in Paul Valéry, dessen mediterrane Skepsis, helle Rationalität und naturhafter Paganismus ihn verwandt berührten. Als er den letzten Band der langen Reihe der Cahiers, diese unermüdliche Selbstreflexion und Selbstprotokollierung Valérys, aus der Hand gelegt hatte, ging auch sein eigenes Leben zu Ende, wie wenn ein Punkt gesetzt war.

Es sei der Versuch unternommen, den Weg seines Denkens aus der Perspektive eines Weggenossen zur Darstellung zu bringen. Daß Perspektiven einen Wert haben, daß Perspektiven nicht nur Erkenntniswege sind, sondern sogar ein Teil unserer eigentlichen Existenz, das hat niemand so deutlich gesagt als Löwith selber in seinem ersten Buch. Dieses Buch, das betitelt war „Das Individuum in der Rolle des Mitmenschen" hatte seinerzeit in der großartigen Schule, die wir alle bei Martin Heidegger empfangen haben, ein ganz eigenes Anliegen verfolgt, den Menschen als Individuum zu sehen – sowohl gegenüber den Wesensallgemeinheiten des philosophischen Denkens, als auch gegenüber den sozialen Rollen, die er spielt. Wenn man in einer verkürzenden Form sagen darf, was Löwiths Buch damals in die philosophische Diskussion einzubringen suchte, so war es die Erhellung dessen, was das Du in seiner radikalen Einzelheit für das Menschsein bedeutet. Das war in der damaligen Situation, die letzten Endes durch die Kritik Heideggers an der abendländischen Metaphysik, besonders der Metaphysik der Griechen bestimmt war, die Sonderanwendung einer allgemeinen Opposition, die durch Heidegger sichtbar geworden war. Die Kritik daran, daß der Mensch wesentlich Logos sei, und daß das Wesen der Dinge ihr Eidos sei, fand hier ihre Anwendung auf den Begriff der Person, welcher aus der römischen Tradition stammt und in der neueren Philosophie eines der schwierigsten moral-philosophischen und metaphysischen Probleme darstellt. Als Löwith die Duhaftigkeit des Menschen gegen den allgemeinen Personenbegriff wahrnahm, als er an Pirandello zeigte, daß die Rolle, die der Einzelne in seinen Beziehungen zu diesem und jenem spielt, sein eigenstes Selbst ist, hat er in einem Teilaspekt an der idealistischen Tradition der Philosophie die radikale Kritik geübt, die vorher schon ihre theologische Aussage durch Männer wie Kierkegaard, Buber, Ebner, Barth, Gogarten und Bultmann gefunden hatte. Ich glaube nun, daß man sehr schön an den weiteren Schritten, die Löwith als junger Dozent tat, die Richtung seines ganzen geistigen Werdens charakterisieren kann. Es ging von diesem ersten Ansatzpunkt einer Kritik des Idealismus weiter, indem Löwith zunächst die Zeugen einer solchen Kritik aufrief. Charakteristischerweise behandelte der erste Aufsatz nach der Habilitation Feuerbachs Kritik an Hegel. Aufsätze über Kierkegaard und Nietzsche, die großen Gegner der idealistischen Spekulation, waren weitere Zeichen dieses eigenen Weges.

Da aber zeigte sich ebenso früh eine zweite Komponente, die die Kritik des Idealismus nach einer anderen Richtung fortsetzte, und mir schien es immer, wenn ich hier wieder als Weggenosse sprechen darf, daß die Einordnung in die, wenn auch noch so fragwürdige, Institution der Universität nicht ganz ohne Bedeutung dafür gewesen ist, daß Löwith zunehmend mehr die gesellschaftliche Bedingtheit des Individuums neben die persönlich-mitmenschliche Bedingtheit zu stellen begann.

Dabei war es besonders die glanzvolle Abhandlung über Karl Marx und Max Weber, die der Betrachtung des Individuums die gesellschaftliche Fragestellung zur Seite rückte. Löwith hat in dieser Arbeit zwei Perspektiven gegeneinander abgegrenzt. Er hat vom Standpunkte eines Marx aus Max Webers Gedankenwelt zu beleuchten versucht und umgekehrt. Er hat dann Marx und Kierkegaard einander gegenübergestellt, Burckhardt und Nietzsche, Goethe und Hegel, und in diesen Konfrontationen begibt sich so etwas wie die Verwandlung einer durch die Grundlegung des ersten Buches gewonnenen Erkenntnis in eine Methode. Perspektivität – das war die ursprüngliche Einsicht jenes ersten Ansatzes schon – ist zugleich ein Aufweis des wahren Seins. Es war gerade nicht so, wie Löwith damals noch zu meinen schien, daß die Perspektivität unseres Daseins es nicht möglich mache, Einsicht in das wahre Sein des Individuums außerhalb der jeweiligen Beziehungen, in denen es steht, überhaupt zu gewinnen. Im Gegenteil, das Individuum ist das Ganze der Perspektiven. Diese Erkenntnis einer ‚pirandellotischen' Ontologie diente Löwith zur Legitimierung seiner vergleichenden Studien zur Geistesgeschichte.

Die Methode der Perspektivik ist keine willkürlich angewendete, sondern jede Perspektive hebt einen Faden aus dem Seinsgeflecht heraus, das da und wirklich ist. Gleichwohl scheint mir – wenn ich mir erlauben darf, so weiter zu deuten, was ich habe entstehen und werden sehen –, daß die Methode der Perspektive, die Löwith auf die Geistesgeschichte anwandte, allmählich und in ihrer weiteren Ausübung immer deutlicher ein Festwerden bestimmter Standorte, bestimmter Ausgangspunkte ergab, von denen aus sich anderes nur noch in der Perspektive zeigte, eine Art Auspendeln der Waage, auf der die Wahrheit erwogen wurde. Wenn Kierkegaard und Nietzsche, ja selbst noch wenn Weber und Marx zusammengestellt waren, so konnte man aus der Relativität beider Positionen eben nur ihre Relativität deutlich entnehmen. Wenn dagegen Jacob Burckhardt und Nietzsche in einem Buche in Perspektive gesetzt werden, so war schon deutlich, daß Karl

Löwith in Jacob Burckhardt eine höhere menschliche Wahrheit erschien. Und man wird gleichermaßen spüren, daß die Position, die Goethe gegenüber Hegel einnimmt, Löwith näher steht, d. h. wahrer scheint, als etwa die umgekehrte. Das gilt schließlich auch für die Wahrheit in Nietzsche selber, und das ist vielleicht die merkwürdigste Entwicklung, die ich in Löwiths Denken sehe: Nietzsche ist für ihn in gewisser Weise, mit allen Einschränkungen, die er gegen Nietzsche anbringt, selber eine Art fester Standort geworden, ein Zeuge gegen das, was er den Historismus nennt. Denn es war offenbar die Absicht Löwiths, zu zeigen, daß eine entschlossene Radikalisierung des ethischen Denkens die Grenze des Historismus sichtbar macht.

Wenn wir uns nun dieses Auspendeln der Waage zwischen einander zugeordneten geistigen Erscheinungen, wie sie Löwith noch in zahlreichen anderen Fällen herbeizuführen versucht hat, vor Augen stellen, werden wir das Bedürfnis empfinden, uns zu fragen: Aufgrund wovon gewährt Löwith gewissen Perspektiven den Vorzug? Aber dazu werden wir erst wissen müssen: Wo ist der Standort, von dem aus diese Betrachtungsweise fruchtbar wird? Was ist das Gemeinsame, das Maßsystem, mit dem hier gemessen wird? Ich denke, daß man sagen kann, daß vor allem anderen die Skepsis, ein traditionelles Motiv philosophischer Besinnung seit alters, an den geistigen Kronzeugen, die Löwith zu zitieren liebt, das Gemeinsame ist, und daß diese Skepsis somit auch sein eigenstes Anliegen war. Aber freilich, wie alle Skepsis hat auch diese Skepsis ihren bestimmten Sinn durch das, wogegen sie sich richtet und woran sie sich ausübt. Ich darf vielleicht in diesem meinem Versuch, eine eigene Perspektive auf Löwith zu verfolgen, die Skepsis Löwiths eine Skepsis gegen die Schule nennen.

Unter „Schule“ verstehen wir in der Philosophie die zünftige Form der akademischen Wissenschaft seit Schopenhauer, der ihrerseits seit dem späten Altertum die traditionelle Form der philosophischen Schulbildung vorausging. Und wenn ich Löwiths allererstes Auftreten in dem akademischen Leben

Deutschlands hier nachzeichnen darf: Ich besinne mich sehr deutlich auf mein erstes Zusammentreffen mit ihm im Jahre 1920 im Wandelgang der Münchener Universität. Ich hatte keine Ahnung, wer er war, aber mein allererster, unbestimmter Eindruck war genau der, daß damals schon das eigentliche Anliegen Löwiths, das ihn auch in die Nähe zu dem damaligen radikal revolutionären Heidegger brachte, die Kritik an der Schule war, die Kritik an der akademischen Philosophie, die Kritik auch an der Unterweisung, die der Meister phänomenologischer Einzelforschung, die Husserl uns gab. Kritik an der Schule ist ein altes Motiv. Sie verfolgt die Schule seit Jahrhunderten wie ihr eigener Schatten. Die französischen Moralisten lebten von ihr ganz, es gibt diese Kritik aber auch – und mit ganz besonderem Recht – im 19. Jahrhundert, als die Professoren in der Philosophie die Oberhand gewannen und nur mehr wiederholten und erneuerten, ohne das Zeitbewußtsein noch zu erreichen.

In unserer Jugend hatte die Skepsis Löwiths gegen die Schule erstmals innerhalb der akademischen Philosophie selber ihre Legitimation gefunden, im Begriff des Existenziellen, der insbesondere in Heideggers Auftreten seine Verkörperung erlangte. Aber am Ende sollte auch noch Heideggers Philosophie von Löwiths Skepsis verfolgt werden. Wie sich Heideggers Denken seit „Sein und Zeit" vor Löwiths Augen ausbaute, wurde es ihm das reinste Gegenteil dessen, was ihm der existenzielle Appell des ursprünglichen Heideggerschen Ansatzes zu verheißen schien. Ich kann hier nicht darauf eingehen, warum Heidegger selber auf einem so anderen Wege weitergegangen ist, als es im Sinne der Kritik Löwiths an der Schulphilosophie lag. Doch scheint es mir für Löwith bedeutsam, daß sich sein Denken in solchen Spannungen formiert hat.

Ein zweiter Punkt von Löwiths Skepsis scheint mir die Skepsis gegen alle Dogmatik überhaupt, vor allem die einer philosophischen Theologie und einer spekulativen Geschichtsphilosophie. Alle spekulative Geschichtsdeutung erscheint ihm als ein unerkanntes und illegitimes Fortleben der Heilsgeschichte. Das ist die Stelle, an der Löwiths skeptisches Denken in die besondere Nähe zu einem Zentralmotiv der protestantischen Theologie geraten ist.

Und da ist schließlich als letztes seine Skepsis gegen die Geschichte überhaupt. Das ist das Motiv, das Löwith schon an Goethes Mißvergnügen an der Geschichte, schon an Jacob Burckhardts Abscheu vor der Macht und an Nietzsches unzeitgemäßen Betrachtungen angezogen hatte. Positiv formuliert ist es das Motiv der Natur und der Natürlichkeit, das sich hier mit dem skeptischen Motiv vereinigt.

Der Begriff der Natur scheint für die systematische Funktion, die er bei Löwith gewinnt, besonders vorgeprägt. Es wird einem im allgemeinen nicht bewußt, daß es ein Fremdwort ist, das diesen uns natürlichsten aller Begriffe bezeichnet. „Natur" ist ja kein deutsches Wort, und man muß sich fragen, was gleichwohl diesem Begriff der Natur eine solche Sagkraft verliehen hat, daß er in den Tagen Rousseaus und Hölderlins „mit Waffenklang erwachen" konnte. Über die Geschichte des Wortes will ich hier nicht sprechen und nur hervorheben, daß das Wort im Griechischen wie im Deutschen erst dann philosophisch relevant und zum Begriff geprägt wird, wenn Natur vom Gegensatz des Menschlichen her gesehen wird, z. B. im Gegensatz zu Kunst oder auch im Gegensatz zum Supranaturalismus der kirchlichen Orthodoxie, also erst dann, wenn es nicht nur die bloße natura rerum, die „Natur von etwas" meint. Es liegt nun eine tiefe, sachliche Wahrheit darin, daß sich der Skeptiker auf die Natur beruft. Die Skepsis ist zuletzt und vor allem gegen die luftigen Gebilde des philosophierenden Geistes gerichtet. So sucht Löwith gegenüber der spekulativen Auflösung alles Handfesten die Natur als die Konstante der Wirklichkeit, den Granit, der alles trägt, zur Geltung zu bringen.

Mit dem Thema der Natur und der Natürlichkeit kommt aber der Sache nach das älteste Motiv der abendländischen Metaphysik zu Worte, das Motiv der Physis, freilich in polemischer Form, die gegen die Reflektiertheit der Philosophie wie gegen den Geist des technischen Denkens der Neuzeit gerichtet ist. In der Tat wurde es Löwiths philosophisches Hauptanliegen, den Problemhorizont der einen einheitlichen Welt als philosophisches Thema wiederzugewinnen. Eine Reihe von Abhandlungen, die er der Kritik der geschichtlichen Existenz (1960), der christlichen Überlieferung (1966) widmete, sowie einige Beiträge zur Arbeit der Heidelberger Akademie der Wissenschaften dienen diesem Ziele.

So ist er auf dem Wege über die Skepsis zu einem Anwalt ältester Wahrheiten der abendländischen Metaphysik geworden, und mir scheint, daß sich in diesem Bogen, den sein Denken durchlaufen hat, eine echte philosophische Funktion der Skepsis an ihm bewährt hat: das zu erhärten, was keine Skepsis umbringen kann, weil es als überlegene Wahrheit standhält.

Der Verlag dankt für die freundliche Bereitstellung von Fotografien: Frau Erika Kommerell, Hinterzarten; Herrn Dr. Hans Saner (Karl Jaspers Nachlaßverwaltung, Basel) und Frau Dr. Ingeborg Schnack (Schriftleitung »alma mater philippina«, Marburg).

Personenregister